伊《い》勢《せ》神《じん》宮《ぐう》内《ない》宮《くう》の宇《う》治《じ》橋《ばし》

天照大神を祭る伊勢神宮内宮の参道口に流れている五十鈴川に架かる橋。橋の中央は神様の通り道とされ、人が歩かないよう段差が設けられている。

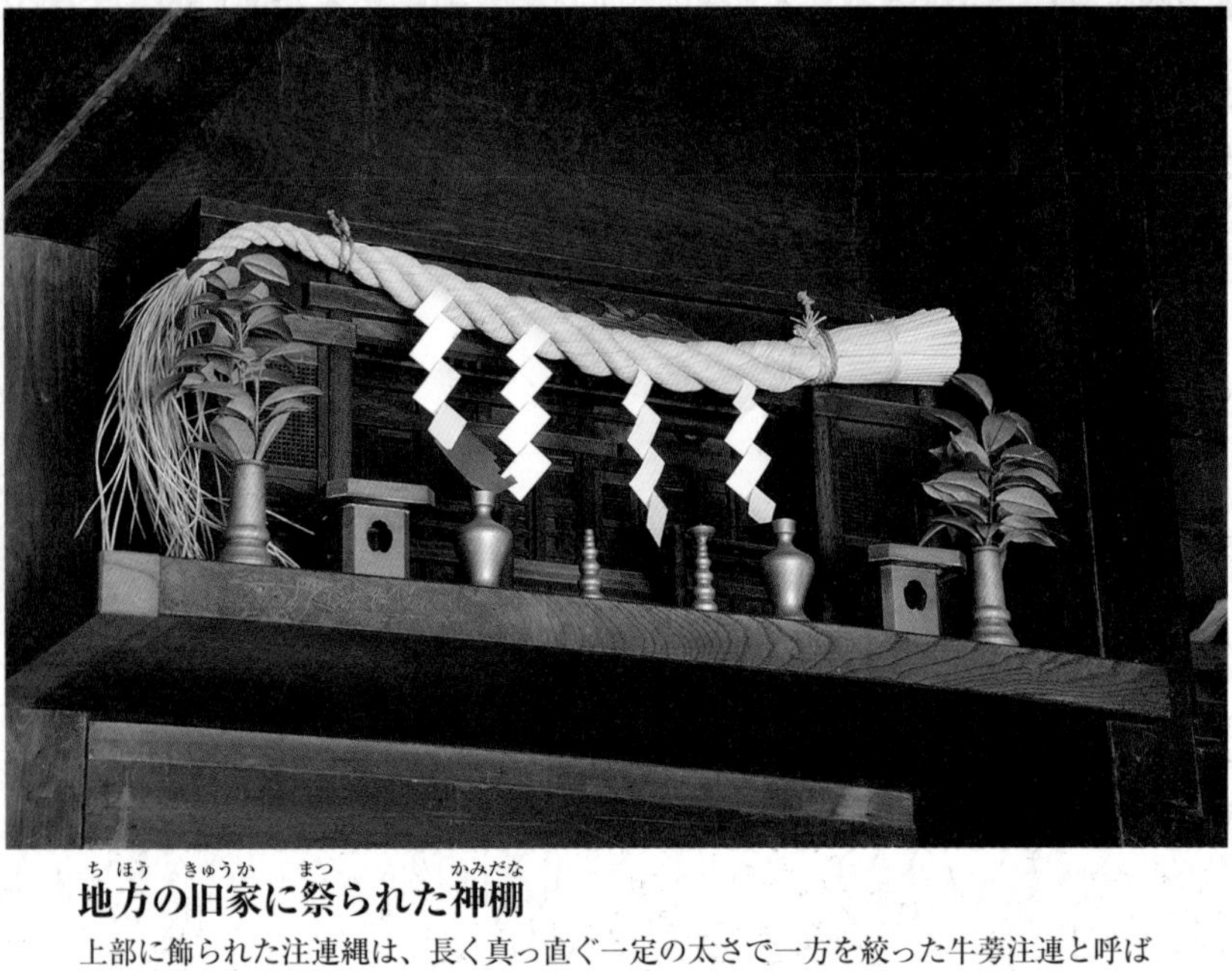

地方《ちほう》の旧家《きゅうか》に祭《まつ》られた神棚《かみだな》

上部に飾られた注連縄は、長く真っ直ぐ一定の太さで一方を絞った牛蒡注連と呼ばれるもの。宮形の中央にお札、左右には榊を奉じる。

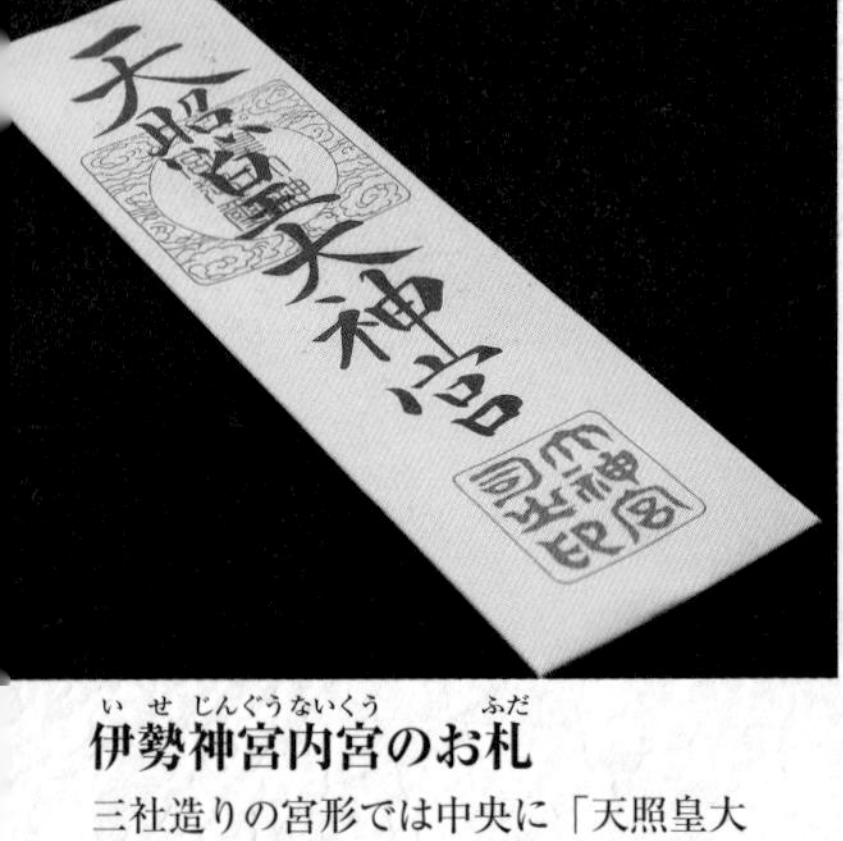

伊勢神宮内宮《いせじんぐうないくう》のお札《ふだ》

三社造りの宮形では中央に「天照皇大神宮」と書かれた神宮大麻（伊勢神宮の内宮のお札）を納める。

諏訪大社《すわたいしゃ》の御神木《ごしんぼく》

御神体と同様、神社にはその境内に神の依代として神聖視される樹木が御神木とされ、注連縄で飾られる。

夏越《なご》しの大祓《おおはらえ》・志波彦神社《しわひこじんじゃ》の茅《ち》の輪《わ》

万民の罪や穢れを清めるための儀式を大祓といい、6月と12月の末日に開かれる。中には境内に茅の輪を設けるところもあり、参詣者はこの輪を三回くぐって厄や罪穢れを清める。

湯島天満宮《ゆしまてんまんぐう》の合格《ごうかく》祈願《きがん》絵馬《えま》

学問の神様・菅原道真を祭る湯島天神社。毎年、梅の季節を前にたくさんの合格祈願の絵馬が奉納される。

石見《いわみ》神楽《かぐら》に登場《とうじょう》する八岐大蛇《やまたのおろち》

出雲神話で描かれる八岐大蛇伝説は、高天原を追放され出雲に降った素戔嗚尊がその地で暴れていた八岐大蛇を成敗するという話。写真は石見地方の神楽舞の一場面。

福徳稲荷神社《ふくとくいなりじんじゃ》の千本鳥居《せんぼんとりい》

全国に32000社を超える稲荷社は宇迦之御魂神を祭り五穀豊穣、商売繁盛などの御利益がある。写真は下関に鎮座する福徳稲荷神社の千本鳥居。

図説

ここが知りたかった！

神道

武光 誠

青春出版社

はじめに

神道《しんとう》は私たちにとって、きわめて身近なものである。正月には、日本人の多くが初詣《はつもう》でに行く。商売繁昌を願って大鳥《おおとり》（鷲）神社の熊手《くまで》や西宮《にしのみや》神社の福笹《ふくざさ》を求める人も少なくない。受験生は、合格祈願に天満宮《てんまんぐう》にお参りし、厄年《やくどし》を迎える者は厄除《よ》けの神社を詣でる。節分《せつぶん》、ひなまつり、端午《たんご》の節句《せっく》、七五三などの私たちになじみ深い行事の多くは神道によってつくられたものである。

現在は仏事だと考えられているお盆《ぼん》でさえ、もとをたどれば神道の祖先の祭りになる。私たち日本人は、四季おりおりの神事で季節を感じ、それを節目に生活してきた。

しかし、神道がどのような宗教であるかを正確に答えられる人は思いのほか少ない。これは、私たちからみて神道的な発想があまりにもあたりまえのものになっていることにもとづくものである。

それゆえ、本書であらためて「神道とは何か」という問いかけをしてみたい。

かんたんにいえば、神道とは「厄落《お》とし」の宗教であることになる。この「厄落とし」という教えは、明るい気持ちで楽しくすごすことを人びとにすすめるものである。

そこで、本書ではこの「厄落とし」の解説から入っていくことにする。日本人は自然な形で日常の生活のなかでこまめに厄落としをする習慣を身につけてきた。それゆえ、外国人のなかには、「日本人は驚くほど前向きな考えをする苦労をいとわない民族だ」と評価する者もいる。

それゆえまず、「厄落とし」の考えを知ることによって、日本人が先祖からうけついだ神道的発想が良い人間関係をつくり上げてきたことを知ってほしい。

この「厄落とし」を理解すれば、神道のすべてがわかったといってよい。そのうえで、神社の参拝の仕方や神棚《かみだな》の祭り方、神道の歴史などについての説明をよんでいただけると有難い。

読者の多くは、神道を理解することによって、「日本に生まれてよかった」と実感されるであろう。

2024年1月

武光　誠

図説　ここが知りたかった！神道◆目次

四章 神々の系譜と神道の歴史 159

カバー・本文写真提供／アドビストック
／武光　誠
企画協力／緒上　鏡
図版・DTP／ハッシィ

一章

厄落とし・厄祓い入門

神道は厄落としの宗教である

神道は厄落としの宗教である

「宗教は難しいものだ」

と考えている人が、多いのではないだろうか。世界三大宗教といわれるキリスト教、イスラム教、仏教には「汝《なんじ》、殺すなかれ」といった古めかしい言葉で書かれた『聖書《せいしょ》』、『コーラン』、『大蔵経《だいぞうきょう》』といった教典がある。

これらの内容を正確に理解するのは、容易ではない。それゆえ、キリスト教などでは聖職者が尊敬され、信者が聖職者の教えどおりの生き方をするようになる。今日の「宗教学者」と呼ばれる人びとであっても、三大宗教の聖典すべてに通じることは不可能であろう。

たとえば聖書を知るためには、その個々の語句の解釈をめぐって、聖書学者のあいだでなされた多くの論争を理解する必要がある。

こういったありさまにくらべてみると、神道《しんとう》がきわめて理解しやすい宗教であることがわかってくる。神道には、教典がない。

神道の理想

	好ましくない状態
清い心	↔ 汚い
明るい心	↔ 暗い
正しい心	↔ 邪(よこしま)な
直(すなお)な心	↔ 曲った
赤き心	↔ 黒い(冷たい)
＊現代人は「熱き心」という。陰陽五行説で赤は熱いに通じる。	＊腹黒いの黒で陰陽五行説では黒は冷たいに通じる。

厄に関連する言葉

厄

①くるしみ。わざわい。災難
②厄年のこと
③疱瘡《ほうそう》

厄落とし

①災難を払い落とすため、神仏に参ったり金銭をそっと捨てたりすること。やくはらい
②厄年の前年の節分の日に、自分の衣服、器物を街路、山野などに捨てること

厄祓い

①神仏などに祈るなどして厄難を払い落とすこと。やくおとし。やくすみ
②③省略

『広辞苑』(岩波書店刊)による

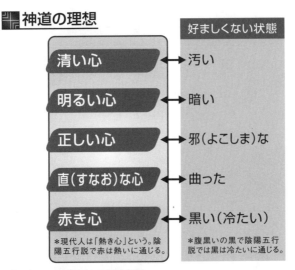

また、キリスト教の聖者（聖バレンタインやサンタクロースのモデルになった聖ニコラウス）や仏教の高僧（空海《くうかい》など）のように多くの人に慕われつづける神道家がいない点も重要である。

「明るい気持ちをもって人間にやさしく、自然をたいせつにする」生き方ができる者は、誰もが神道の世界の「聖人」とよばれる資格をもつのである。

きれいな気持ちで生きる

「清らかな」気持ちで生きることをすすめる宗教が、神道である。そのため、神道は人びとに「厄落《やくお》とし」をすすめる。

神道でいう「厄《やく》」とは人びとが明るい気持ちで生活することを妨《さまた》げるすべてのものをさす。

一人一人の人間が、自分の力でかんたんにできる「厄落とし」を行なえば、住みやすい世界ができる。しかし、時には個人の力で清めきれない厄が生じる。

そういった場合には、まわりの人間や、神社や神職の力をかりて厄祓《やくばら》い（「厄払い」とも書く）をする。

つまり、神道は厄落とし、厄祓いの宗教なのである。それゆえ、外国人のなかには、「日本人は無宗教だ」

厄落としの根拠とされる祝詞

【一切成就《いっさいじょうじゅ》の祓《はら》い】

極《きわ》めて汚濁《きたな》き事《こと》も
滞《たま》り無《な》ければ穢濁《きたな》きはあらじ、
内外《うちと》の玉垣《たまがき》清《きよ》し浄《きよ》しと白《もう》す。

【要訳】

極めて汚いことも、そこに滞るから汚いのである。ゆえに厄が滞ることがなかったならばこの世の中は、罪、穢《けが》れ、厄《わざわ》いなどがなくなりきれいなところになる。

厄落としの役割

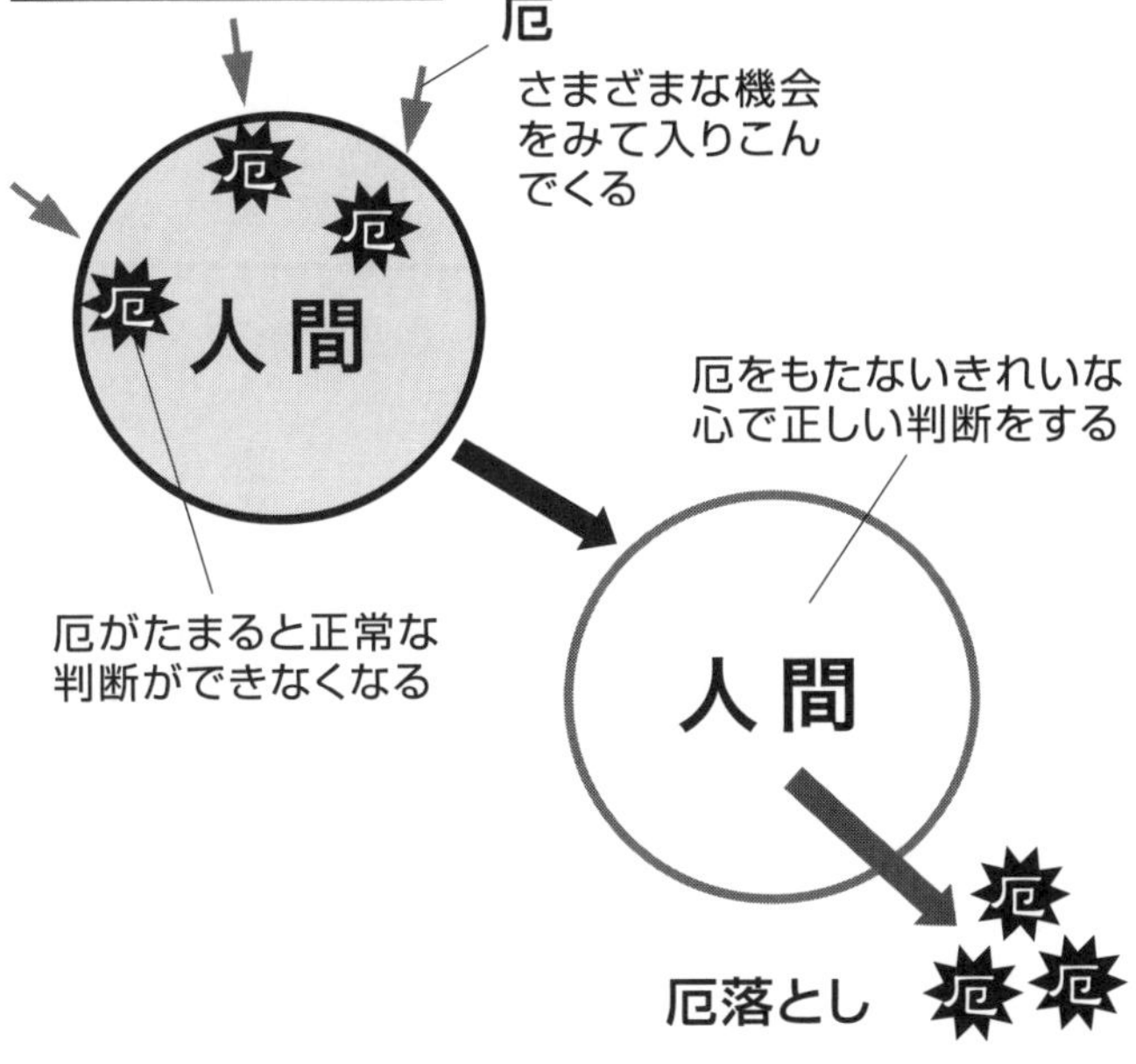
厄
さまざまな機会
をみて入りこん
でくる
厄
厄
厄
人間
厄がたまると正常な
判断ができなくなる
厄をもたないきれいな
心で正しい判断をする
人間
厄落とし
厄
厄
厄

と言う者もいる。しかし、日本人が神の存在を信じず、勝手な生き方をしているわけではない。

神職の仕事は、他の宗教の聖職者にくらべて簡単である。神道家のなかに、真言宗《しんごんしゅう》や天台宗《てんだいしゅう》の難解な密教の教典を一生よみ続けた学僧のような者はいない。日本人では「神とは何か」という「神学論争」はなされなかった。

ごくかんたんにいえば、神道の神とは、「人びとに厄落としを行なわせる力」といったものになる。

そして、神道では厄を落とした人間の本来の精神を、「清く、明るく、正しく、直《すなお》な、赤《あか》き心」という。

本章では人間らしい生き方を妨げる「厄」について考えていくことを通じて、神道の基本的な考え方を説明していこう。

次項では、その手はじめに多くの人が恐れる厄年の意味について記そう。

一章
厄落とし・厄祓い入門

人生に三、四度巡ってくる厄年

よくないことが起こる厄年

厄年は、人間の一生のなかの災厄が起こりやすい時期として忌《い》み慎《つつし》まれた、特別の年である。

厄年の年齢は数え年で数える。

地域によって多少異なるところもあるが、ふつう男性は二五、四二、六一歳、女性は一九、三三、三七歳を厄年として慎まねばならないとされる。

最近は、女性の六一歳も厄年とする寺社もある。

この年が本厄《ほんやく》といわれるものである。

そして、この本厄の前後の年を前厄《まえやく》、後厄《あとやく》という。そして、前厄から後厄にいたる三年間は用心してすごさねばならないとされる。

現在ではこのなかの男性の満四〇歳から四二歳までの厄年の人が災厄にあう例が特に目立つようだ。

元気一杯に仕事をしていた人が、四〇代はじめごろに突然、ガンや高血圧、糖尿病などで倒れる。

また、そのころ優秀なビジネスマンが突然、自殺したり失踪《しっそう》したりするといった話をよく聞く。

歴史をひもとくと、戦国武将で数え年四一歳から四三歳で不幸な死をとげている者が多いことに気づく。

四〇代はじめの時期は、男性にとって一生の仕事の成否を決める大事な時期である。官庁や企業につとめる人が、課長などの中間管理職となって上にも下にも気をつかうころである。

これによって、仕事のストレスがふえて、無理がたたって体調をくずしやすくなったり、何もかも捨てて逃げ出したいと思いつめたりするのである。

女性のばあいも、満三二歳が一つの転機となる。

子どもの世話に追われる時期がおわり、夫婦間の会話に刺激を感じることもなくなるころである。

そして、自分はもう若くないと感じさまざまなストレスがふき出す時期でもある。

このようにみてくると、誰もが厄年のころに人生のことをさまざまに悩む理由がわかってくる。

戦国時代の人物と厄

前厄（41歳）	石田三成（関ヶ原の合戦で敗れ処刑される）
本厄（42歳）	細川政元（家臣に暗殺される） 織田信秀（病没） 三好長慶（病没）
後厄（43歳）	今川義元（桶狭間の合戦で討たれる）

厄年表（数え年）

男			女		
前厄	厄年	後厄	前厄	厄年	後厄
24	25	26	18	19	20
41	42	43	32	33	34
60	61	62	36	37	38
			(60)	(61)	(62)

＊神社によって異なる場合があります。

厄年は役年

「役年」が「厄年」にかわったとする説もある。

「役年」は、人びとの役にたつ年齢をあらわす。

中世以前の農村では、数え年が四二歳になった男性や三三歳になった女性が、村人の指導者をつとめる、たよれる年頃の人間だとされていた。

そのため、役年の男女が村をまもる神様に供《そな》え物《もの》を上げたり、神事に用いる水を汲《く》んだりする重要な役目を与えられていた。

このような役年に与えられる仕事は、人生に一度の晴れ舞台とよぶべきものであった。私たちの祖先は、このような重要な一年を、心身ともに注意をはらってすごしたのである。

この習慣がもとになって、厄年（役年）を忌むようになった。

男性にとって、四〇代はじめ、女性にとって満三二歳前後が、周囲の人びとに注目される年齢で人生の曲がり角であることは、現在もかわらない。

この時期に上手に将来の発展の基礎づくりができれば、良い一生をおくることになる。ある意味で、失敗の許されない人生の修練場《しゅうれんば》が厄年である。

次項では、厄年を躍進の好機にかえるための心がけについて記そう。

現代風の厄年の考え

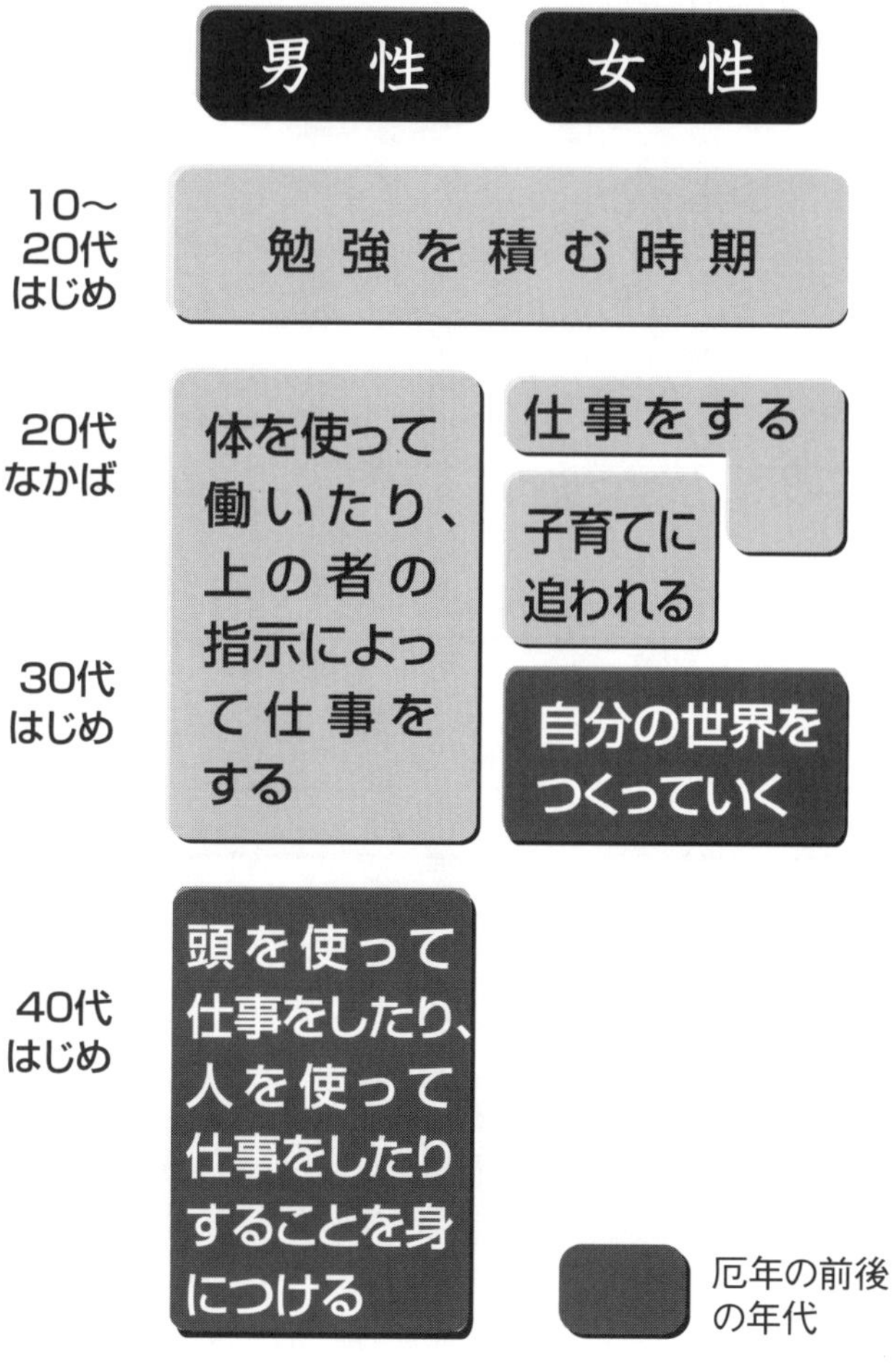
男性
女性
10〜
20代
はじめ
勉強を積む時期
20代
なかば
体を使って働いたり、上の者の指示によって仕事をする
仕事をする
子育てに追われる
30代
はじめ
自分の世界をつくっていく
40代
はじめ
頭を使って仕事をしたり、人を使って仕事をしたりすることを身につける
厄年の前後の年代

厄年をうまくすごす方法

厄年に運をつかもう

「厄年は嫌だ」と気に病《や》んですごす人も少なくはあるまい。

しかし、厄年に、予測のつかない災厄がくるのではない。厄年は発展のチャンスをつかむ年である。青虫が蛹《さなぎ》になって美しい蝶《ちょう》に変わる。そのような蝶の生涯に似た形で、誰もが厄年のころに、人生のなかでの蛹に相当するものに変わって躍進するかどうかの選択を迫られる時期を迎える。

男性の場合は、中間管理職として重要な仕事をいくつもやりとげれば、組織にかけがえのない人間となり、組織の頂点に立つみちもみえてくる。この段階の競争に勝ちぬくには、大いなる努力と忍耐が必要であるが、それのできない者は組織の中の平凡な一員としておわってしまう。

女性のばあいにも、三〇代前半ごろにさまざまなチャンスが巡ってくる。小説、詩、絵画、デザイン等の創造的な仕事をはじめたり、商売やボランティア組織を起こす時間的なゆとりを

厄年の考え方

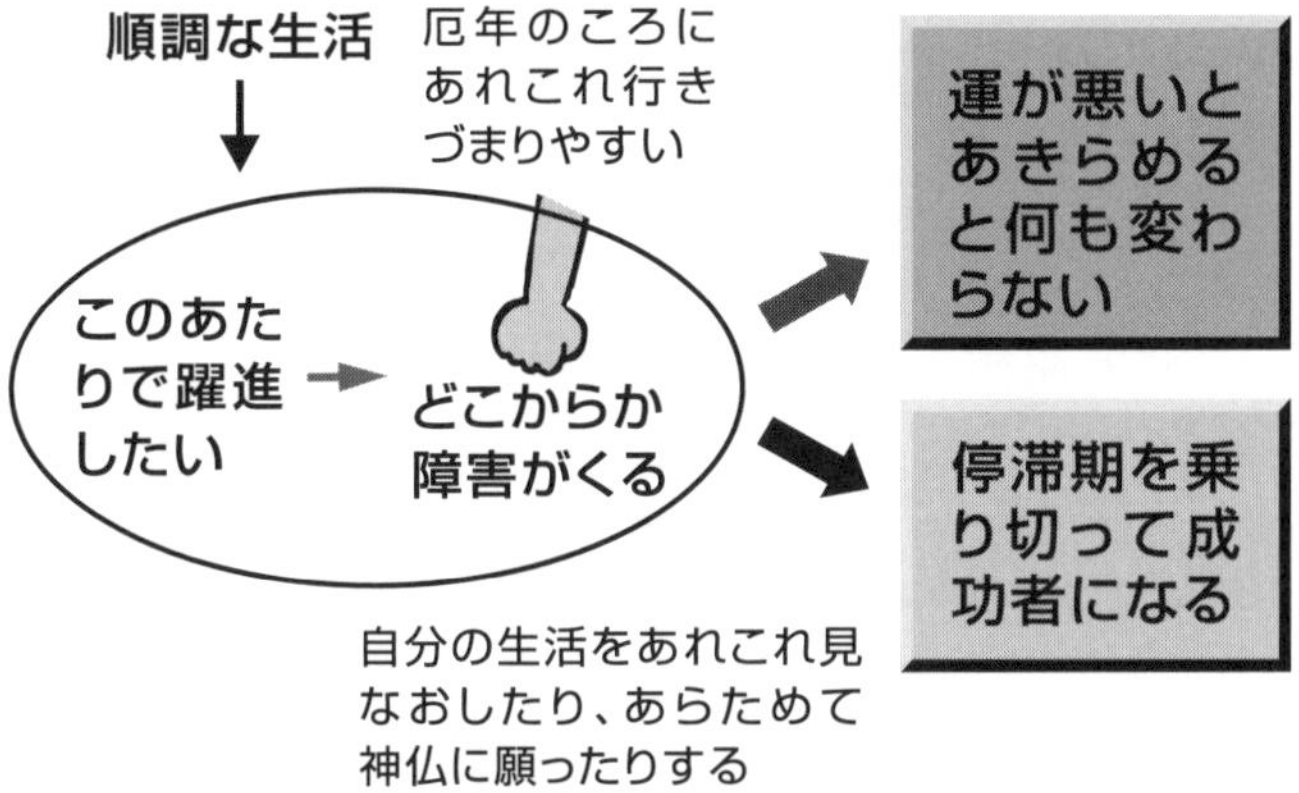
順調な生活
厄年のころに
あれこれ行き
づまりやすい
このあた
りで躍進
したい
どこからか
障害がくる
運が悪いと
あきらめる
と何も変わ
らない
停滞期を乗
り切って成
功者になる
自分の生活をあれこれ見
なおしたり、あらためて
神仏に願ったりする

厄除けの主な神社

小鹿神社	埼玉県秩父郡小鹿野町大字小鹿野1432
城山熊野神社	東京都板橋区志村2-16-2
武蔵御嶽神社	東京都青梅市御岳山176
七倉稲荷神社	東京都文京区池之端2-6-5
蔵前神社	東京都台東区蔵前3-14-11
八雲神社	神奈川県鎌倉市山内533
尾張大國霊神社	愛知県稲沢市国府宮1-1-1
劔神社	福井県越前町織田113-1
吉田神社	京都府京都市左京区吉田神楽岡町30
百舌鳥神社	大阪府堺市百舌鳥赤畑町6-706
須佐神社	島根県出雲市佐田町須佐730
岡山神社	岡山県岡山市北区石関町2-33

持てるのが、子供に手のかからなくなったこのころである。

厄年をこのようにとらえると、この時期に厄祓いをすることのたいせつさを理解できるようになる。

厄祓いとは、怪しげな呪術ではない。これまでの自分の生き方を見なおして、あらためてきれいな気持ちですごしていこうと決心することである。

厄祓いの方法

将来の大成をめざして仕事に励む者にとって、最も恐ろしいものがまわりの人間の怨《うら》みや妬《ねた》みである。まじめなビジネスマンが、ありもしないセクハラの話を言いふらされただけで失脚《しっきゃく》するばあいもある。

それゆえ、大きな望みを抱えた者はきれいな気持ちを保って、よけいな反感をかわないようにふるまう必要がある。しかし、人間は誰でもついうっかりしてさまざまなあやまちを重ねてしまう。

それゆえ、神道では厄年にそれまでにたまった厄や罪穢《つみけが》れをまとめて清める厄祓いを行なうのがよいとされる。

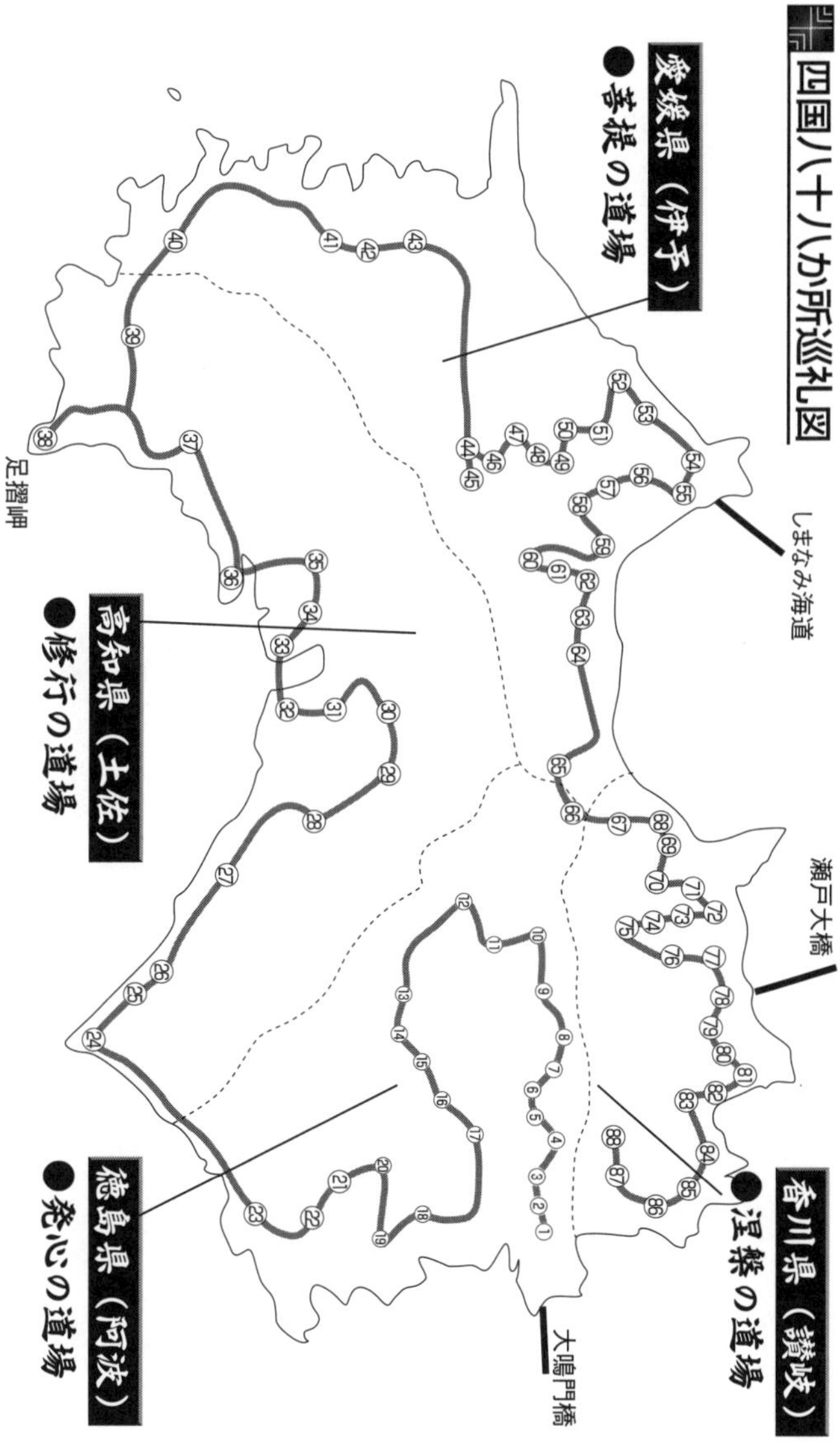
四国八十八か所巡礼図
愛媛県（伊予）
●菩提の道場
しまなみ海道
足摺岬
高知県（土佐）
●修行の道場
瀬戸大橋
香川県（讃岐）
●涅槃の道場
徳島県（阿波）
●発心の道場
大鳴門橋

厄や罪穢れは、人間の幸福の障害となるものをあらわす神道特有の言葉であるが、これらの意味については、次項以後でていねいに説明する。

ふつうは、厄年を迎える前後に氏神様《うじがみ》（104ページ参照）とよばれる地域の神社で厄祓いの祈《き》祷《とう》を行なうだけでよい。

氏神様の祭礼のときに厄年の人が神事に奉仕することによって、厄祓いを行なう習慣がのこる地方もある。表（21ページ）にあげた厄除けの御利益《ごりやく》がある神社におもむくのもよい。

人生をふり返ってみて、これまでさまざまな悪事をはたらいてしまったと感じる人には四国八十八か所などの巡礼をすすめたい。自分が背負った罪を遠方に流してきれいな体になって戻ってくるのである。

お遍路《へんろ》さんなどとよばれる江戸時代までの巡礼者の多くは、罪を背負っていたり、不幸な境遇にある人びとであった。

かれらは徒歩の苦しい旅のなかで罪穢れを落として、巡礼をおえたのちにより良い生活を得ようと考えた。

このような厄祓いによって、良い厄年をすごせるのである。

つぎに、このような厄年の考えのもとになった「厄」とは何かを考えていこう。

一章
厄落とし・厄祓い入門

厄とは何か

人間の心が厄を生む

前にあげた図（11ページ）にしめしたように、辞典は「『厄』とは苦しみ、わざわいなどをあらわす言葉である」と説明する。

しかし、「厄」の言葉は本来は、「苦しいと感じる気持ち」や「不運だ（わざわいにあった）と思うこと」をあらわすものであった。苦しみをあらわす古代語「痛み」や、災害をあらわす古代語「災い」は、「厄」とは異なる性質の言葉である。

神道の「厄」についての考え方を記そう。

商売や株の売買で損をしても、

「このつぎうまくやればいいさ」

と前向きに考える者もいる。しかし、一度の失敗で、

「自分は商才が無いかもしれない」

と悩みぬいてしまう者もいる。前者にとっての損失は厄にならないが、後者からみればそれは大きな厄になる。

そして、厄を背負わなかったおかげで一度の失敗にへこたれず、失敗の原因をよく考えてつぎの機会にかけた者は、最後に大きな成功をつかむことになる。

神道はこのように、災いによって抱いてしまう後向きな気持ちは、災いがつくり出す不幸よりはるかに始末の悪いものであると説く。

厄はどこにでもある

神道は厄を、自分がつくり出す厄と、相手からもちこまれる厄とに分ける。

自分がつくり出す厄は、つぎのようなものである。

誰もが体調が悪かったり疲れてくると、些細《ささい》なことに腹を立てるようになる。平素《へいそ》なら気にならないことまで嫌に思えてきて、つい愚痴《ぐち》が多くなる。

厄は、物事を悪いほうに考えてしまうことや、あれこれ思いつめること、自分の力ではどうにもならないことに腹を立てることなどによってうみ出されていく。

そして、このような自分の心のなかに解決不可能な不満（厄）を多く抱えた状態では、何を

厄を背負ったときの反応

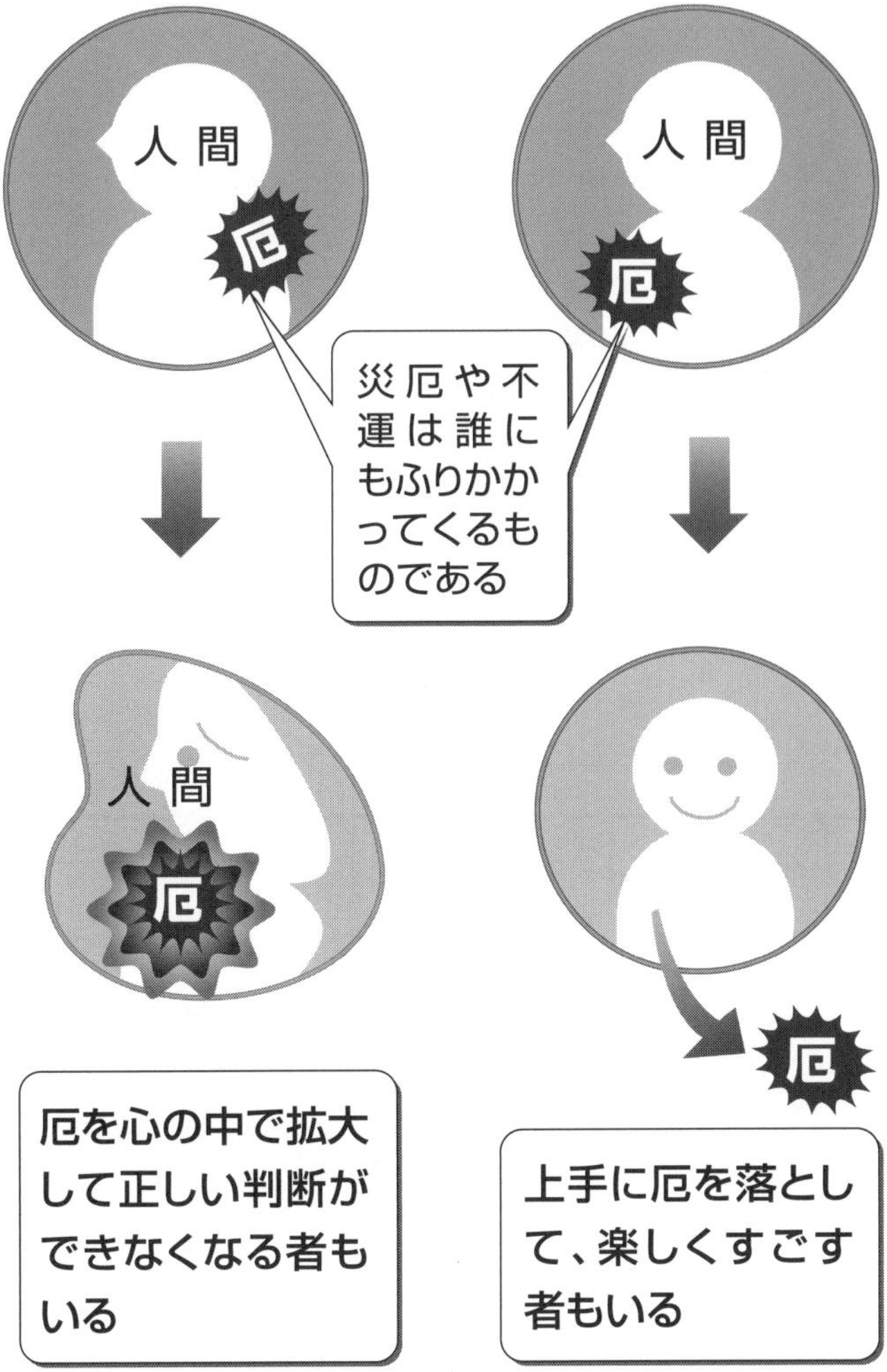
人間
厄
人間
厄
災厄や不運は誰にもふりかかってくるものである
人間
厄
厄
厄を心の中で拡大して正しい判断ができなくなる者もいる
上手に厄を落として、楽しくすごす者もいる

やってもうまくいかなくなる。

もう一つの相手からもちこまれる厄は、さらに厄介《やっかい》なものである。明るく、正直に生きていても、多くの厄が外部からやってくるからだ。

誰かに意地悪をされたり、悪口を言われると厄がもちこまれて、嫌な気持ちになる。会社や近所で愚痴や不吉なうわさ話を聞かされる。誰かに嫉妬されると、相手の後向きな気持ちが自分にふりかかる。

天災や凶悪な事件のニュースをきくと、将来自分にとんでもない不運がふりかかるのではないかと臆測《おくそく》してしまう。

「疫病神《やくびょうがみ》」という言葉がある。本来は疫病を流行させる悪神《あくしん》をさすものだが、そこから転じて、人びとに忌み嫌われる者が疫病神とよばれるようになった。

まわりに厄をふりまく人間が、「疫病神」である。

神道は、愚痴や後向きな話や悪口をふりまいて、知らないうちに疫病神になってはならないと教える。

社会生活をしていればあちこちで疫病神に出会う。

次項では厄を背負わされたときの対策について記そう。

疫病神

疫 病 神

①疫病を流行させるという神。えやみ[*1]のかみ。瘟鬼[*2]

②転じて人びとに忌み嫌われる人のたとえ

*1 流行性の悪病　*2 疫病の神　『広辞苑』（岩波書店刊）による

厄のあれこれ

自分でつくり出す厄の例

気分がつかれて愚痴を言う
一つのことにとらわれすぎる
ものごとを悪い方に考える
他人のやることすべてに腹が立つ

相手からもち込まれる厄の例

他人の愚痴を聞かされる
暗いニュースを聞かされる
誰かに嫉妬されて意地悪される
ついてない人のあつまりに行ってしまう
散乱したごみや動物の死体を見て不快な気持ちになる

厄を清める

厄を抱えていると幸運を逃す

神道は厄を背負った者は不運をつかみ、厄のない者は幸運を得るとする。幸運は、口ではかんたんに説明できないある種のカンにたよってみつけねばならないが、厄を抱えた者はそのカンが鈍くなっている。

カンが鈍ると、だいじな商談に行かねばならないときに、駅の構内の財布や定期入れの安売りする露店に見とれて商談に遅れたりする。

しかし、カンが鋭くなっている人は頭に商談のことがあるので、財布などを売っている店を見ていても、それを気にかけずに通りすぎる。

幾度もわずかな行き違いで幸運を逃してしまうと、しだいに自信がなくなる。そして、何もかもつまらなくなって、まわりのものすべてに腹が立つ、厄がたまった状態になる。神様は、そういった人につぎのような教えを授けるといわれる。

「ありのままの自分で、良いじゃないか」

大祓祝詞より

……遺《のこ》る罪《つみ》は存《あ》らじと、祓《はら》え給《たま》い清《きよ》め給《たま》う事《こと》を、
高山《たかやま》の末《すえ》、短山《ひきやま》の末《すえ》より、佐久那太理《さくなだり》に落《お》ちたぎつ、
速川《はやかわ》の瀬《せ》に坐《ま》す瀬織津比咩《せおりつひめ》と言《い》う神《かみ》、
大海原《おおうなばら》に持《も》ち出《い》でなむ。此《か》く持《も》ち出《い》で往《い》なば、
荒塩《あらしお》の潮《しお》の八百道《やおじ》の、
八潮道《やしおじ》の潮《しお》の八百会《やおあい》に坐《ま》す速開都比咩《はやあきつひめ》と言《い》う神《かみ》、
持《も》ち可可《かか》呑《の》みて、此《か》く可可《かか》呑《の》みてば、
気吹戸《いぶきど》に坐《ま》す気吹戸主《いぶきどぬし》と言《い》う神《かみ》、
根国《ねのくに》、底国《そこのくに》に気吹《いぶき》き放《はな》ちてむ。
此《か》く気吹《いぶき》き放《はな》ちてば、
根国《ねのくに》、底国《そこのくに》に坐《ま》す速佐須良比咩《はやさすらひめ》と言《い》う神《かみ》、
持《も》ち佐須良《さすら》い失《うしな》いてむ。此《か》く失《うしな》いてば、
天皇《すめら》が朝廷《みかど》に仕《つか》え奉《まつ》る官官《つかさづかさ》の人等《ひとども》を始《はじ》めて、
天下四方《あめのしたよも》には、今日《きょう》より始《はじ》めて、
罪《つみ》と言《い》う罪《つみ》は存《あ》らじと……

罪穢れが清められる道筋

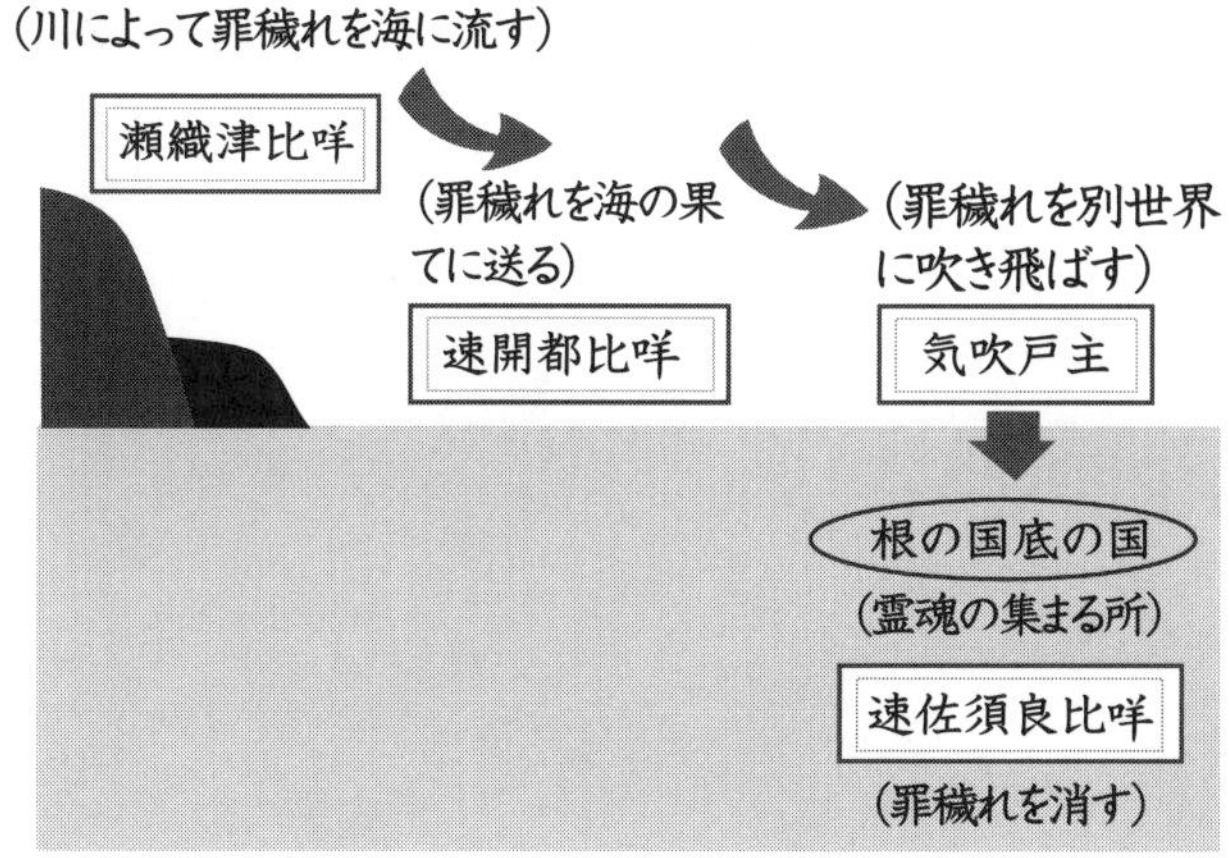

こう考えたときにはじめて、あれこれ工夫して自分の生活を少しでもよくしていこうという前向きな気持ちをもつことができる。このような気持ちの切りかえのきっかけになるのが厄落としである。

神道は、水があらゆる邪悪なものを洗い流して清める力をもつと説いている。日本神話は、日本列島は海水のなかから生まれ、最高神の天照大神《あまてらすおおみかみ》は、禊祓《みそぎはらい》によって海水のなかから誕生したとする。

水は、あらゆる生命の根源であり、水稲耕作を営んできた農耕民族である日本人に欠かせないものであった。

厄を落とす日本の生活習慣

神道のもっともかんたんな厄落としの方法は、「洗うこと」、「流すこと」、「捨てること」である。

それは、水の力によって目に見える汚れとともに、心にたまった垢《あか》を落とすものである。

生活上のさまざまなストレスを背負ったときに、「目に見えない垢が心にたまって体が重くなったようだ」と感じる人も少なくあるまい。

洗う厄落としの例

- 手や顔を洗う → 心の厄を落とす
- 食器を洗う → 食事の時に生じた厄（味付けが思ったより甘く不快に感じたことなど）を落とす
- 衣服を洗う → 外出時に服に付いた厄を落とす

流す厄落としの例

- 川や海につかる → すべての厄を一挙に流す（海水浴などはもとは厄落としの行事だった）
- 人形を流す → 重い災厄を人形につけて遠くに送る

捨てる厄落としの例

- 古い手紙や書類を捨てる → 悪い思い出からくる厄を落とす
- 古い服を捨てる → 洗っても落としきれず服にたまった厄を落とす
- 年末の大掃除でゴミを捨てる → 一年分の厄を落とす

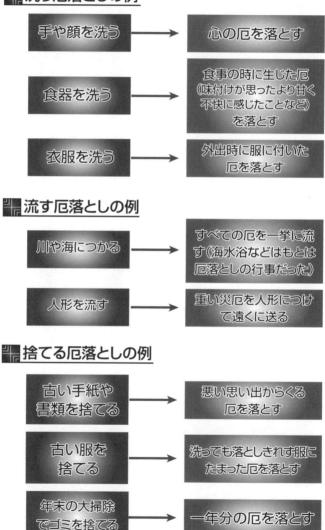

厄落としはそういったときに目に見える汚れを水で洗って流して海に捨てることによって、心をきれいにすることである。

仕事のあいまに顔を洗ったり、起きがけや帰宅後に入浴すると、体についた垢がとれる。体についた厄はこの垢とともに、下水を通じて海に流れこんで、海の神に清められるのである。朝廷の大祓《おおはらい》の行事（50ページ参照）でよまれる祝詞《のりと》（31ページ）には、海のはてに住む速佐須《はやさす》良比咩《らひめ》の神がすべての罪穢れを消してくれると記されている。

罪穢れと共に日常の厄も海で清められるのだ。

日本人は古くから日常的に厄落としをする生活習慣をつくり上げてきた。日本人は、外から帰ると玄関で靴をぬぎ、外の汚れをへやの中にもちこまない。そして一日のおわりにはゆっくり入浴して体を清める。

少し前まで私たちは家の前を掃き清めて、町をきれいにする習慣をもっていた。このようにして日本人は、厄のない生活をおくってきた。

しかし、きちんと厄落としを行なっていても次項にしめすような厄より重大な穢れを抱えてしまうこともある。

一章
厄落とし・厄祓い入門

穢れが積もると罪になる

不健康な人間が罪を犯す

「穢れ」とは、本来は「気《け》（霊）枯《か》れ（生命力が枯れた状態）」、つまり元気でないありさまをさす言葉である。元気のない不健康な人間は、汚《きたな》らしく見える。そこから、不潔なありさまも「けがれ」といった。

神道は元気でない人間が、さまざまなあやまちを犯し、そのあやまちが「積み」重なったもの、つまり穢れの重大なものが「罪」になるとする。ゆえに近年まで、

「あいつは汚い（けがれた）やつだ」

といった悪口が最大の非難とされていた。神道は、「罪穢れ」は祓いによって清められると説く。

この「穢れ」という神道特有の発想が、神道をきわめて人間にやさしい宗教にした。ひとことでいえば、その考えは、

「すべての人間が善良な心をもっているから、罪を犯した者も祓いによって許してやろう」

とするものである。

気が枯れたことによって起こる間違い（穢れ）の多くは、自分が忌みごもる（引きこもって謹慎する）ことによってすむ。しかし、穢れが重なり、社会から罰せられることが罪にいたることもある。

穢れを清めた素戔嗚尊

古代人は、身内が亡《な》くなって悲しみにくれている状態（死穢《しえ》）や女性が生理で体調をくずすこと（血穢）などを、生命力を枯渇《こかつ》させてまちがいを起こさせる穢れだとした。こういった穢れは、一定の期間の忌みごもりをすることによって清められる。

忌むだけではすまない重大な穢れや、罪は神々の力をかりた祓いによって清めねばならない。本来の日本語である大和ことば（古代語）の「罪」は、左ページ（上部）の表の①の回復が可能なあやまちをあらわすものであった（のちに表の④の仏教やキリスト教の許されない宗教的犯罪をあらわす概念にも「罪」の語があてられるようになった）。

神道は、

「人間は幸福になるために生まれてきたものだ」

穢れと罪

穢れ

①きたないこと。よごれ。不潔、不浄
②③省略

罪

①悪・穢《けがれ》・禍《わざわい》など神の禁忌をおかしその報いをうけるべき凶事

②社会の規範・風俗・道徳などに反した悪行、過失、災禍など。また、その行いによって受ける罰

③刑罰を科せられる不法行為。法律上の犯罪

④仏教・キリスト教でその教法を破る行為。あるいはその人が背負っている罪業

⑤⑥省略

『広辞苑』(岩波書店刊)より

古代人が穢れとしたものの例

死　穢	身内が亡くなったあとの一定の期間
産　穢	女性がお産をおえたあとの一定の期間
月事穢	女性の月経の期間
獣死穢	家のまわりで動物が死んだあとの一定の期間

天津罪の例

畔放ち	田のあぜを壊すこと
溝埋み	用水路を埋めること
樋放ち	田に水をひく樋を壊すこと
頻蒔き	他人の土地に種子をまくこと
串刺し	他人の田に棒を立てて横取りすること

という考えのうえにつくられた。ゆえに、罪人であっても罪を悔いてそれをつぐなえば幸福になれるとする。

日本神話に素戔嗚尊《すさのおのみこと》の罪穢れと祓いの物語が記されている。

それは、天照大神の弟の素戔嗚尊が神々の世界である高天原《たかまがはら》で多くの重大な罪を犯したとするものである。

尊は古代人にとってもっとも重い天津罪《あまつつみ》、国津罪《くにつつみ》といった大罪を犯した。

それの中には、田のあぜを壊して農業を営めなくする古代人の生活を成り立たなくするものまで含まれていた。

このことに怒った天照大神が天岩戸《あまのいわやと》に隠れたために日食が起こった。そして、神々が祭りをひらいたことによって大神の怒りがとけたのちに、素戔嗚尊は大祓を行ない、「千座置戸《ちくらのおきど》」とよばれる祭祀《さいし》に用いる多くの品物をさし出した。

これによって罪を清められた素戔嗚尊は良い神にかわり、出雲《いずも》国に降って妻を迎えて幸福にすごしたとされる。このように神道は、天津罪、国津罪を犯した者でも祓いによって許されると説いている。

次項では、この祓いについて詳しく説明しよう。

天岩戸神話のつくり

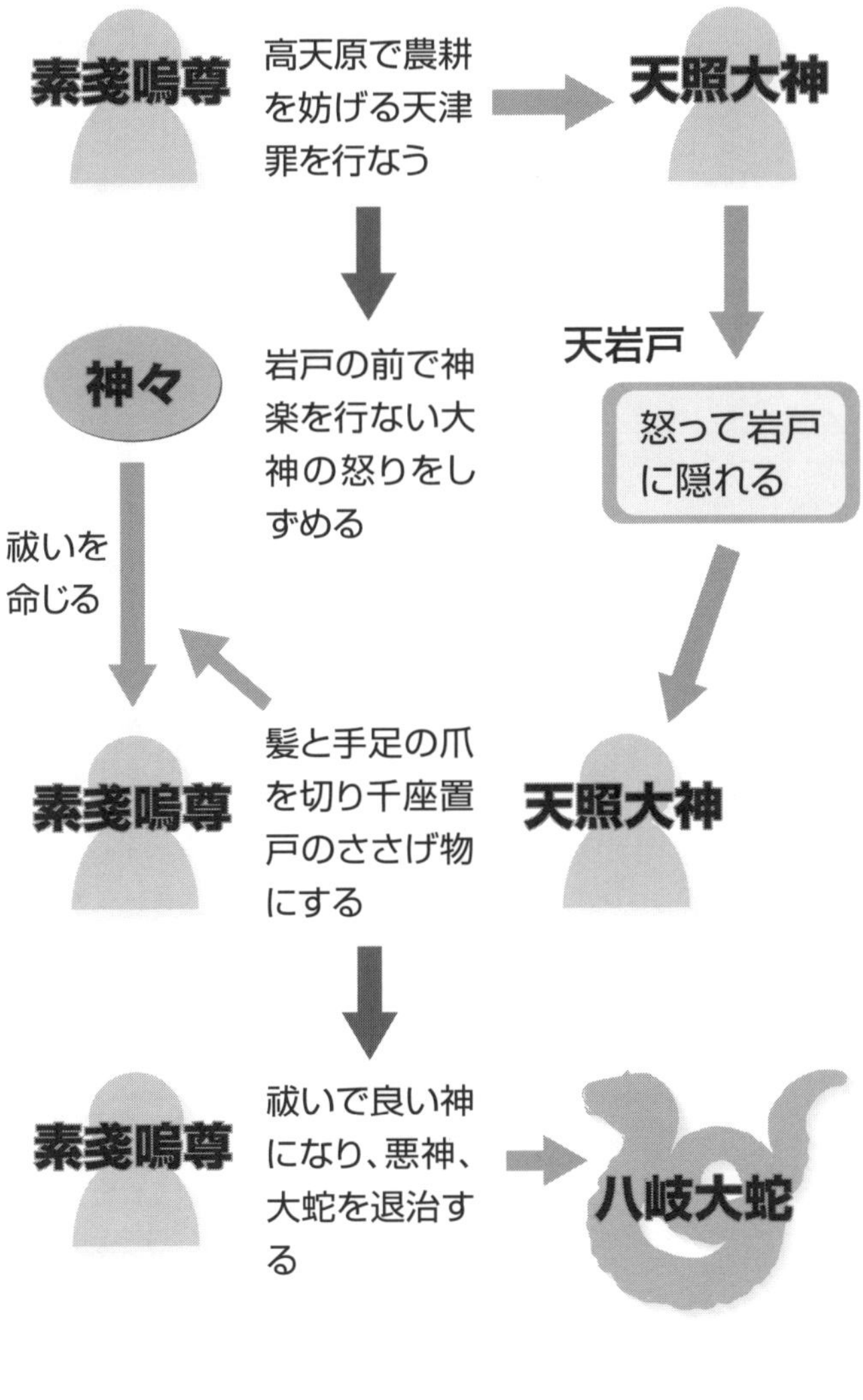
素戔嗚尊
高天原で農耕を妨げる天津罪を行なう
天照大神
天岩戸
怒って岩戸に隠れる
神々
岩戸の前で神楽を行ない大神の怒りをしずめる
祓いを命じる
素戔嗚尊
髪と手足の爪を切り千座置戸のささげ物にする
天照大神
素戔嗚尊
祓いで良い神になり、悪神、大蛇を退治する
八岐大蛇

罪穢れを清める祓い

祓いの基本は禊

祓いの方法は、水によるもの、火によるもの、塩によるもの、幣《ぬさ》（供え物）によるものに分かれる。この祓いを行なうときに、「祓詞《はらえことば》」と呼ばれる祝詞を唱えると、より効果的に祓いを行なうことができる。

ここに上げた祓いの四つの方法のなかの、もっとも基本的なものが、本来は「禊《みそぎ》」ともよばれた水を用いるものである。この禊を「禊祓《みそぎはらえ》」ということもあるが、現在では「祓い」の語で禊をあらわすことが多い。

禊は、前（32ページ）に上げた水を用いた厄落としと同じことを行なうものである。

『万葉集《まんようしゅう》』につぎの和歌がある。

「命をし幸くよけむと、石走《いわばし》る垂水《たるみ》の水をむすひて飲みつ（元気になるように願いつつ、滝のきれいな水を飲んだ）」

ここに記されたように、古代人は水に神霊を感じ、人間は雨の神がもたらす水のおかげで生

祓詞

【祓詞《はらえことば》】（現代の神事で多く用いられるもの）

掛《かけ》まくも畏《かしこ》き伊邪那岐大神《いざなぎのおおかみ》、筑紫《つくし》の日向《ひむか》の橘小戸《たちばなのおど》の阿波岐原《あわぎはら》に御禊《みそぎ》祓《はら》え給《たま》いし時《とき》に生《なり》ませる祓戸《はらえど》の大神等《おおかみたち》、諸《もろもろ》の禍事《まがごと》罪《つみ》穢《けがれ》有《あ》らんをば、祓《はら》え給《たま》い清《きよ》め給《たま》えと白《もう》す事《こと》を聞《き》こし食《め》せと恐《かしこ》み恐《かしこ》み白《もう》す。

【要訳】

伊邪那岐大神が筑紫の日向の橘小戸の阿波岐原で御禊祓いをされたときに生まれた祓戸の神々よ、さまざまな罪穢れを清めてください。

祓あれこれ

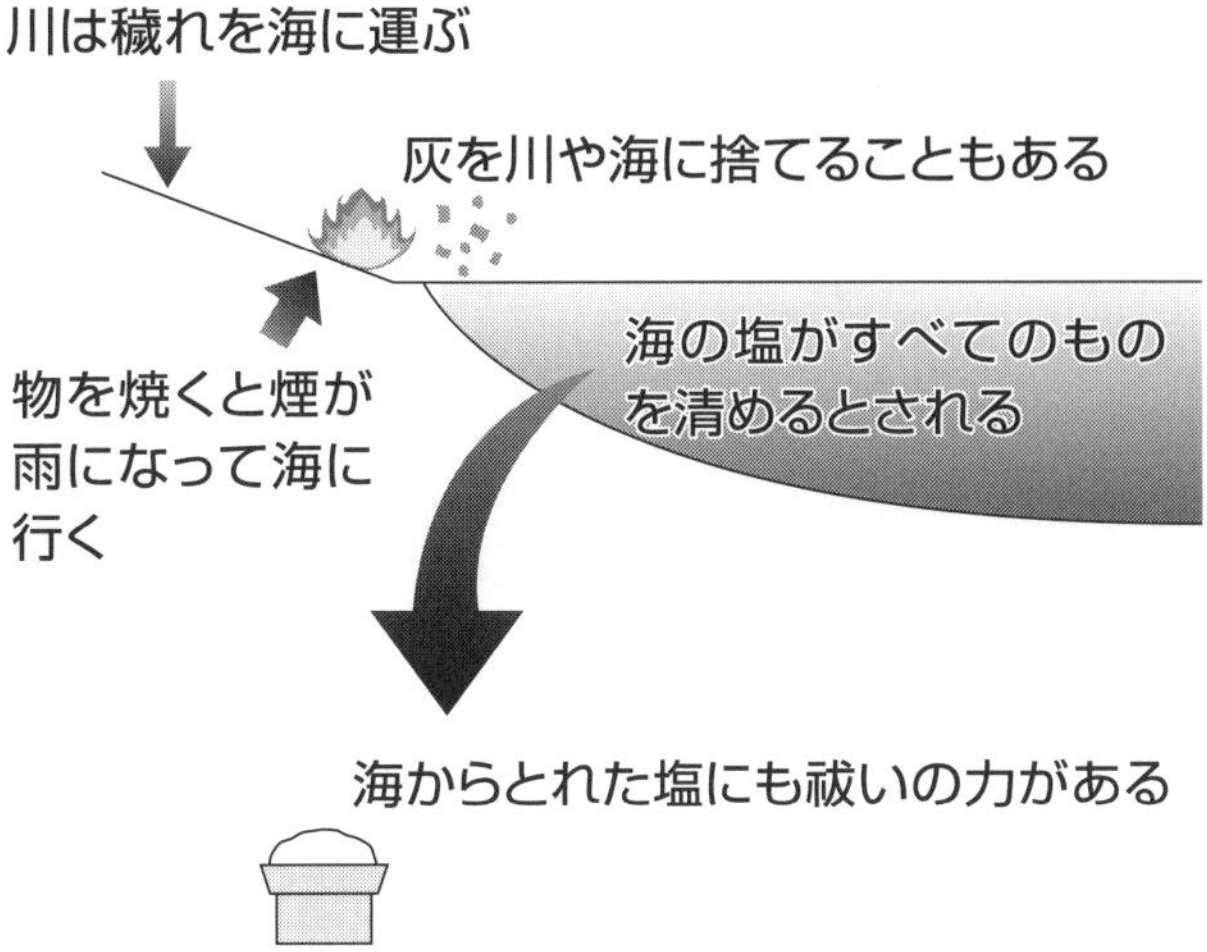
川は穢れを海に運ぶ
灰を川や海に捨てることもある
海の塩がすべてのものを清めるとされる
物を焼くと煙が雨になって海に行く
海からとれた塩にも祓いの力がある

きていると考えていた。それゆえ、神の力をうけた水によって体についた汚れとともに罪、穢れ、厄などが清められるとされたのである。

人間は幸福になるために生まれてきたとする神道は、穢れた者は運の流れがねじくれて良い考えが浮かばなくなった状態にあるとする。それゆえ、祓いによって運勢をもって生まれた本来の良いものに戻す必要があると説かれるのである。

伊奘諾尊の禊祓

日本神話は、禊祓のはじまりについてつぎのように記している。伊奘諾尊《いざなぎのみこと》と伊奘冉尊《いざなみのみこと》の夫婦が日本列島や神々を産んだのちに、伊奘冉尊が火の神に焼かれて亡くなった。そこで、伊奘諾尊は妻をこの世に呼び戻そうとして、死者の住む黄泉国《よみのくに》を訪れた。

しかし、伊奘諾尊は伊奘冉尊の怒りをかって、八柱の雷神に追われてこの世に逃げ帰った。このとき尊は黄泉国で体についた穢れを祓うために「筑紫日向《つくしのひむか》の橘《たちばな》の小門之阿波岐原《おどのあわぎはら》」で禊祓を行なったという。

尊が全身を海の潮水につけて体を清めると、穢れた霊力をもつ神が一柱、穢れを祓う力をもつ神が二柱生まれた（図表参照）。そして、祓いの神の数が穢れの神の数より多いことによって、

黄泉国訪問神話のつくり

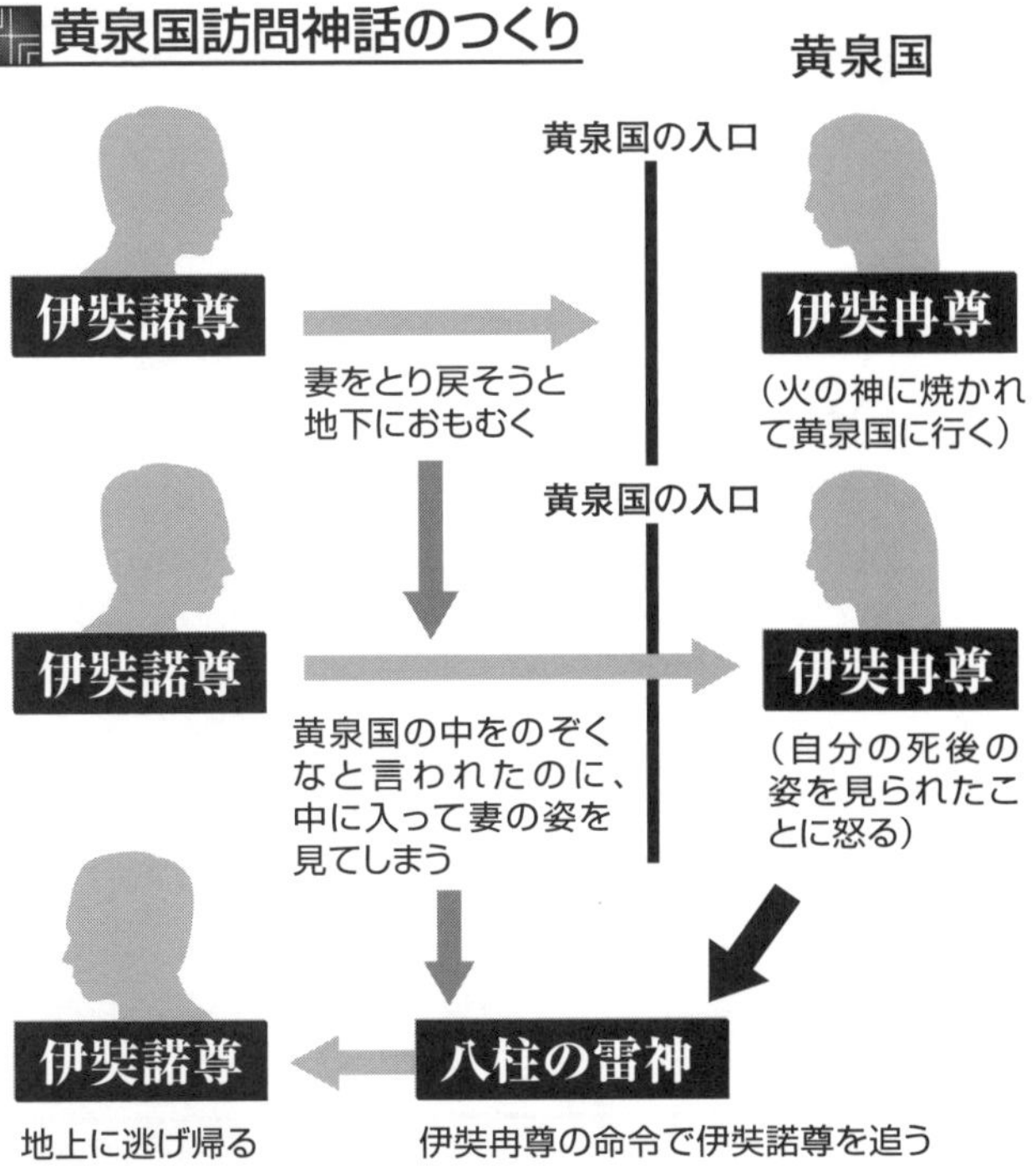
黄泉国
黄泉国の入口
伊奘諾尊
妻をとり戻そうと
地下におもむく
伊奘冉尊
（火の神に焼かれ
て黄泉国に行く）
黄泉国の入口
伊奘諾尊
黄泉国の中をのぞく
なと言われたのに、
中に入って妻の姿を
見てしまう
伊奘冉尊
（自分の死後の
姿を見られたこ
とに怒る）
伊奘諾尊
八柱の雷神
地上に逃げ帰る
伊奘冉尊の命令で伊奘諾尊を追う

伊奘諾尊の禊で生まれた神

『日本書紀』第六の一書による。他の伝えもある）

<table>
<tr><td>①八《や》十《そ》枉《まが》津《つ》日《ひの》神《かみ》</td><td>穢れから生まれた枉《まが》った神</td></tr>
<tr><td>②神《かみ》直《なお》日《ひの》神《かみ》</td><td rowspan="2">穢れをただす神</td></tr>
<tr><td>③大《おお》直《なお》日《ひの》神《かみ》</td></tr>
</table>

数字は生まれた順番を示す

人間の世界は清らかな形に保たれているとされる。

ここの穢れの神などの悪神の役割については後（45ページ）で記そう。

火による祓い、塩による祓い、幣による祓いは、水を用いる禊祓から派生したものである。古いお札や縁起《えんぎ》の悪い物を焼く火を用いる祓いは、穢れた物を燃やした煙を雲に混ぜて雨にして海に返すものである。

海からとれる清めの塩は、本来は水の代用品として用いられた。水をまけないところに塩をまいたのである。

神への供え物である幣は、水をもたらしてくれる神の祭りに用いるものであった。古代人は雨を降らせて稲を育ててもらうために、近くの山に住む神を祭った。そのため、現在でも社殿と共に、その背後の鎮守の森（杜《もり》）とされる山を拝ませる形のつくりをとる神社が多い。

神道は、このようなさまざまな祓いによって災厄からのがれることができるとする。しかし、神道の世界にも人びとを苦しめる悪い神や悪霊はいる。次項で悪霊との上手なかかわり方について記そう。

一章
厄落とし・厄祓い入門

悪霊は恐れなくてもよい

死霊、生霊の災い

現在、心霊現象を扱った多くのテレビ番組や書物がつくられている。それを好んで話題にとり上げてまわりの者を恐がらせる人も多い。

寂しいトンネルのなかで、ぬれた髪の女性がのせてくれと声をかけてきたので、自動車を停めたが誰もいなかった。呪われた家があってそこに住む人が、つぎつぎに奇怪な死に方をする。こういった話は、物語としては面白く、恐ろしい。しかし、霊の祟《たた》りが科学的に証明されたわけではない。

「人間は死後にどうなるか」

この問題について、正しい答えを出せる者はいない。神道では、あらゆる人間は命を終えるとともに霊魂《れいこん》になると説明されている。

そして、肉体を失った霊魂はあらゆる欲や悪意をなくし、きれいな気持ちになる。このような霊魂の集まりが人びとが楽しく生活できるように見まもる神であるという。しかし、ごくまれに深い怨《うら》みを抱えて死んだ者が生前の意趣返《いしゅがえ》しのために怨霊《おんりょう》という悪霊《あくりょう》になる。

これが死霊《しりょう》の祟りである。

また、誰かを強く憎む気持ちがもとになって、生きている人間が対立する者に苦しみをもたらすこともある。

これらが生霊《いきりょう》の祟りである。

よく知られた『東海道四谷怪談《とうかいどうよつやかいだん》』のお岩《いわ》さんの霊は死霊である。『源氏物語《げんじものがたり》』には、光源氏の愛人の六条御息所《ろくじょうみやすどころ》の生霊が光源氏の妻、葵上《あおいのうえ》を殺す話が出てくる。

しかし、心のきれいな者は神々のまもりによって、悪霊の災いをうけずにすむといわれる。重い罪穢れを背負った者が死霊や生霊にとり殺されることは、まれにはある。

そうであっても、悪霊を清めようとする神々のはたらきによって悪霊の悪意はすみやかに消えて、悪霊も良い霊魂にかわって神々のあつまりに加わっていくとされる。

疫病神の役割

神道にも、疫病神などの病気や災厄をもたらす悪神はいる。

怨霊を神に祭った例

名前	怨みの原因	神社
菅原道真	大宰府に左遷される	北野天満宮
平 将 門	反乱を起こして敗れる	神田明神
崇徳上皇	保元の乱に敗れて流される	白峰神社

死霊と生霊

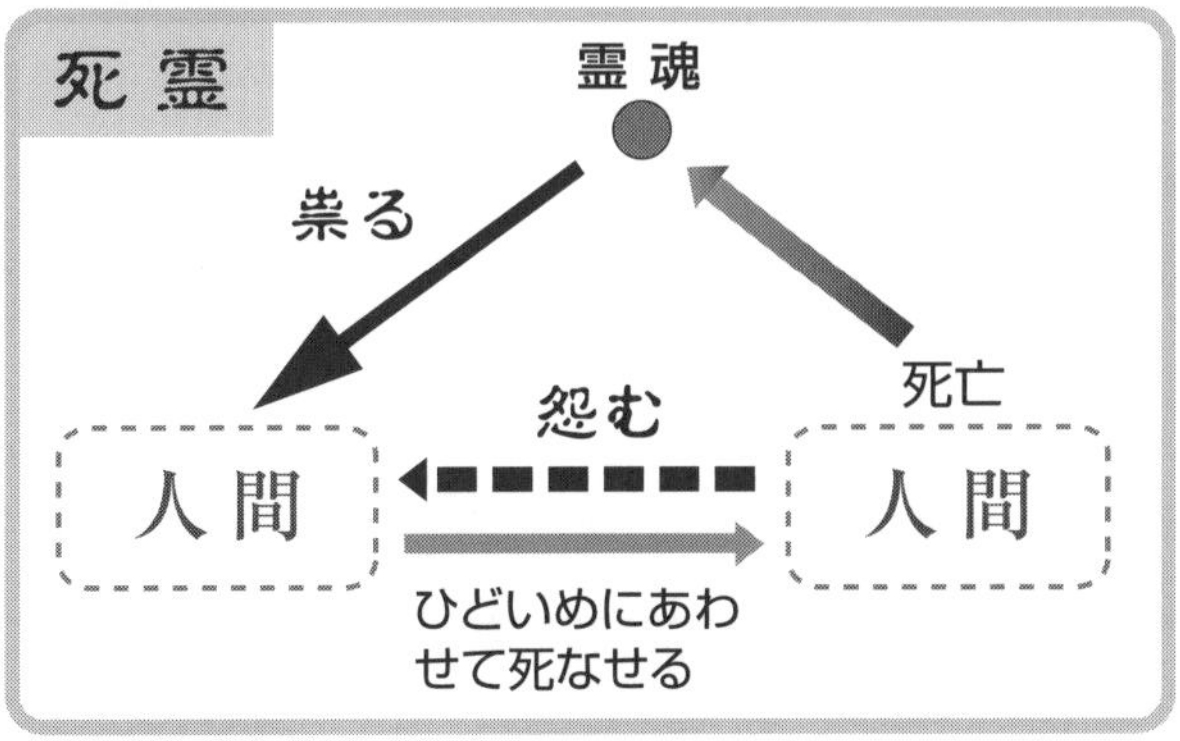

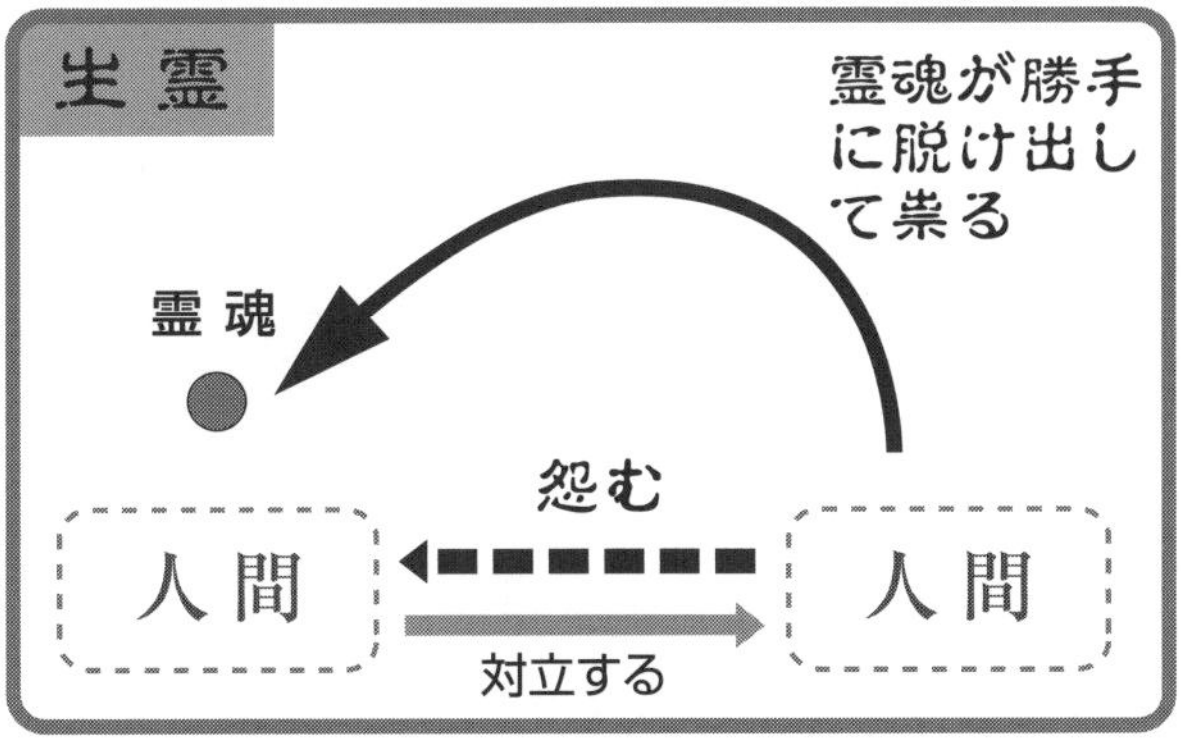

また、前（42ページ）に上げたような伊奘諾尊の禊のときに穢れを広める神が生まれたとする神話もある。

すべての神が善良なわけではない。これは、あやまちを犯さない人間はいないとする考えからくるものである。

誰もがまちがいのないふるまいをする世界は息苦しい。

まるで、ロボットの社会である。

人間は時には怒り、時にはずるいふるまいをするが、あとになって自分の失敗を恥じて、自分が犯した罪をつぐなって余りある善行を行なおうとする。

悪の心と善の心をもちながら、つねにより良い生き方をとるから、人間はすばらしい。

悪神（つねに悪事を行なう神ではなく、本来は善良だが出来心で悪い気持ちにとりつかれた神）は、厄がたまり罪を犯そうとする人間の手助けをする。

しかし、悪神にとりつかれた人間は、しだいに悪神をうとましく思うようになっていく。

そしてある時、祓いによって本来の自分をとり戻す。

それゆえ、罪穢れを祓うことが、神道のもっとも重要な神事であるとされるのである。次項では、年に二度の大がかりな祓いである大祓について説明しよう。

神田明神

神田神社

神道が説く悪霊の行方

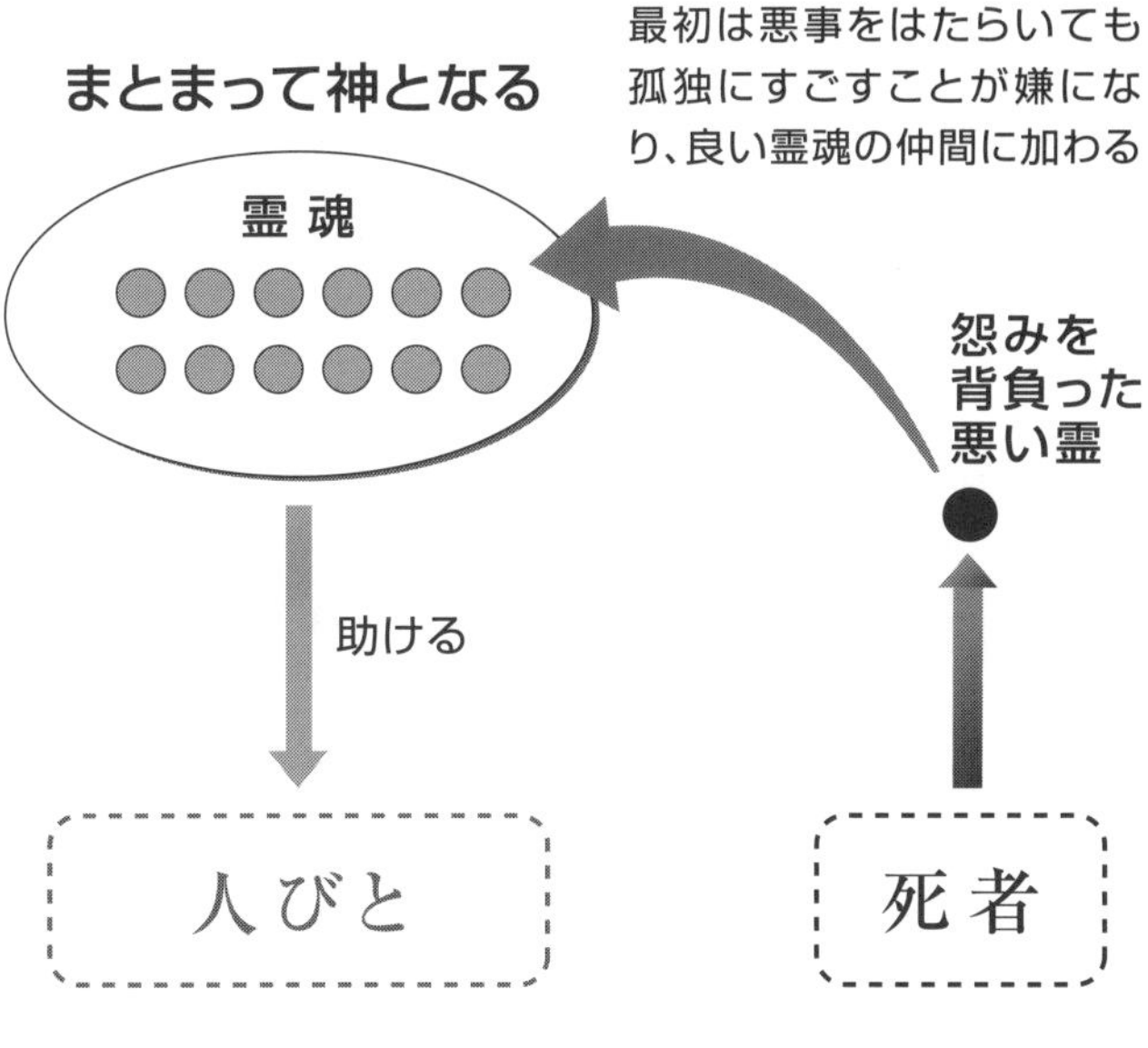
最初は悪事をはたらいても
孤独にすごすことが嫌にな
り、良い霊魂の仲間に加わる
まとまって神となる
霊 魂
怨みを
背負った
悪い霊
助ける
人びと
死 者

祟りをしずめる大祓

祓いの形代

厄や罪穢れを背負って生活していると、自分と同じ香りにひかれて穢れた悪神や悪霊が寄ってくる。

ゆえにかれらのもたらす災いをさけるためには、こまめに厄落としや祓いを行なって身を清めねばならない。

そのために、神道は家で神棚《かみだな》を祭ったり、毎月一日に氏神《うじがみ》様とよばれる地域の神社にお参りに行くことをすすめる（詳細は119ページ参照）。毎朝、神棚においたお社《やしろ》（宮形《みやがた》）と御霊屋《みたまや》に米、塩、水を供えることによってお清《きよ》めをする。

そして、神社に参拝してお賽銭《さいせん》を上げて体にたまった罪穢れや厄をお金につけて祓う。半年ごとに形代《かたしろ》（人形《ひとがた》）を用いて大祓《おおはらい》を行なうとさらに良い。六月と一二月の末日に人間の形に切った紙に自分の名前と数えの年齢とを書いたもので、体をなぞり息をふきかけて神社にもっていく。

大祓の形代の役割

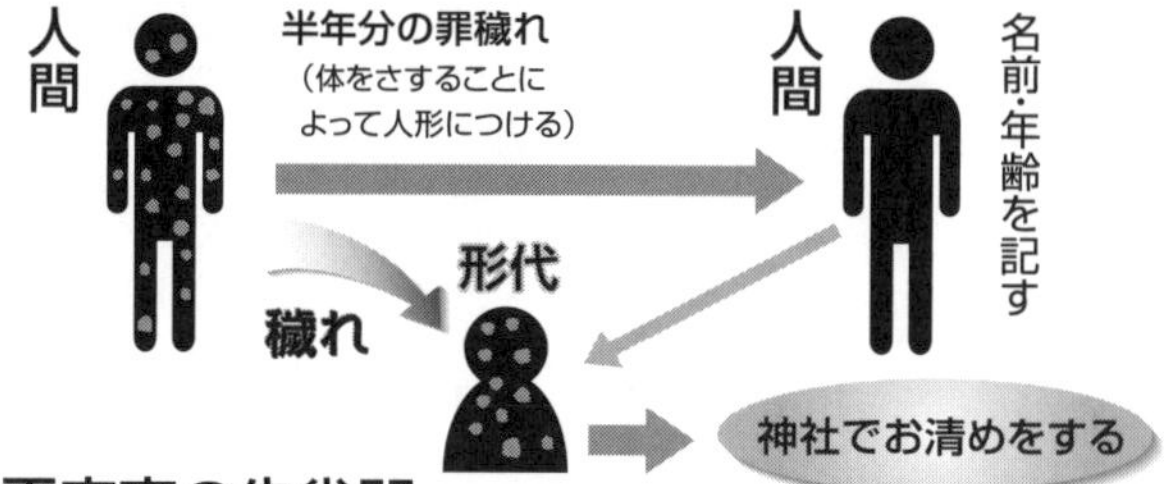

平安京の朱雀門

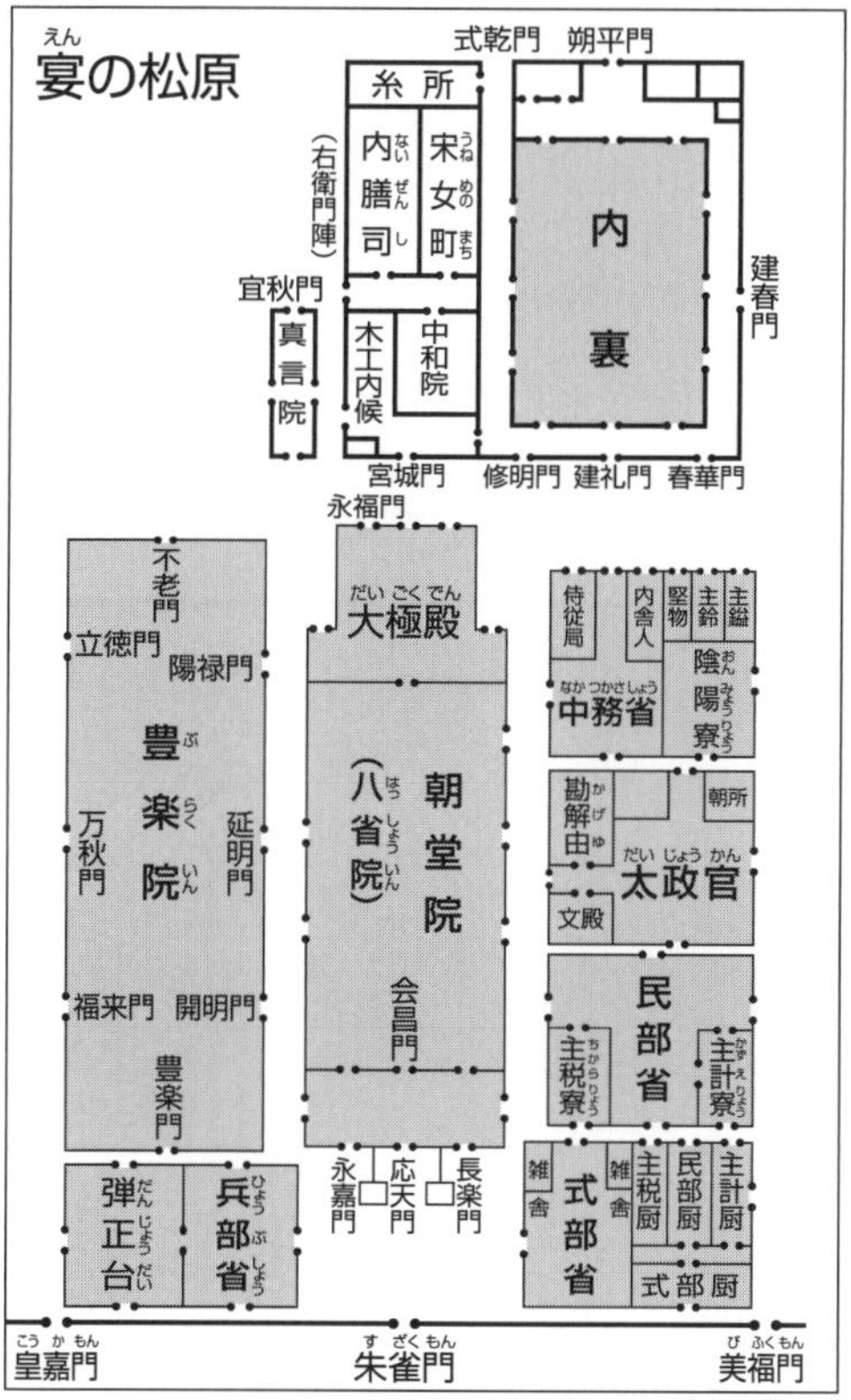

そして、神職に初穂料《はつほりょう》（お賽銭）と形代とを渡して、形代のお焚《た》き上げ（清められた火で焼くこと）をしてもらうのである。

この行事は、罪穢れや厄のたまった古い自分の体を焼いて、新しい清らかな体になって生まれかわることを意味するものである。

古代人はこの祓いによって、あらゆる罪が許されると考えた。祓いの行事でいったん死んだ者を罰するわけにはいかないからである。つまり、祓いの形代（人形）は罪深い人間の身代わりとして、お焚き上げで焼かれるのである。

大祓がつくる清らかな世界

大祓の形代は、本来は海に流すものであった。それを穢れを清める海に住む女神、速佐須良比咩（31ページ参照）のもとに送るためである。

形代を焼くのは火を用いる祓い（41ページ参照）という略式の祓いで、形代を焼いたときの煙を雨にして海に送るものだ。

古代には、朝廷の公式の行事として大祓の神事がひらかれていた。六月と一二月の末日に、親王《しんのう》から最下級の役人までが朱雀《すざく》門前の広場に集まって、万民の罪穢れを清めたのである。前

夏越の大祓・志波彦神社の茅の輪

茅の輪のくぐり方

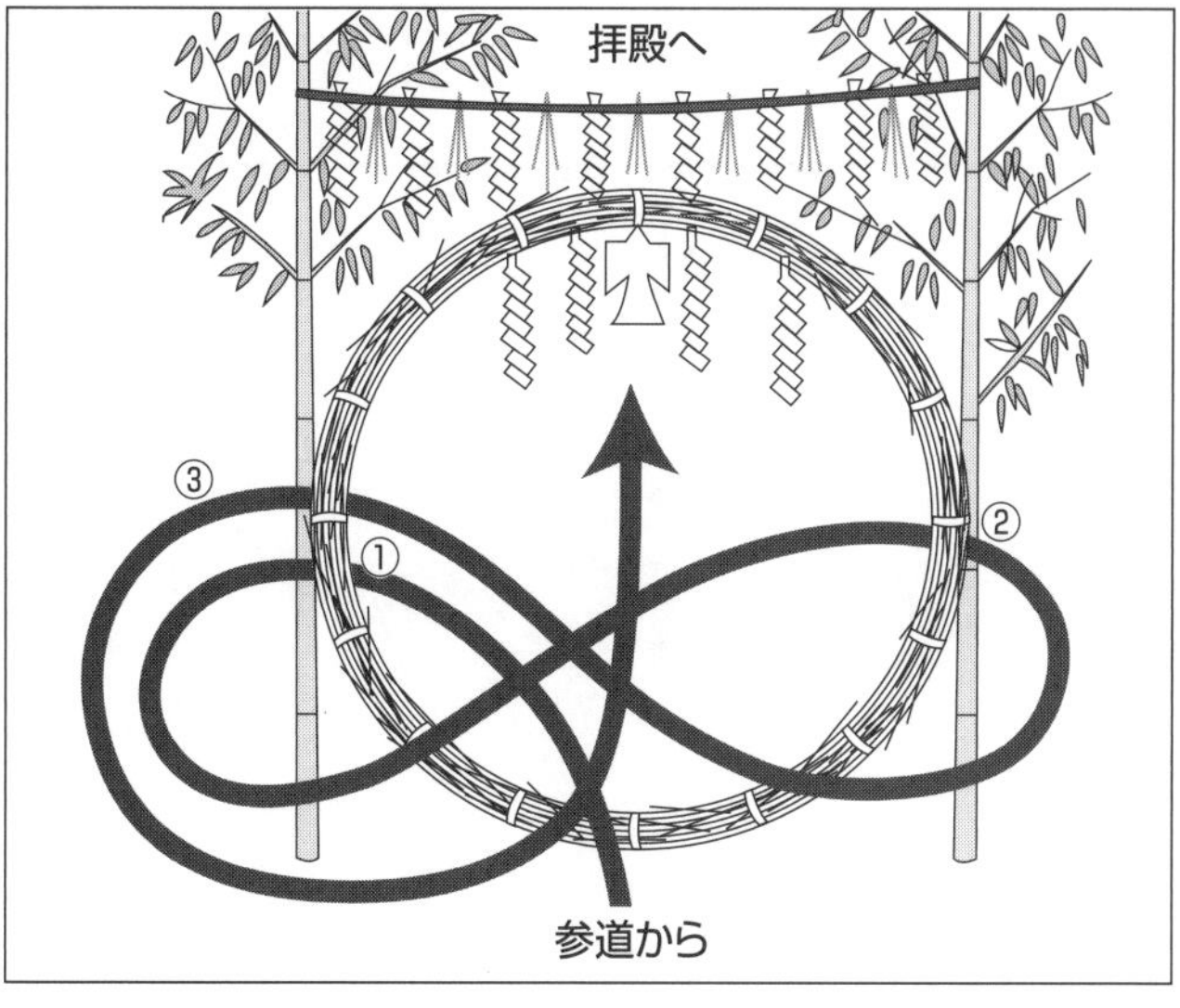

（31ページ）に上げた大祓の祝詞はこの神事でよまれた。

江戸時代ごろまで、この大祓の考えにもとづいて操り人形を用いる傀儡師《くぐつし》とよばれる旅芸人が多くいた。

かれらは観客の前で人形を舞わせ、見物人の体についた厄や罪穢れを人形に集めて持ち去ったのである。

現在でも宮中で大祓が行なわれている。あちこちの神社でも、六月と一二月に大祓がひらかれる。

なかには、大祓のときに境内《けいだい》に茅《ち》（チガヤ）をあんだ茅《ち》の輪《わ》を設けるところもある。参詣者は、この輪を、左回り、右回り、左回りの順で三回くぐって半年分の厄や罪穢れを清める。

「東京都大祓形代流し連合会」に属する神社は、形代をもちよって箱根《はこね》の芦《あし》の湖《こ》で大祓を行なう。そのときに形代を真薦《まこも》（イネ科の草）を編《あ》んでつくった船に乗せて湖に流す。この船を流す前に、参列者一同による大祓祝詞のよみ上げが行なわれる。このような大祓によって、あらゆる災いをさけられるといわれる。

しかし、神道では、更に念を入れるために次項に上げるような、有力な厄病神のための祭りが行なわれている。

一章
厄落とし・厄祓い入門

災害や病気をさける

疫病神をまつる

神道の神のなかには、病気や災厄をもたらす疫病神などとよばれる悪神がいる。しかし神道には互いにあい容れない天使の軍団と悪魔の軍団との戦いといった形の善神と悪神とが戦っているとする発想はない。

日本人は、心をこめて祭ることによって、疫病神を良い神にかえることができると考えた。それゆえ、古代の朝廷では病気をもたらす三輪山《みわやま》の神をしずめる大神《おおみわ》神社（奈良県桜井《さくらい》市）の鎮花祭《はなしずめまつり》や都に疫病の神が入られぬようにするために都の四すみでひらく道饗祭《みちあえのまつり》が行なわれた。

これらは、お供えをしてもてなすことによって、病気をおこす神に人びとに害を及ぼさないようにしてもらう神事である。

現在でも、災厄を祓うために正月に疫神詣《えきしんもう》でをする風習をもつ地方もある。また、疫神を祭る疫神送りの行事もみられる。

こういった疫病神の祭りは、あらゆる神が善良な心をもっており、真心をもって祭れば願いを叶えてくれるとする考えからなされるものである。

病気回復の祓い

人間にとって病気はさけられない。一生、入院するような大病にかかわらず最期は眠るように亡《な》くなる人は、きわめて幸運である。ゆえに、病気にかかったときには神仏に助けを求めることになる。

高知県の山地に住む人びとの間には、「祈《いの》り薬《くす》れ」という言いまわしがある（この話は小松和彦氏からきいた）。

神仏に病気回復を願うとともに、最新の医療の力を用いることによって、はじめて大病を克服することができるというのである。

神道では、厄祓いが病気回復の手助けになるとされる。

毎朝、手や顔を水で清め、神棚を拝み、神社詣でをすることによって、心にたまった汚れた気持ちを清めれば病気が早くなおる。

「元気になって人びとの役に立つ働きをしたい」

病気平癒の祝詞

【病気平癒の祝詞《のりと》】

掛巻《かけまく》も畏《かしこ》き、（ここに、あなたの崇拝する神の名。あるいは氏神さまの神の名を入れる）大神《おおかみ》の大前《おおまえ》に（ここに、この祝詞を唱える人の姓名を入れる）畏《かしこ》み畏《かしこ》みも白《もう》さく、（ここに、病気平癒を祈願する人の姓名を入れる。）い、去《い》にし（ここに、病気にかかった年月を入れる）の頃《ころ》より、故無《ゆえな》くも病《やまい》を得て悶熱懊悩《あつかいなや》みつつ有《あ》るを以《も》ちて、親族家族《うからやから》打《う》ち寄《よ》り、夜《よる》と無《な》く昼《ひる》と無《な》く、胸《むね》差《さ》し押《おさ》え肩押《かたお》し摩《なず》り、治《おさ》むる医師《くすし》も其《そ》の為《なし》の限《かぎ》りを尽《つく》し、与《あた》うる薬《くすり》も其《そ》の奇《くす》しき極《きわ》みを施《ほどこ》せども、更《さら》に其《そ》の験有《しるしあ》ること無《な》く、所為便知《せんすべし》らに、此処《このところ》に詣《もう》でて、御饌御酒種々《みけみきくさぐさ》の幣帛《みてぐら》を供《そな》え奉《まつ》らくを平《たいら》けく安《やす》らけく聞《き》こし食《め》し給《たま》いて、其《そ》の煩《わずら》い苦《くる》しむ悩《なや》みをば、一日《ひとひ》も早《はや》く、大御恵《おおみめぐ》みを幸《さきわ》え給《たま》いて、燃《も》ゆる火《ひ》に水《みず》打《う》ち注《そそ》ぐが如《ごと》く、速雨《はやさめ》の塵《ちり》打《う》ち洗《あら》うが如《ごと》く、身内燦然《みうちさや》かに残《のこ》る方無《かたな》く、癒《いや》し給《たま》い直《なお》し給《たま》いて、速《すみや》かに元《もと》の如《ごと》く、健全《すこやか》に楽《たの》しき身《み》と、成《な》し幸《さきわ》え給《たま》えと、恐《かしこ》み恐《かしこ》みも白《もう》す。

【要訳】 恐れ多い神様の前に申しあげますことは、某が、去る何年何月頃から病気にかかっており、家族や親族の人たちも、日夜、心配して、医者も薬も限りをつくしましたが、一向によくなりませんので、神様の前に、たくさんの供え物をたてまつり、病気平癒のお参りすることを、お聞き入れくださいまして、一日も早く病気が治り、もとのように健やかな身体となりますように。

と願ったときに、神々が病気との戦いの手助けをしてくれるというのである。

この厄祓いにあたって病気平癒《へいゆ》の祝詞を唱えるとさらに効果がある。

難しい言葉が多く出てくるので、無理に祝詞を暗記しようとせずに紙に書いたものをよみ上げるとよい。

表に示したような病気平癒の祈願を行なっている神社を参拝することが回復のたすけとなる病気もある。

そこに上げた神社には疫病神を祭るものもある。

また、有力な人間が病気回復の祈祷《きとう》をたのんで効果があったことをきっかけに、疫病神を追い払う力をもつ神社とされたところもある。こういった神社の祭神はたいてい、強い力をもつ、荒ぶる神として恐れられたものである。

病気回復を祈るばあいには、病気をなおすのは医療の力と自分の節制であることを心にとめておかねばならない。

信仰は病気にうちかつ強い気持ちをつけるためのものである。

本章で神道で重んじる災いをさけるための厄祓いについて説明してきたが、次章では神の力によって運をひらく方法について述べよう。

病気治しの神社①

万病	
湯殿山神社	山形県鶴岡市田麦俣字六十里山7
薬莱神社	宮城県加美町上野目大宮七
五條天神社	東京都台東区上野公園
砥鹿神社	愛知県一宮市西垣内2
結城神社	三重県津市藤方2341
伊和神社	兵庫県宍粟市須行名407
田村神社	香川県高松市一宮町宮東296
志志岐神社	長崎県対馬市厳原町久田788
諫早神社	長崎県諫早市宇都町1-12
頭部の病	
白旗神社	神奈川県藤沢市藤沢2-4-7
御首神社	岐阜県大垣市荒尾町1283-1
持田神社	島根県松江市西持田町894-2
脱毛症	
髪之祖関神社	東京都北区王子本町1-1-12王子神社内
目の病	
御霊神社	神奈川県鎌倉市坂ノ下4-9
生目神社	宮崎県宮崎市生目345
歯の病	
九頭竜社	長野県長野市戸隠中社6506戸隠神社内
日比谷神社	東京都港区東新橋2-1-1
のどの病	
三輪里稲荷神社	東京都墨田区八広3-6-13
石井神社	東京都江東区亀戸4-37-13
手足の病	
足尾神社	茨城県石岡市小屋字足尾山1
脚気	
加茂神社	富山県射水市加茂中部630
御手洗神社	京都府京都市左京区下鴨泉川町下鴨神社内
服部天神宮	大阪府豊中市服部元町1-2-17
痔病	
長田神社	兵庫県神戸市長田区長田町3-1-1

病気治しの神社②

カゼ	
芝大神宮	東京都港区芝大門1-2-7
流行病	
羽田神社	東京都大田区本羽田3-9-12
津島神社	愛知県津島市神明町1
菅生石部神社	石川県加賀市大聖寺敷地
泉殿宮	大阪府吹田市西之庄町10-1
皮膚病	
田戸神社	愛知県田原市小中山町
傷病	
都農神社	宮崎県児湯郡都農町大字川北13294
はしか	
白兎神社	鳥取県鳥取市白兎603
できもの	
稲荷鬼王神社	東京都新宿区歌舞伎町2-17-5
伊宝石神社	愛知県豊橋市大岩町北元屋敷57
石切剣箭神社	大阪府東大阪市東石切1-1-1
中風	
田丸神社	三重県度会郡玉城町下田辺1041
天然痘	
佐嘉神社	佐賀県佐賀市松原2-10-43
婦人病	
多度大社	三重県桑名市多度町多度1681
多賀神社	愛媛県宇和島市藤江1340
性病	
大懸神社	愛知県犬山市宮山3
小児病	
与杼(よど)神社	京都府京都市伏見区淀本町167
夜泣き	
河俣上神社	愛知県一宮市浅井町河端字宮東107
虫封じ	
高座結御子神社	愛知県名古屋市熱田区熱田1-1-1神宮内
健忘症	
二見興玉神社	三重県伊勢市二見町江575

二章

開運の知恵袋

願いは必ず叶う

人間は幸福になるようにつくられている

これまで、神道《しんとう》の中心となる厄落《やくお》とし、厄祓《やくばら》いの考えについて、ていねいに説明してきた。そのなかで、人間に不幸をもたらす厄、穢《けが》れ、罪を清める方法もしめした。

神道は、人間にとっての幸福は厄を背負わない状態であるとする。それゆえ、読者の方々が「厄をためない生活」をおくるように心がけてもらえると有難い。

さまざまな厄にとらわれて楽しいことがみつからずに、不満だらけの生活をおくるのはよくない。

「人間とは、本来、幸福になるために生まれてきた」

とするのが、神道の考え方である。空気も、水も太陽の光も、大地も、すべて人間やさまざまの動植物を元気に育てるために存在している。

ところが、人間の自分勝手な気持ちが厄をつくり出して、自然界のバランス（あるべき姿）を崩して、さまざまな災厄を生む。

神道の幸福論

すべてがあるべき姿でいることが幸福

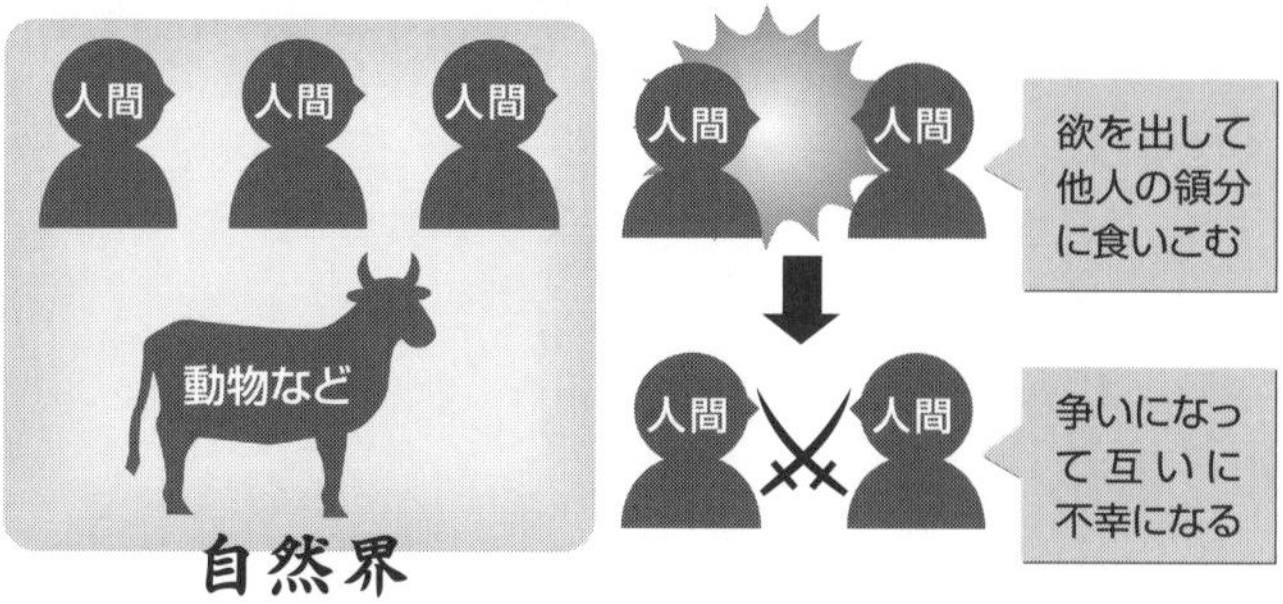

厄と人間関係

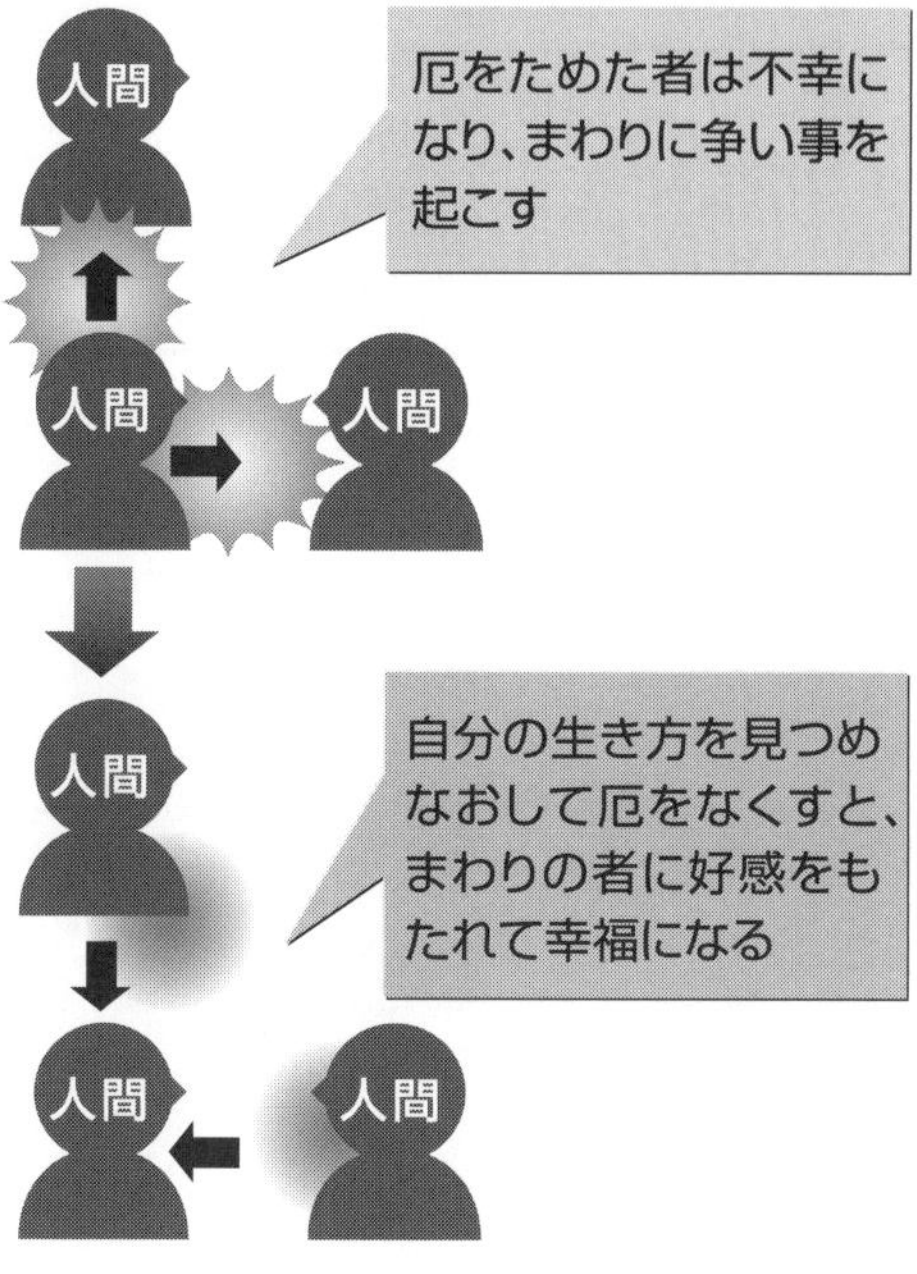

ゆえに神道の神々は、

「幸福になろうと思い立ったときから、運は上がりはじめる」

と人びとに呼びかける。

その「幸福になろうと思う」きっかけをつくるのが後（104ページ以下）で述べる神詣《かみもう》でや神《かみ》棚《だな》の祭りである。

過去を生かして夢を叶える

「人間は幸福になるようにつくられている」という神道の考えは、「一人一人の人間がもつ夢は必ず叶《かな》う」ことをも意味するものである。しかし、この「夢は必ず叶う」という発想には説明が必要である。

スペインのセルバンテス作の『ドン・キホーテ』という小説がある。

主人公のドン・キホーテは騎士物語にひかれて、正義の騎士になりたいと思って武者修行の旅に出るが、騎士が活躍した中世はかれが生まれるはるか前におわっている（セルバンテスは江戸時代はじめの人間）。

これでは、ドン・キホーテの夢は叶いっこない。

夢の叶え方の悪い例

貧乏暮らしをしている父が

↓

小学生ぐらいの子供に 巨人のスター選手 になれという

（梶原一騎・川崎のぼる『巨人の星』講談社刊参照）

これでは過大な期待をかけられた子供を苦しめることになる

↓ このやり方がよい

合理的なトレーニングで体をきたえていく

小学生 → 高校野球の有力な選手になる

このあたりでプロ入りを考える

客観的に自分の夢とむかいあったよい例

わしはプロレスラーになりたかった

↓

しかし生まれつき肉体が貧弱だった

↓

どう勉強してもプロレスラーにはなれない

↓

そこで
プロレスではなく漫画を身につける

「『プロレスラーは肉体差別の集大成だっ』と言って抗議するか？　わしは素直にあこがれて見とる」

小林よしのり（漫画家）『ゴーマニズム宣言』（扶桑社刊）より

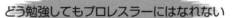

しかし、かれが武術の先生や、騎士の時代を扱う小説家や歴史家になれば、騎士物語好きのかれの資質を生かせたろう。

「毎日の生活が面白くない」と言う人は、実現不可能な夢にとらわれることによって本来の自分を見失っているのではないだろうか。

よけいなこだわりを捨てて、神道的考えをとって現在の自分の能力で実現可能なものを一つ一つやり遂げていけば、夢は叶う。

さらに、神道は過去のあやまちや苦しみを引きずって生きることはよくないとする考えをとる。

過去は恥ずかしいものや、つらいものではない。

神様は苦しみを背負って神社を訪ねる者に、「過去の失敗は、将来により大きなまちがいを犯さずにすごせるための捨て石である」と説く。ゆえに、「あのころの自分といまの自分とは別のもの」と考えて過去を切り捨てずに、これまでの良かったこと楽しかったことを思い起こしつつ、明日を生きるのがよい。

人間の幸福の基礎となるのが、平和な家庭である。

次項では、神道による家内安全の実現の方法をみていこう。

二章
開運の
知恵袋

家内安全のためにすること

地鎮祭の役割

子供のころに、へんなおじさんやいじめっ子に追われた経験をもつ人は、少なくないと思われる。

そういったときには、誰もが、

「家まで走って、家に逃げこめば助かる」

と考えた。

この発想は、家屋《かおく》は「屋敷神《やしきがみ》」などとよばれる神様にまもられた空間だとする神道の考えからくるものである。

日本では、古くから地鎮祭《じちんさい》が行なわれてきた。これは、建物の建設にとりかかる前に、建物をつくる土地の神様を祭るものである。

これによって、家がおかれる土地を支配してきた神様に、生活の安全と発展をお願いするのだ。

土地をまもる神様は、「産土神《うぶすなかみ》」とよばれる。この他に自分が生まれた土地の氏神《うじがみ》を「産土神」とよぶ用法もある（110ページ参照）。

この産土神は、人間が生活する前からその土地を生活の場とした神で、過去にその土地で起こったこと（土地の歴史）をすべて知っている。

産土神は、平素は姿をみせないが人間の前にあらわれるときには蛇の姿をとることが多いといわれる。白蛇の姿の神がもっとも尊いとされるが、白い犬や狐の姿の産土神もいる。

現在ではマンションのような集合住宅を一生のすみかとする人も多い。このようなところでは、その土地の産土神がマンションのすべての住民をまもっているとされる。江戸時代の長屋のようなところでは、熊さん八つぁんなどと呼びあうそこの住民すべてが同じ産土神を慕《した》い、家族のように親しく往来していた。

産土神を尊敬する人は、良い家庭を築くことができるが、産土神の祟りが、さまざまな家庭内の不幸を起こすといわれる。

凶相の家にはお祓いが必要

殺人事件があったり、自殺者が出た家に住みついた家族が、災難におそわれたという噂話は

家内安全の祝詞

【家内安全の祝詞《のりと》】

八十日日《やそかび》は有《あ》れども、今日《きょう》の生日《いくひ》の足日《たるひ》に、掛巻《かけまく》も畏《かしこ》き、（ここに、あなたの氏神さまの神の名を入れる）大神《おおかみ》の大前《おおまえ》に、畏《かしこ》み畏《かしこ》みも白《もう》さく、大神《おおかみ》の氏子《うじこ》（ここに、家内安全を祈願する人の姓名を入れる）い、予《かね》てより大神《おおかみ》の神徳《みいつ》を、崇《あが》め尊《とうと》び仕《つか》え奉《まつ》らくを、見行《みそなわ》し給《たま》いて、大神《おおかみ》の高《たか》き貴《とうと》き御恩頼《みたまのふゆ》を以《もち》て、恤《あわれ》み給《たま》い慈《いつくし》み給《たま》いて、家内《いえうち》の親族《うちらやから》は、各《おの》も各《おの》も、清《きよ》き赤《あか》き真心《まごころ》に誘《いざな》い導《みちび》き給《たま》いて、日《ひ》に異《け》に勤《いそ》しみ励《はげ》む生業《なりわい》を弥進《いやすす》めに進《すす》め給《たま》いて、過《あやま》ち犯《おか》しけん罪咎《つみとが》有《あ》らんをば、見直《みなお》し開直《ききなお》し坐《ま》して、諸々《もろもろ》の禍事《まがごと》有《あ》らしめず、子孫《うみのこ》の八十連属《やそつづき》に至《いた》るまで、家門《いえかど》高《たか》く立栄《たちさか》えしめ給《たま》えと、畏《かしこ》み畏《かしこ》みも白《もう》す。

【要訳】

よい日を選んで、日頃から神様を崇拝し、貴い御恵みをいただいておりますす氏子の某が、家内・親族に至るまで正しい心を持って、それぞれの職業にはげむことができますよう、また、悪いことがおこらないように、子々孫々にいたるまで栄えますようにと氏神様にお祈り申し上げます。

地鎮祭の祭場

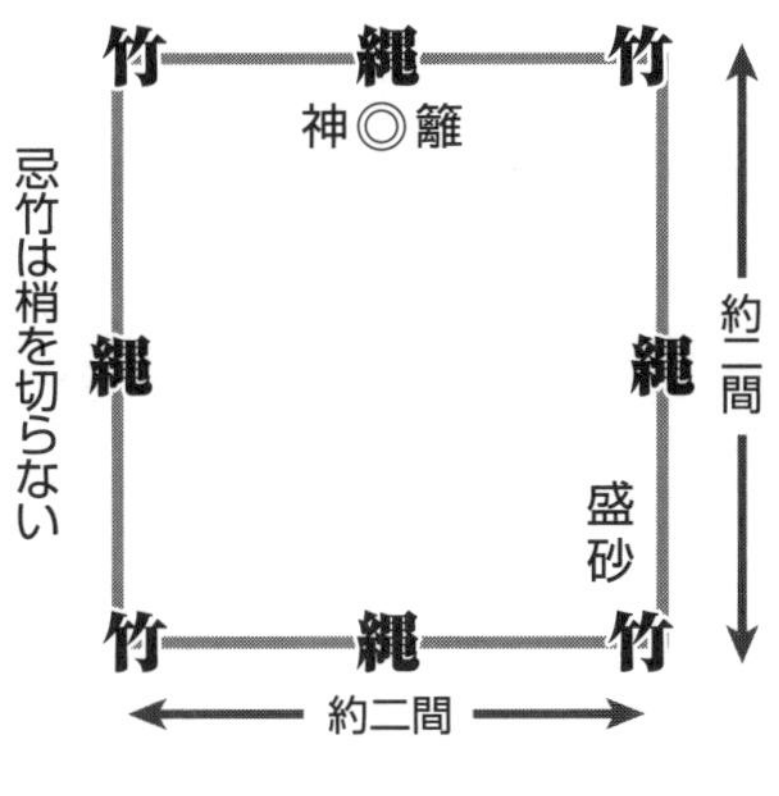

神籬

多い。

これを、死者の霊の怨みによるものだと説明する霊能者もいるが、神道は、そういった災厄は、死の穢れが清められなかったことに対する産土神の怒りからくるものとする。

地鎮祭を行なわずに家を建てる者もいる。また、死者が出たときにきちんとした葬式を行なわなかった家族もいる。こういったことも、産土神の怒りのもとになる。

万一、産土神を怒らせてしまったら、その土地の氏神様（106ページ参照）の神職にお祓いをしてもらうのがよい。

ていねいにお祭りすることによって、産土神の怒りをしずめるのである。

また、家相のよくない家屋をつくったことによって産土神の怒りをかうこともある。確かに凶相《きょうそう》とされる家は生活しにくい。鬼門《きもん》とよばれる家の東北の部分に窓がない家や、鬼門に便所をおいた家や南がわに窓がない家がこれにあたる。そういった家は改築するのがよいとされるが、神道では産土神や方位除けの神を祭ることによって凶相の家の害をなくすことができるとする。

人びとが家内安全のつぎに願うことは、商売繁昌、つまり仕事の面での成功である。次項では商売繁昌をもたらす神事について説明しよう。

家内安全の神社

出《で》羽《わ》三《さん》山《ざん》神社	山形県鶴岡市羽黒町手向字羽黒山33
宇《う》都《つの》宮《みや》二《ふた》荒《あら》山《やま》神社	栃木県宇都宮市馬場通り1-1-1
大《おお》國《くに》魂《たま》神社	東京都府中市宮町3-1
比《ひ》比《び》多《た》神社	神奈川県伊勢原市三ノ宮1472
稲《いな》積《づみ》神社	山梨県甲府市太田町10-2
談《たん》山《ざん》神社	奈良県桜井市大字多武峰319
日《ひの》前《くま》・国《くに》懸《かかす》神宮	和歌山県和歌山市秋月365
宅《えの》宮《みや》神社	徳島県徳島市上八万町上中筋559
祐《ゆう》徳《とく》稲《い》荷《なり》神社	佐賀県鹿島市古枝乙1855

方位除けの神社

善《う》知《と》烏《う》神社	青森県青森市安方2-7-18
寒《さむ》川《かわ》神社	神奈川県高座郡寒川町宮山3916
大《だい》将《しょう》軍《ぐん》八《はち》神社	京都府京都市上京区一条御前通西入ル3丁目
城《じょう》南《なん》宮	京都府京都市伏見区中島鳥羽離宮町7
方《かた》違《たがい》神社	大阪府堺市北三国ヶ丘町2-2-1
大《おお》神《みわ》神社	奈良県桜井市大字三輪1422

商売繁昌の秘訣

日本全国でまつられる福の神

商売繁昌をもたらす福の神は、日本全国にみられる。そのなかの代表的なものが大黒《だいこく》様と恵《え》比寿《びす》（恵比須）様である。

大黒様は、もとはインドの大黒天という神様であった。インドの大黒天は、死神で怒りの神とされたが、仏教の広まりのなかで仏の一員とされた。中世の京都の商工民はこの大黒天を台所の神として祭り、やがて福の神とした。

そして、室町時代のなかばすぎごろに、この大黒天が農民が祭っていた大国主命《おおくにぬしのみこと》と融合した。これ以前に、漁民は大国主命の子神とされる事代主命《ことしろぬしのみこと》を恵比寿様とよんで大漁をもたらす神としていた。

これによって戦国時代から江戸時代はじめにかけて米俵をふまえた大黒様と鯛をもった恵比寿様をならべて福の神として祭る習慣が広がった。さらに、それに弁財天《べんざいてん》（インドの水の神）などを加えた七福神《しちふくじん》の信仰が江戸時代なかばすぎに各地の町人の間に広がっていった。

商売繁昌祈願の祝詞

【商売繁昌祈願の祝詞《のりと》】

産土神《うぶすなのかみ》と以《も》ち斎《いつ》く、掛《かけ》まくも畏き（ここに、あなたの氏神さまの神の名を入れる）大《おお》神《かみ》の大前《おおまえ》に、（ここに、この祝詞をとなえる人の姓名を入れる）恐《かしこ》み恐《かしこ》みも白《もう》さく、（ここに、商売繁昌を祈願する人の姓名を入れる）い、先祖《とおつおや》より家《いえ》の生業《なりわい》と営《いとな》み来《こ》し（ここに、商売名を入れる）の商売《あきない》を、此度《こたび》其《そ》の手振《てぶ》りを更《さら》に拡張《はりひろ》めて、弥益々《いやますます》に広《ひろ》く大《いや》く営《いとな》み為《な》さんと、今日《きょう》の生日《いくひ》の足日《なるひ》に豊御饌《とよみけ》豊御酒《とよみき》種々《くさぐさ》の佳饗《ためつもの》を捧《ささ》げ奉《まつ》り、斯《か》く厳《おごそ》かに御祭《みまつり》仕奉《つかえまつ》りて、広《ひろ》き厚《あつ》き御恩頼《みたまのふゆ》を乞祈《こいのみ》奉《まつ》る状《さま》を、平《たいら》けく安《やすら》けく聞《き》こし食《め》し嘉納《うずな》い給《たま》いて、営業《なりわい》に智深《さとりふか》く、為《な》しと為《な》し、計《はか》りと計《はか》る物《もの》に事《こと》に、悉《ことごと》く幸有《さちあ》らしめ給《たま》い、此《こ》の家《いえ》の主人《あるじ》より家族《やから》・雇使《やといつか》う男女《おとこおんな》に至《いた》るまで、一心《ひとつごころ》に忠実《まめやか》に切《ひたむき》に勤《いそし》しみ勉《つと》めて、恵良恵良《えらえら》に笑《え》らぎ饒《にぎ》わい、四方八方《よもやも》より遠《とお》く来《きた》り求《もと》むる人々《ひとびと》は、斎《いわ》い立《た》てし五百枝真榊《いおえまさかき》の葉《は》よりも弥繁《いやしげ》く、日《ひ》に異《け》に弥向栄《いやむくさか》に富《と》み栄《さか》えしめ給《たま》えと、恐《かしこ》み恐《かしこ》みも白《もう》す。

【要訳】某が先祖代々続いてきた商売を、今度、さらに拡張し、ますます大きく経営しようと、吉日に、お供え物をたてまつり、産土神にお願い申し上げます。

熊手

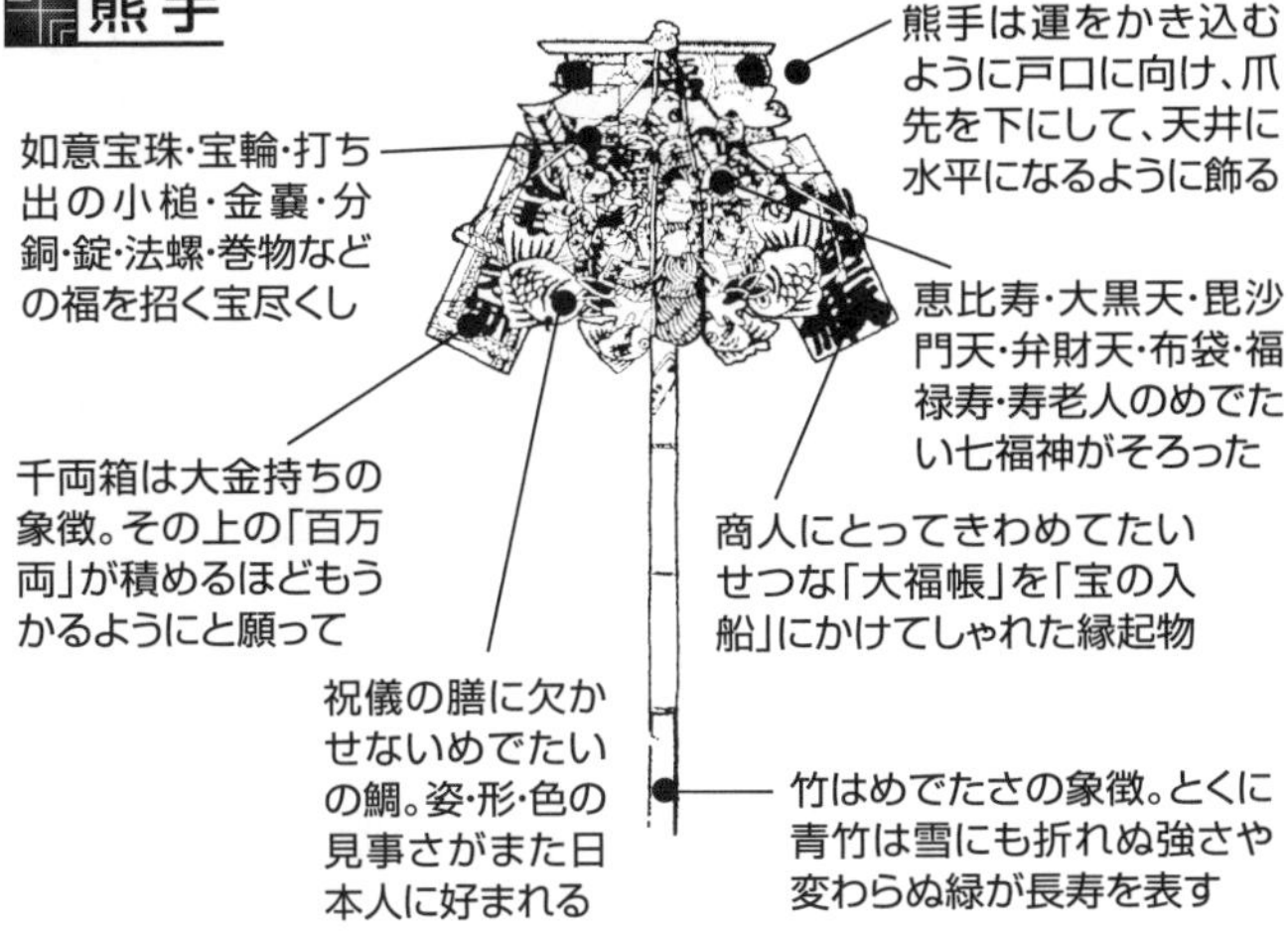
熊手は運をかき込むように戸口に向け、爪先を下にして、天井に水平になるように飾る
如意宝珠・宝輪・打ち出の小槌・金嚢・分銅・錠・法螺・巻物などの福を招く宝尽くし
恵比寿・大黒天・毘沙門天・弁財天・布袋・福禄寿・寿老人のめでたい七福神がそろった
千両箱は大金持ちの象徴。その上の「百万両」が積めるほどもうかるようにと願って
商人にとってきわめてたいせつな「大福帳」を「宝の入船」にかけてしゃれた縁起物
祝儀の膳に欠かせないめでたいの鯛。姿・形・色の見事さがまた日本人に好まれる
竹はめでたさの象徴。とくに青竹は雪にも折れぬ強さや変わらぬ緑が長寿を表す

そのころには、各地方特有の商売繁昌を願う行事も多くつくられていった。大鳥《おおとり》（鷲）神社の酉《とり》の市《いち》は、江戸を中心に広がったものだ。それは一一月の酉の日に、縁起《えんぎ》物《もの》の熊手《くまで》を授かって、家や商店などに飾るものである。

関西では、一月一〇日の戎《えびす》祭りがさかんになった。人びとはそこでは縁起物の福笹《ふくざさ》を求める。現在でも多くの商売人がこの酉の市や十日戎を訪れる（筆者の神棚にも酉の市の熊手が置いてある）。

その他に、招き猫、宝船（正月の七福神巡りで求める）、目なしダルマなど多様な縁起物が知られる。このような縁起物は、厄落としの意味をもつ。そこに、人びとの厄や罪穢れをあつめるのである。そのため、一定の期間、家に飾った縁起物は神社にもっていってお焚《た》き上げしてもらうのがよい。神社の神聖な火で、縁起物についた悪いものを清めるのである。

酉の市の熊手などは、一年に一度、目なしダルマや招き猫は何らかの願いが叶ったときにお焚き上げするとよいとされる。

商売は罪をあがなうこと

神道では、まじめな気持ちで福の神を祭ることによって商売の成功を得ることができるとさ

浅草名所七福神

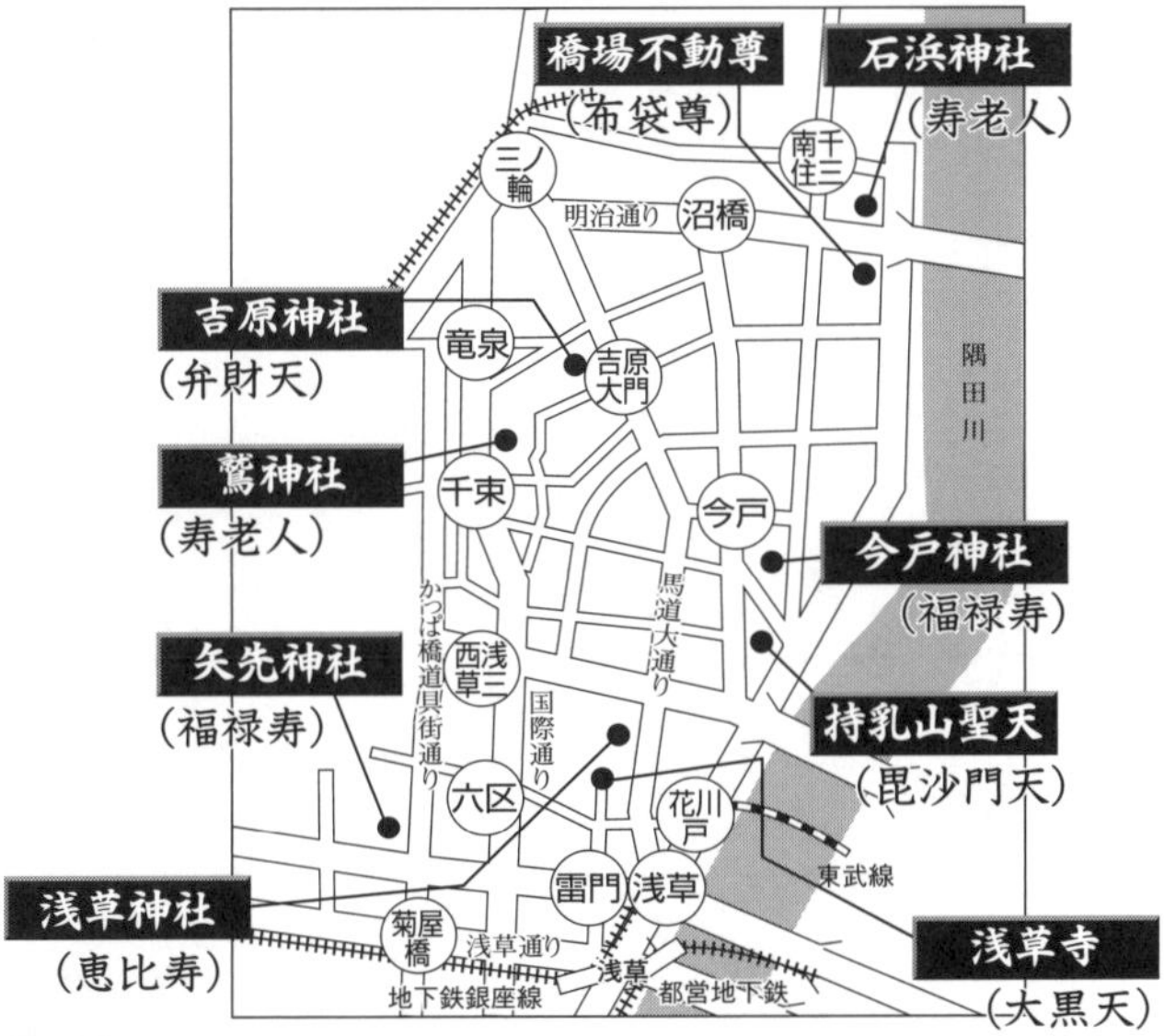

商売繁昌の神社

上川《かみかわ》神社 北海道旭川市神楽岡公園2-1	**今宮恵比寿《いまみやえびす》神社** 静岡県熱海市桜町3-29
榊山《さかきやま》稲荷《いなり》神社 岩手県盛岡市北山2-12-12	**敢国《あえくに》神社** 三重県伊賀市一之宮877
鷲《おおとり》神社 東京都台東区千束3-18-7	**伏見稲荷《ふしみいなり》神社** 京都府京都市伏見区深草藪之内町68
大鳥《おおとり》神社 東京都北区岸町1-12-26	**今宮《いまみや》神社** 京都府京都市北区紫野今宮町21
王子稲荷《おうじいなり》 東京都北区岸町1-12-26	**今宮戎《いまみやえびす》神社** 大阪府大阪市浪速区恵美須西1-6-10
花園《はなぞの》神社 東京都新宿区新宿5-17-3	**生国魂《いくくにたま》神社** 大阪府大阪市天王寺区生玉町13-9
千束稲荷《せんぞくいなり》神社 東京都台東区竜泉2-19-3	**住吉《すみよし》大社** 大阪府大阪市住吉区住吉2-9-89
三嶋《みしま》大社 静岡県三島市大宮町2-1-5	**大鳥《おおとり》神社** 大阪府堺市鳳北町1-1-2

れる。

信仰心のあつい者は、きれいな気持ちでごまかしのない商売をする。そして、正直者は最後には報《むく》われるとされるからである。

かつて、日本人は商売、農耕などの仕事は人びとのためになうべきものだとする考えをもっていた。

商売を意味する古代語「あきない（商い）」は、罪をつぐなうことを意味する「あがない（贖い）」に似た語感をもつ言葉であった。

人間は生きていくうえで、知らず知らずのうちに罪穢れを犯す。それゆえ神道は、人びとに役立つ仕事について、社会をよくすることによって罪穢れをあがなえと教えるのである。日本史上で偉人とよばれる高僧や、学者のなかに、権力者である父や祖父の罪をあがなうために仏道に入った者や人びとの役に立つ学問に従事した者もかなりいる。商いに成功すれば大きな財産ができる。

次項では、神道が金儲けについてどのように考えているかみていこう。

二章
開運の知恵袋

金運を招く生活

お金を洗って金運をつかむ

現在のアラブ世界には、人なみ外れた贅沢《ぜいたく》な生活をする石油成金がいる。アメリカやヨーロッパの先進国にも、何代もつづく富豪やＩＴ長者がみられる。かれらにくらべれば、皇室の生活はつつましい。

アメリカの金持ちは鉄道会社に、自分の専用の列車をつくらせているが、天皇はＪＲが所有する列車を必要に応じてお召し列車として借り上げるだけである。

日本にはフランスのブルボン朝の最盛期につくられた贅沢なヴェルサイユ宮殿（一八世紀）や、ロシアのエカテリーナ二世がのこしたエルミタージュ美術館の豪華な所蔵品に匹敵するものもない。

こういったことは、明治以前の日本で度を過ぎた金儲けや贅沢は卑《いや》しいことだとされていたことをしめすものだ。

ペリーの来航（一八五三年）をきっかけに、欧米流の拝金《はいきん》主義がしだいに日本に広がっていった。そして、大儲けしたいと考える人びとに金運をもたらすとされる鎌倉の銭洗弁天社《ぜにあらいべんてんしゃ》などが、もてはやされるようになった。

現在では、銭洗弁天社の洞窟のわき水でお金を洗えば、それが何倍にもふえるといわれる。そのため、弁天社の備えつけのざるに札束を入れて水をかける人が多くみられる。

しかし、実際には銭を洗う神事は、自分が金儲けのために知らず知らずのうちに犯した罪を清め、きれいな気持ちで商売にあたるためのものであった。

これも、厄落としの一つである。

人びとのための商売

神道は厄落としをしてきれいな気持ちで仕事に励めば、金運をつかめると説く。金儲けに夢中になっている人は、まわりの人びとの気持ちがみえなくなり、怨《うら》みをかいながら自分の手もとに金をあつめてしまう。

こうなると、誰も商売に協力してくれなくなり、仕事が行きづまる。ゆえに、世の中全体がよくなることを願って、取引相手、同業者といったまわりの者の気持ちをくみつつ商売を拡大していくことが望ましい。

銭洗弁天社

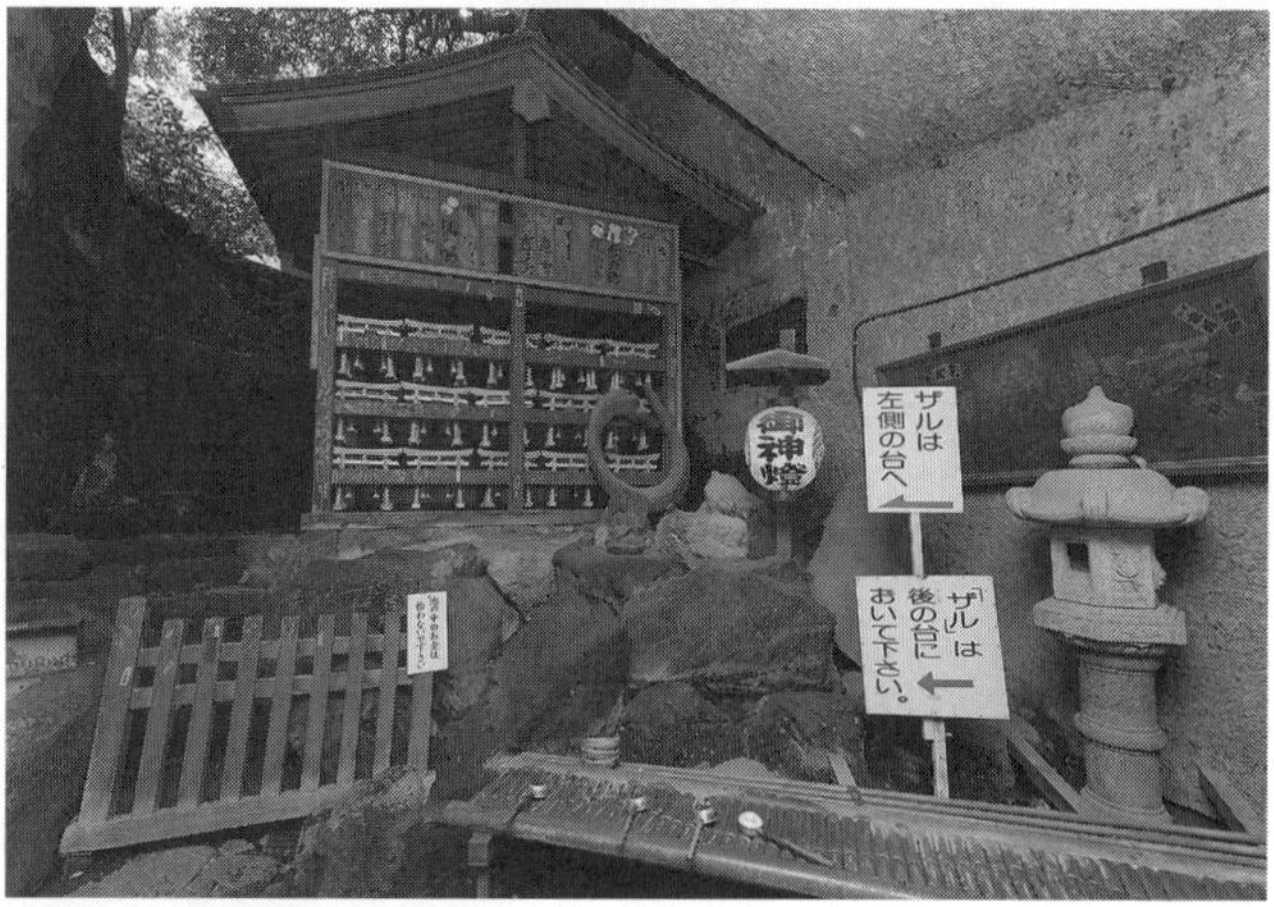

金運を招く神社

金華山《きんかざん》黄金山《こがねやま》神社	宮城県石巻市鮎川浜金華山5
穴守稲荷《あなもりいなり》神社	東京都大田区羽田5-2-7
銭洗弁天《ぜにあらいべんてん》社	神奈川県鎌倉市佐助2-25-16
南宮《なんぐう》大社	岐阜県大垣市宮代1734-1
岡太《おかふと》神社	福井県越前市粟田部19-1
杭全《くまた》神社	大阪府大阪市平野区平野宮町2-1-67
伊倉南八幡《いくらみなみはちまん》宮	熊本県玉名市伊倉宮原632

江戸時代末までの商人は、

「お客様のための商売を行なう」

ことを信条としていた。そして、大坂の商家には店に「見てござる」という貼り紙をする習慣があった。

神様がみているので正しい気持ちで商売をしようというのだ。

しかしこのような商業道徳は近代に失われた。神道は自分に与えられた仕事に励むことが神の意志にあった行動だとする。そして、仕事の報酬として得た金銭は、気前《きまえ》よくつかうのがよいと教える。不必要な金銭をもっていると、金銭についた厄が体にのしかかってくるとされるのだ。

厄落としの方法の一つに、人が喜ぶことをしたり、思いきってお金をつかうことがある。読者の方々にも、小さい不運がつづくときや気が沈んだときに、この厄落としをすることをすすめたい。

善行をうけた人や、感じの良い客に接した人が得たさわやかな気持ちが厄を追い払ってくれるからだ。

次項では、金儲けとともに良い人生に欠かせない出世のこつについてみていこう。

商売祈願の流れ

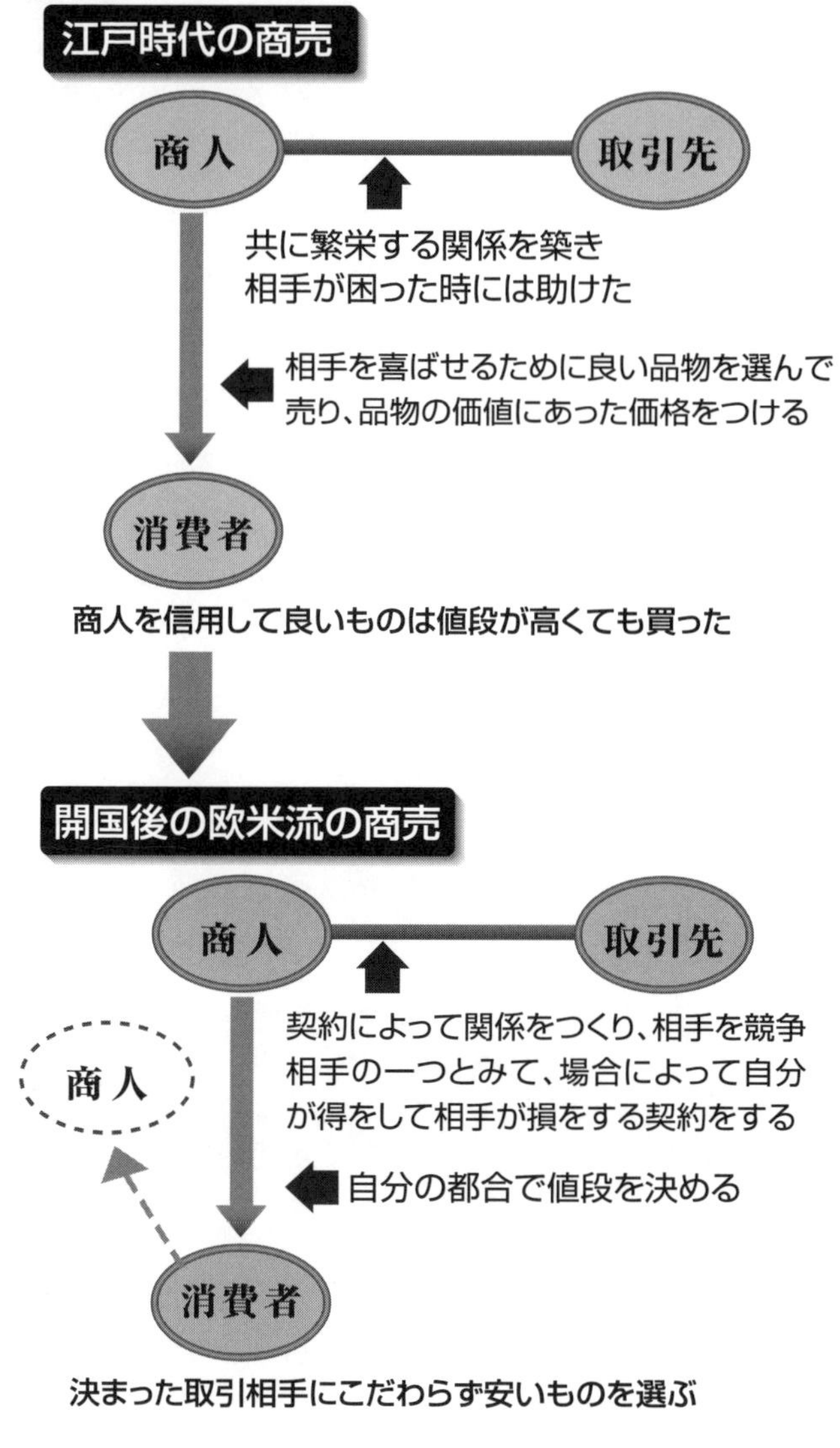
江戸時代の商売
商人
取引先
共に繁栄する関係を築き
相手が困った時には助けた
相手を喜ばせるために良い品物を選んで
売り、品物の価値にあった価格をつける
消費者
商人を信用して良いものは値段が高くても買った
開国後の欧米流の商売
商人
取引先
契約によって関係をつくり、相手を競争
相手の一つとみて、場合によって自分
が得をして相手が損をする契約をする
商人
自分の都合で値段を決める
消費者
決まった取引相手にこだわらず安いものを選ぶ

出世するためにすること

偉人を祭る神社の助けをうける

人間の心のなかには、つぎのような二つの対立する考えがある。

「出世して名を上げて、自分の思いのままに世の中を動かしたい」

「余計な権力をもつのはわずらわしいので、自分にあった地位で満足し、自由になる時間を確保して生活を楽しみたい」

多くの人は後者の考えにひかれるのであろうが、なかには出世欲のつよい者もいる。神道は、そういった人びとに歴史上の偉人とされるすぐれた人物を祭る神社を信仰することをすすめている。

大きな仕事をなしとげた者の霊魂は、没後に力をもつ神になれるとされる。しかし、表に上げたような偉人を祭る神社に参るときには、神の力をかりて楽に出世することではなく、神社を訪れることによってすぐれた先人にならった真剣な努力ができるつよい心をもてることを願いたい。

出世の望みを叶える神社

猿《さる》賀《が》神社 青森県平川市猿賀石林175	服《はっ》部《とり》神社 石川県加賀市山代温泉18-7
秋《あき》田《た》県《けん》護《ご》国《こく》神社 秋田県秋田市寺内大畑5-3	平《へい》安《あん》神宮 京都府京都市左京区岡崎西天王町97
日《にっ》光《こう》東《とう》照《しょう》宮《ぐう》 栃木県日光市山内2301	豊《とよ》國《くに》神社 大阪府大阪市中央区大阪城2-1
氷《ひ》川《かわ》神社 埼玉県さいたま市大宮区高鼻町1-407	天《あめの》石《いわ》門《と》別《わけ》神社 岡山県美作市滝宮89
船《ふな》橋《ばし》大神宮 千葉県船橋市宮本5-2-1	速《はや》谷《たに》神社 広島県廿日市市上日平良308-1
鎌《かま》倉《くら》宮 神奈川県鎌倉市二階堂154	山《やま》内《うち》神社 高知県高知市鷹匠町2-4-65
久《く》能《のう》山《ざん》東照宮 静岡県静岡市根古屋390	住《すみ》吉《よし》神社 福岡県福岡市博多区住吉3-1-51

勝利成功の神社

駒《こま》形《がた》神社 岩手県水沢市中上野町1-83	敢《あえ》国《くに》神社 三重県伊賀市一之宮877
盛《もり》岡《おか》八《はち》幡《まん》宮 岩手県盛岡市八幡町13-1	尾《お》山《やま》神社 石川県金沢市尾山町11-1
三《み》吉《よし》神社 秋田県秋田市赤沼3-2	太《た》郎《ろう》坊《ぼう》阿《あ》賀《が》神社 滋賀県東近江市小脇町2247
鳥《ちょう》海《かい》山《さん》大《おお》物《もの》忌《いみ》神社 山形県飽海郡遊佐町大字吹浦字布倉1	石《いわ》清《し》水《みず》八《はち》幡《まん》宮 京都府八幡市八幡高坊30
居《こ》多《た》神社 新潟県上越市五智6-1-11	橿《かし》原《わら》神宮 奈良県橿原市久米町934
香《か》取《とり》神宮 千葉県佐原市香取1697	闘《とう》鶏《けい》神社 和歌山県田辺市湊655
大《おお》宮《みや》八《はち》幡《まん》宮 東京都杉並区大宮2-3-1	物《もの》部《のべ》神社 島根県大田市川合町川合1545
井《い》草《くさ》八《はち》幡《まん》宮 東京都杉並区善福寺1-33-1	白《しら》鳥《とり》神社 香川県東かがわ市松原69
鶴《つるが》岡《おか》八《はち》幡《まん》宮 神奈川県鎌倉市雪ノ下2-1-31	八《や》代《しろ》宮 熊本県八代市松江城町7-34
鎌《かま》倉《くら》宮 神奈川県鎌倉市二階堂154	宮《みや》崎《ざき》神宮 宮崎県宮崎市神宮2-4-1
児《こ》玉《だま》神社 神奈川県藤沢市江ノ島1-4-3	

江戸時代の学者、塙保己一《はなわほきいち》は、若いときからひとかどの人物になりたいという願いをもっていた。そのため、豊臣秀吉《とよとみひでよし》を祭る豊國神社《ほうこく》か、菅原道真《すがわらのみちざね》を祭る天満宮《てんまんぐう》の助けをかりたいと思った。そして、軍略を用いて天下統一を行なった神の助けは平和な時代には不要なものだと考えて、学問の神である天満宮をあつく信仰した。

そのこともあって、塙保己一は学問の道で名をのこしたが、そのためにはらった労力はなみたいていのものではない。重要な古典をあつめた全五三〇巻の『群書類従《ぐんしょるいじゅう》』はかれの働きによって完成したものだ。

現代でも『群書類従』におさめられた書物が歴史研究の重要な史料として用いられることが、しばしばある。

勝負に勝つために

大望を抱く者は、いく度かの人生をかけた勝負に勝ちぬいていかねばならない。一つのポストをめぐってライバルと争うことや、他社と一つの取引き先を奪いあうような場面をいく度か経験するのである。

「勝負は時の運」という言葉のように、有力な者がかならずしも勝つわけではない。たまたま

塙保己一の年譜

年代	出来事
1746	誕生
1750	失明する。このあと賀茂真淵に国学を学ぶ
1783	検校(目の不自由な人が与えられる最高位の位)になる
1793	幕府の保護の下に和学講談所を起こし、『群書類従』の編纂などにあたる
1819	『群書類従』正編530巻の出版がおわる
1821	没する

選日《せんじつ》(毎日の吉凶占いとは別の特殊な日)

一粒万倍日《いちりゅうまんばいび》	一粒の種が万倍にも増えるという意味の吉日
不成就日《ふじょうじゅび》	何をやってもダメな日
三隣亡《さんりんぼう》	増改築、棟上げなどに用いると、隣近所さえ亡ぼす他人にまで迷惑をかける日
天一天上《てんいちてんじょう》	流産しやすい日
天赦日《てんしゃび》	天の恩恵によってどんな障害もしりぞく大吉日
八専《はっせん》	仏事をしてはいけない日
土用《どよう》	土をいじってはいけない時期
十方暮《じっぽうぐれ》	新しいことをはじめてはいけない時期
三伏日《さんぶくび》	極暑の時候の夏バテに注意する日
社日《しゃにち》	神事によい日
庚申《こうしん》	セックスをしてはいけない日

十二直《ちょく》(日々の吉凶を見るために十二支の位置と北斗七星の回転を結びつけて考え出されたもの)

建《たつ》	万物《ばんぶつ》の生ずる日	破《やぶる》	星座の影響を受ける日
除《のぞく》	土の作用《はたらき》の強くなる日	危《あやぶ》	風の影響を受けやすい日
満《みつ》	人の関係が広がり始める日	成《なる》	人と和合し始める日
平《たいら》	四方から守護される日	納《おさん》	水の影響を受けやすい日
定《さだん》	穀物の成り始める日	開《ひらく》	天の使者が険難を除き道を開く
執《とる》	万物を穫り納める日	閉《とづ》	陰《いん》の気が塞《ふさ》がって通じない日

好運にめぐまれて勝利を得るばあいもある。それゆえ、勝利や成功の御利益《ごりやく》をもたらす神社がいくつか祭られている。

人生の勝負どころで、こういった神社を参拝すると思わぬ御利益を得られるといわれる。表にあげた神社のなかには八幡宮《はちまんぐう》（八幡社）が多い。

これは、平安時代おわりの源平争乱《げんぺいそうらん》で八幡宮を祭る源氏《げんじ》が、厳島《いつくしま》神社を祭る平氏《へいし》に勝ったことからくる。

平氏は、中国（宋《そう》朝）との貿易で富を築き繁栄を誇ったが、その最期はあっけなかった。こういったことなどにより、厳島神社の神はのちに航海安全の神や福の神として祭られるようになった。

暦によれば、勝負ごとをしかけるのによい日は、一粒万倍日《いちりゅうまんばいび》と十二直《じゅうにちょく》の「満《みつ》」が重なる日だとされる。

かつては交渉事を一粒万倍日の満の日にもってきたうえで、神社に参ったのちに、交渉の場におもむく者がかなりいた。

次項では出世のための基礎づくりとよぶべき、学業成就を願う方法を説明しよう。

二章
開運の知恵袋

学業成就のための心がけ

三年後を目指す努力

現在「成功者」とよばれている人びとの著述や講演のなかに、「つねに五年後の自分の姿を見ながら精進《しょうじん》してきました」といった表現をみかけることがよくある。五年後の代わりに、「三年後」や「十年後」でもよいわけであるが、つねに自分の目標を頭においてそれにむかって努力する者は、必ずそのはたらきにあった成功をつかめる。

現在の若い人びとには、受験が大きな悩み事になっている。

この受験は、「三年後の自分」にむけての勉学でのりきるのがよい。

中学校に入学したときから入りたい高校を、高校に入ったときからすすみたい大学を直視して日々をすごすのである。

それでも、受験は一発勝負である。試験の当日に気持ちが動揺してもっている力を出せずに敗れることもある。

それゆえ、神道は大学受験などの学業にまつわる勝負をひかえている人びとに、学業成就のお参りをすすめる。

合格祈願には菅原道真を祭る天満宮がよいとされている。筆者は正月に東京の亀戸天神社《かめいどてんじん》に参拝に伺うが、そのさいに合格祈願のお守りをもらいうけたり、合格祈願の絵馬《えま》をささげる多くの人をみかける。

自分自身で努力しないで神の助けを求めても効果はないが、合格祈願をすることによって自信をもって試験にのぞみ、実力を十分に発揮できるようになるとされる。ゆえに、大学や高校、中学の受験などだけではなく、司法試験などの資格試験や昇進試験などの前にも学業成就のお参りをするのがよい。

「合格祈願」の張り紙が厄を祓う

長時間の勉学やスポーツのためのトレーニングは、つらいものである。ゆえにそこから生じる苦しい思いからさまざまな厄がつくられる。

それゆえ、頭を使う作業をするときには、厄をためないような気分の切りかえがだいじである。

学業成就の祝詞

【学業成就の祝詞《のりと》】

学《まなび》の術《みち》の事《こと》を守《まも》り給《たま》う神等《かみたち》の御前《みまえ》に白《もう》さく、身《み》を正《ただ》し道《みち》を行《おな》い、理《ことわり》を尽《つく》し、事《こと》を明《あき》らめ、書《ふみ》に述《の》べ、言《こと》に挙《あ》げて世《よ》に幸《さき》わえ坐《ま》しし、此《こ》の学《まなび》の大人《うし》等《たち》の恩頼《みたまのふゆ》を辱《かたじ》けなみて、今日《きょう》の生日《いくひ》の足日《たるひ》を以《もち》て、御饌《みけ》御酒《みき》種々《くさぐさ》の物《もの》を奠《たてまつ》りて、御祭《みまつり》仕《つか》え奉《まつ》る事《こと》を平《たいら》らけく安《やすら》けく聞《き》こし食《め》して（ここに、学業成就を祈願する人が学んでいる学校名を入れる）の学校《まなびや》に受《う》け学《まな》ぶ（ここに、学業成就を祈願する人の姓名を入れる）は、直《なお》く正《ただ》しく勤《いそ》しみ勉《つと》めて、設《もう》けたる掟《おきて》に背《そむ》く事無《ことな》く、悪《あ》しき行有《おこないあ》らしめず、異《け》しき道《みち》に迷《まよ》わず、日《ひ》に異《け》に授《さず》くる教《おし》え言《ごと》を、怠《おこた》る事《こと》なく誤《あやま》つ事《こと》なく、朝夕《あしたゆうべ》に受《う》け習《なら》う説《と》き言《ごと》の、解《わか》り難《がた》きは問《と》い、知《し》られざるは質《ただ》し、定《さだ》めたる学《まな》びの科《しな》を、悉《ことごと》く学《まな》び修《おさ》めて、顕世《うつしよ》に秀《ひい》でたる功《いさお》を顕《あら》わし、天下《あめのした》に稀《まれ》なる者《もの》と仰《あお》がれつつ、其《そ》の誉《ほまれ》をし世《よ》に掲《かか》げむ事《こと》は、刺《さ》し立《た》てし榊《さかき》の上枝《ほずえ》よりも高《たか》く、守《まも》り恵《めぐ》み幸《さき》わえ給《たま》えと、恐恐《かしこみかしこみ》も白《もう》す。

【要訳】

学業の神たちの御《み》教えの、御恵みに感謝し、今日の吉き日に、某校で学ぶ某が、神様へのさまざまの供え物をたてまつり、某が、成績をあげていくことができるようにと、お願い申し上げます。

成功の考え方

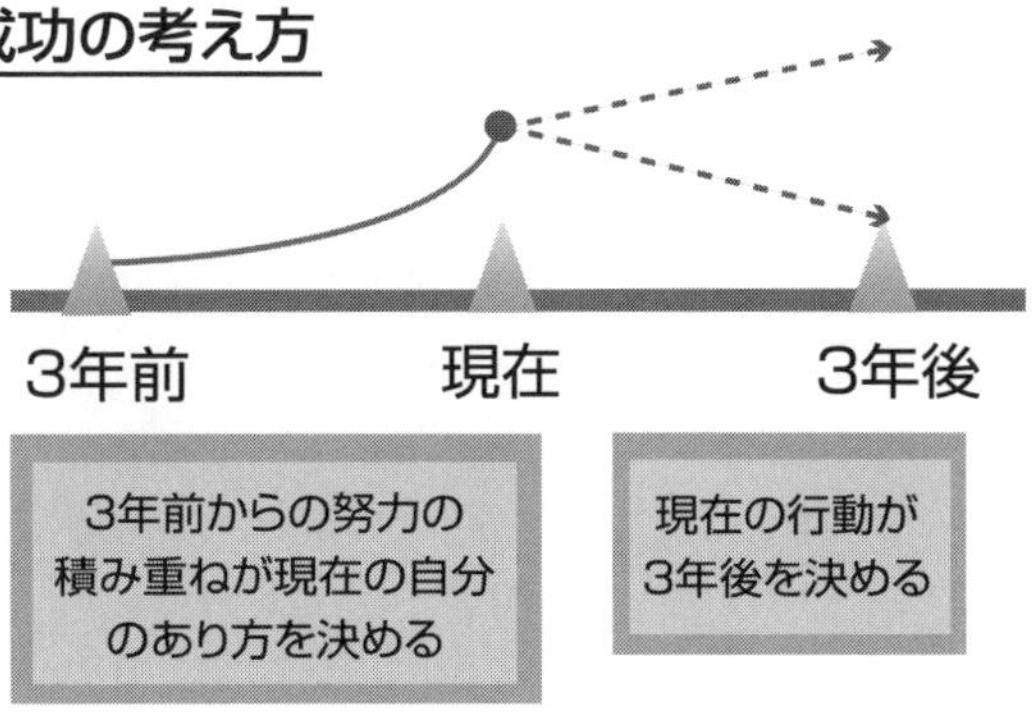
3年前
現在
3年後
3年前からの努力の積み重ねが現在の自分のあり方を決める
現在の行動が3年後を決める

休みをとってお茶を飲みお菓子を食べたあと、作業の能率が上がるようになった経験をもつ人も少なくはあるまい。

それでも、勉強部屋に知らず知らずのうちに厄がたまる。そういった厄をあつめるために、神社名を付した「合格祈願」の張り紙を頒布《はんぷ》している神社もある。勉強部屋に目なしダルマを置くのもよい。

望みの学校に合格したのちに、張り紙や目を入れたダルマを神社にもっていってお焚き上げしてもらうのである。

これによって、受験勉強のあいだにたまった厄を清めるのである。

受験勉強のときの緊張をもったままで、高校や大学に入学するのはよくない。苦しい受験のことはさっぱり忘れて新しい気分で出発するのである。

神道は、使いふるした筆記用具や不要なノートは、勉学が一区切りついたときに感謝の心をもって捨てるのがよいとする。

かつて、筆塚《ふでづか》という石碑がのこる神社もある。これは古くなった筆をそこに埋めて年に一度、筆供養《ふでくよう》を行なったところである。

次項では、人生の節目である結婚で良縁を得るための神事について記そう。

太宰府天満宮

合格祈願・学業成就の神社

戸《と》隠《がくし》神社	長野県長野市大字戸隠3506
湯《ゆ》島《しま》神社	東京都文京区湯島3-30-1
亀《かめ》戸《いど》天《てん》神《じん》社	東京都江東区亀戸3-6-1
町《まち》田《だ》天《てん》満《まん》宮	東京都町田市原町田1-21-5
荏《え》柄《がら》神社	神奈川県鎌倉市二階堂74
報《ほう》徳《とく》二《にの》宮《みや》神社	神奈川県小田原市城内8-10
前《さき》鳥《とり》神社	神奈川県平塚市四之宮4-14-26
鎮《ちん》国《こく》守《しゅ》国《こく》神社	三重県桑名市吉之丸
北《きた》野《の》天《てん》満《まん》宮	京都府京都市上京区馬喰町
長《なが》岡《おか》天《てん》満《まん》宮	京都府長岡京市天神215-3
宇《う》治《じ》神社	京都府宇治市宇治山田1
枚《ひら》岡《おか》神社	大阪府東大阪市出雲井町7-16
大《おお》阪《さか》天《てん》満《まん》宮	大阪府大阪市北区天神橋2-1-8
お初《はつ》天《てん》神《じん》露《つゆ》天《てん》神《じん》社	大阪府大阪市北区曽根崎2-5-4
道明《どうみょう》寺《じ》天《てん》満《まん》宮	大阪府藤井寺市道明寺1-16-40
防《ぼう》府《ふ》天《てん》満《まん》宮	山口県防府市松崎町14-1
太《だ》宰《ざい》府《ふ》天《てん》満《まん》宮	福岡県太宰府市宰府4-7-1

縁結びを願う

人類の繁栄は神々の願い

神道は、「産霊《むすび》」を最大の善行としている。

この産霊は、

「生命あるものを生み出し、つくり出すこと」

を意味する古代語である。

そこから、男女を結びつけて、次の時代の担い手である子供たちをつくることをあらわす縁のある二人に「むすび」をさせる「えんむすび」の言葉ができた。それがのちに、「縁結《えんむす》び」となった。

古くから、縁結びは出雲《いずも》の神の仕事とされてきた。一〇月の別名を「神無月《かんなづき》」というが、これは一〇月に出雲以外の土地の出雲系の神々が出雲の大国主命《おおくにぬしのみこと》のもとにあつまって縁結びの相談をすることにちなむ名称である。

これは、日本全体の守り神だとされる大国主命の分霊《ぶんれい》があちこちに派遣されて各々の任地を

産霊

産《む》霊《すび》

（奈良時代にはムスヒと清音。「むす」は産生の意、「ひ」は霊力）天地万物を産み成す霊妙な神霊。むすびのかみ。むすぶのかみ。うぶのかみ

『広辞苑』（岩波書店刊）による

縁結びの神社

白山《はくさん》神社	新潟県新潟市一番堀通町1-1
川越《かわごえ》氷川《ひかわ》神社	埼玉県川越市宮下町2-11-3
伊豆美《いずみ》神社	東京都狛江市中和泉3-21-8
伊豆山《いずさん》神社	静岡県熱海市伊豆山上野地1
白山《しらやま》比咩《ひめ》神社	石川県白山市三ノ宮町
地主《じしゅ》神社	京都府京都市東山区清水1丁目
生田《いくた》神社	兵庫県神戸市中央区下山手通1-2-1
出雲《いずも》大社	島根県出雲市大字杵築東195
八重垣《やえがき》神社	島根県松江市佐草町227
佐太《さた》神社	島根県松江市大字佐陀宮内
阿蘇《あそ》神社	熊本県阿蘇市大字宮地
都萬《つま》神社	宮崎県西都市大字妻1

まもるとする信仰によるものだ。

それゆえ、昭和のはじめごろまでは男女のお見合いの取りもちを行なう仲人《なこうど》の仕事は、大国主命の意志をうけた神聖なものだとして重んじられてきた。しかし、恋愛結婚がふつうになった現代では、結婚相手を自分で探さねばならない。

そのため、各地の縁結びの神を参拝する人が目立つようになった。

良縁をもたらす櫛稲田姫命

松江市の八重垣《やえがき》神社は、良縁をもたらす神としてひろく知られている。社殿の後方にある鏡《かがみ》之池《のいけ》に銅貨をのせた紙を流すといつ縁結びの願いが叶うかわかるといわれる。紙が早く沈めば近いうちに良縁がくるというのだ。

八重垣神社の祭神の櫛《くし》（奇）稲田姫命《いなだひめのみこと》は、八岐大蛇《やまたのおろち》退治の神話に登場する女神である。

彼女は、大蛇の生けにえにされるところであったが、高天原《たかまがはら》から降ってきた（38ページ参照）素戔嗚尊《すさのおのみこと》に救われた。

尊は、剣で大蛇を切りきざんで退治し、土地をひらいて櫛稲田姫を妻に迎えたという。

このとき尊がよんだ和歌は、男性は立派な家を起こし妻を守っていかねばならないという教

素戔嗚尊の和歌

【素戔嗚尊の和歌】
八雲立つ
出雲八重垣
妻ごみに
八重垣作る
その八重垣を

雲の美しい出雲国の立派な御殿よ、妻のためにつくった御殿よ。すばらしい御殿よ

櫛稲田姫神を祭る神社

氷川神社（埼玉県さいたま市高鼻町1-407）

祭神は須佐之男命、稲田姫命、大己貴命。古くから武蔵国一の宮と定められ国土経営、招福繁栄の守護神とされてきた

須佐神社（島根県出雲市佐田町須佐730）

祭神は須佐之男命、稲田比売命、足摩槌命、手摩槌命。当社は『出雲国風土記』に須佐之男命が自らの御魂を鎮めたところと伝わる

八重垣神社（島根県松江市佐草田227）

祭神は素戔嗚尊と稲田姫命。出雲神話にちなみ縁結びの神としての信仰が厚い

六所神社（神奈川県中郡大磯町国府本郷935）

今宮神社（京都市北区紫野今宮町21）

八坂神社（京都市東山区祇園町北側625）

須賀神社（和歌山県日高郡みなべ町川村）

山邊神社（島根県江津市江津112）

椙本神社（高知県吾川郡いの町大国町）

えをよみ込んだものだとされる。

神道は、妻や子供の面倒をみるだけの力をもつ立派な男性は必ず、その人にふさわしい女性に出会えるとする考えをとる。

近代以前には成年を迎えた男性に神社におかれた力石《ちからいし》という石や米俵一俵をもち上げさせて力だめしをする習慣をもつ神社がいくつもみられた。

村の有力者はこの力だめしに合格した者に、適当な女性を紹介したのである。現在でも自分の資質を高めることが良縁を得る近道だといえよう。

神道は、運が悪くて出会いの機会を得られない者には、縁結びの神を参拝することをすすめる。

櫛稲田姫を単独で主祭神とする神社はほとんどないが、各地の氷川《ひかわ》神社などの素戔嗚尊を主祭神とするところは、櫛稲田姫命と大国主命もあわせ祭っている。

ところで、結婚相手を探そうとしたときに、良縁を得る妨《さまた》げをする人間に会ってしまうことがよくある。

次項では悪い人間関係を切る方法についてみていこう。

二章
開運の
知恵袋

悪縁の断ち方

付き合う人を変えて運をつかむ

同性の友人が、異性との付き合いの妨げになっていたり、気の合わない同僚が仕事の躍進を妨げたり、知人がもちこんだ商談で大損をしたといったことがある。

神道はこのような不運が続いたときに付き合う相手を変えることをすすめている。気が合うようにみえても、互いに相手の運を妨げあっている組み合わせもある。

また、運の悪い人たちとの付き合いによってさまざまな厄がもち込まれるばあいもある。99ページの表に示したような不快なことがしばしば起こるようなら、相手との縁《えん》切《き》りを考えるのがよい。すんなり、別れることができればよいが、相手がこちらとのつながりに執着することもある。神道はそういったときには、縁切りの神社を参拝するのが良いという。

お清めの塩の役割

人びとの幸福を願う神様は、なるべく気が合い、互いに利益をもたらしあう人間を出合わせようとするとする。

しかし、神々のつくった自然な流れにそむいた人間関係をつくろうとすると不快な思いをすることになる。

好意をもつ相手と会っているときには、場を盛り上げようと、いろいろ楽しい話題をもち出す。しかし、そばにいて気づまりする者といると、つい暗い話を切り出したり、黙りこんでしまう。

こういった経験は誰にもあるはずだ。

そうだとすれば、誰もが自分と気の合う人との人間関係を広げていくことによって、毎日笑顔ですごせるようになるはずである。

それゆえ、氏神様をよく祭りきれいな気持ちをもって自分に良い運をもってくる人びととの人間関係をつくっていくことが幸福につながるといえる。

神道は前（50ページ）にあげた大祓で、自分にたまった厄や罪穢れを清めるとともに、節分《せつぶん》行事によって家の穢れを清め嫌なものが家に入ってこないようにすることをすすめている。「鬼は外」といって豆をまくと、悪い人間との付き合いを断とうとする勇気がわいてくるからである。

厄をもちこまれる相手の例

しばしば借金を申し込まれる

貸したお金がかえってこない

会うと愚痴の言いあいになる

病気や犯罪の話題をもち出されることが多い

相手の動きが遅いのでいらだつことがある

会っているときに相手の顔や服装のくずれが気になる

縁切りの神

門田《かどた》稲荷《いなり》神社	栃木県足利市八幡町387-7
佐太《さた》神社	島根県松江市鹿島町佐陀宮内73
熊野《くまの》速玉《はやたま》大社	和歌山県新宮市新宮1

節分行事の注意点

①豆は日暮れまでに三回に分けて煎る。一升の豆を煎る場合でも一合の場合も同じである

②豆は一升枡か三方に盛り、神棚に供える。これを福豆といい、翌日になってまく

③昔は一家の主か跡取り息子、厄年に当たる人が行なっていたが、今は楽しく家族全員でやる

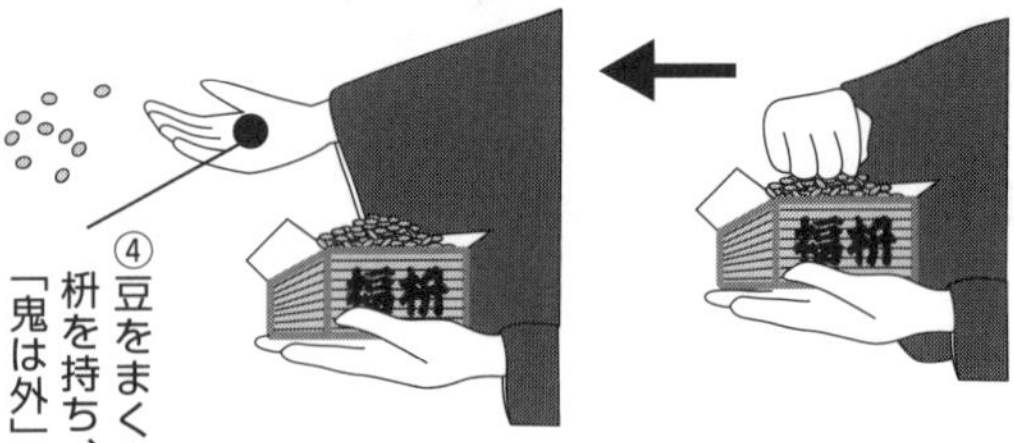

④豆をまくときは左手に枡を持ち、右手で握って「鬼は外」「福は内」と唱え上から下へまく

⑤「鬼は外」「福は内」は元気よく。豆をまきながら戸を強く閉める音をさせるのも肝心

⑥飛び散った豆や残りの豆は初雪の日に食べると、無病息災・落雷除けのおまじないになる

お清めの塩も、悪いものから家を守るものとされる。

小皿に一〇グラムていどの塩を盛って、東北などの厄が入ってきやすい位置におく。そして、三日か一週間に一度水で、塩を流して新しいものにとりかえる。

こうすると家に入ってこようとした厄が、盛り塩に吸いよせられて、家の中に広まらなくなる。

そして、塩を取りかえるときに塩についた厄は下水に流されて海に行くとされる。

神道には厄がたまって小さな不運がたまっていると感じたときには、運をよびこみに出ていくのがよいとする考えがある。開業祝い、結婚式などのさまざまなおめでたい席に出てその明るい気分をもらってきたり、好運にめぐまれて出世した知人に会ったり電話したりするのである。

こういったときに、躍進のきっかけとなる人を紹介してもらえるかもしれない。

これまで、神道の考え方の大筋を記してきたが、次に神詣でなどの神事のやりかたを解説していこう。

三章

神詣でと神棚の祭り

氏神詣でが神道の基本

日本の国土はすべて神様の土地

日本では、きわめて多くの神が祭られている。「八百万《やおよろず》の神」という言葉があるが、日本にいる神様の数は八〇〇万柱よりはるかに多い。

一人一人の人間に、かれを守る神様がいる。これだけでも一億二千万余りの神が存在することになる。

人と神とがともに暮らすとする世界観は、あらゆるものがもつ霊魂をすべて尊いものとする発想をもとにつくられた。

肉体を失ってすべての欲をなくした神様は、清らかさを好む。それゆえ、本書でこれまで述べてきたように、厄をためずにきれいな気持ちでいる者が、神の守りをうけることになる。このような神観念は、人間の世界の外に創造主をおくキリスト教、イスラム教などの考えと根本的に異なる。

それゆえ、キリスト教世界、アラブ世界などには、厄をもつ者も、厄のない者も（正しい者

神道の世界観

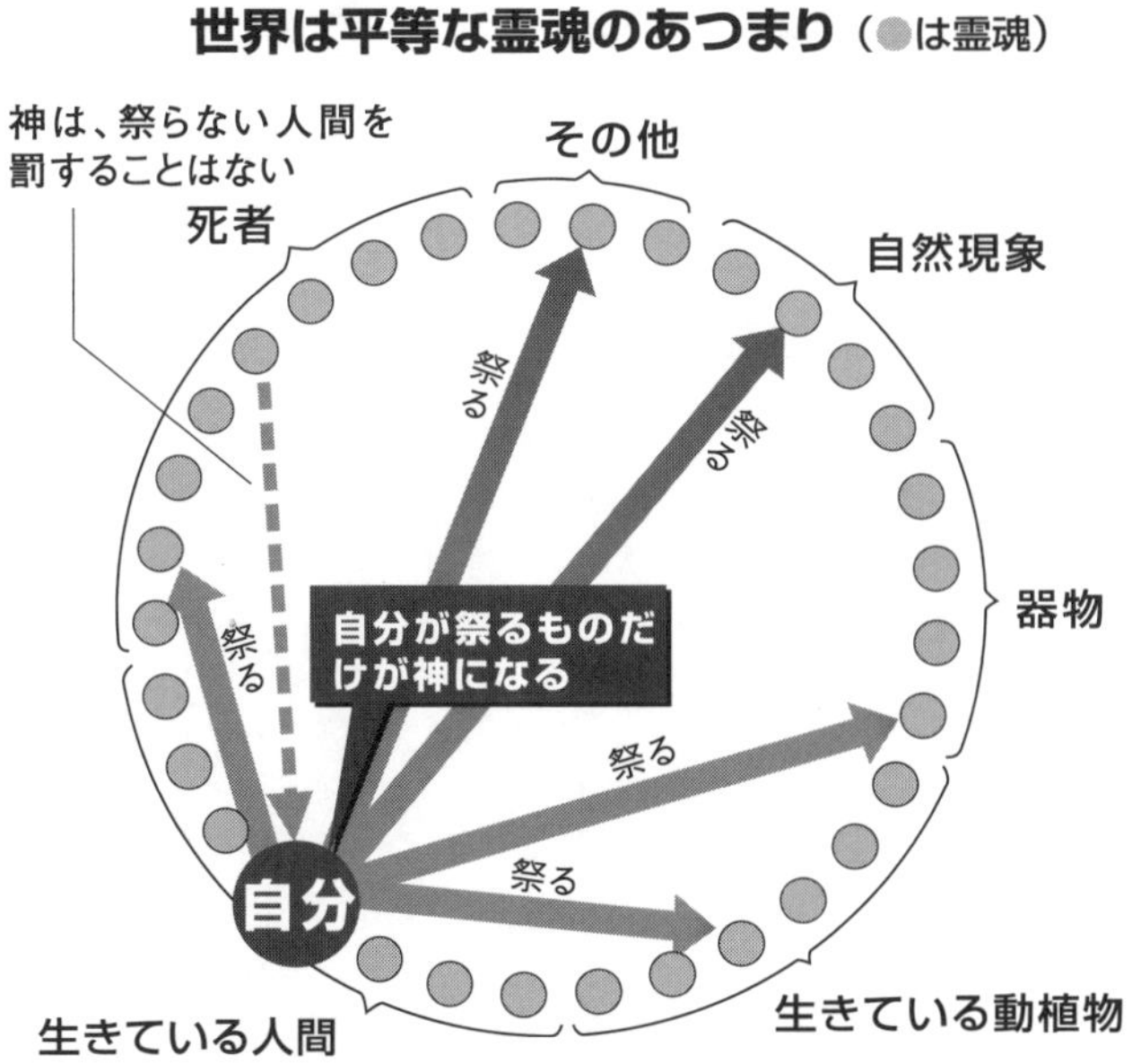

※神と人間の関係は、自分の好きな人間と付き合い、何かのおりに助けてもらう人間関係に似ている

外国の宗教の神の概念図

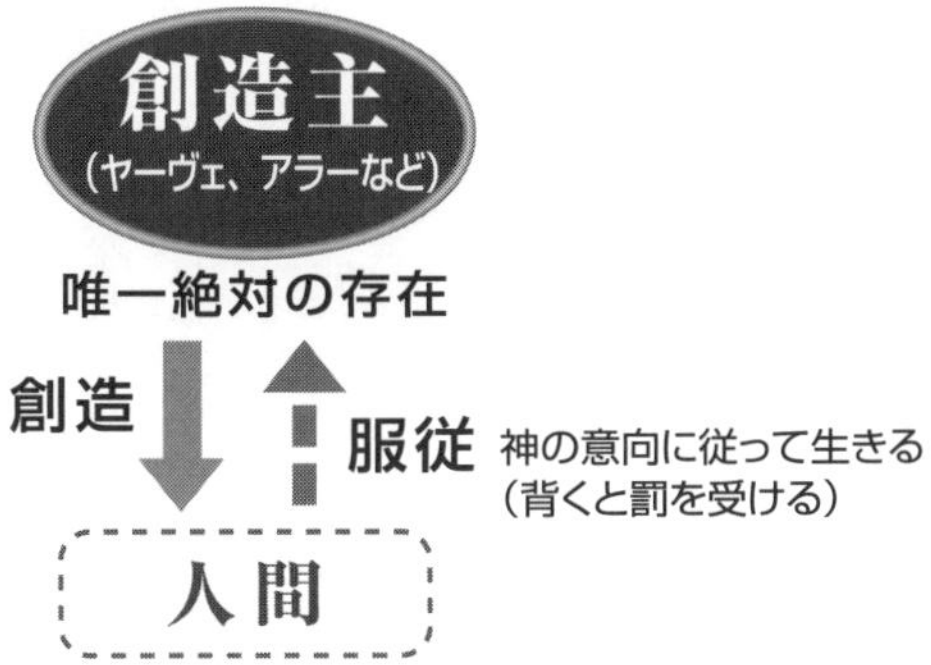

も悪しき者も）まとめて創造主のもたらす災いにあう話がいくつもみられる。

「日本の多くの神様のなかの、どの神様を祭ればよいか」

という疑問をもつ人もいる。これに対する答えは、

「氏神《うじがみ》様とよばれる自分が住む地域をまもる神様を祭りなさい」

となる。

日本の国土はすべて神々に守られているが、そこはいく柱もの氏神のもつ領域に区分されている。そして、氏神は自分が治める土地の住民の面倒を見ねばならないとされる。

人間の世界の市区町村の役所に相当するものが、氏神様の神社だと考えればよい。

氏神様と地域の祭り

氏神様の主な仕事は、住民の厄祓いだとされている。さらに、氏神様は商売繁昌、学業成就、縁結びなどのあらゆる願いをうけいれてくれる。

それゆえ、氏神様を祭るだけで幸福な生活をおくれることになるが、現代人は望み事が多く、氏神様のもつ力だけで満足できずに御利益のあるさまざまな神社を詣《もう》でる。このことの意味については、少し後（114ページ）で詳しく説明しよう。

天照大神と氏神

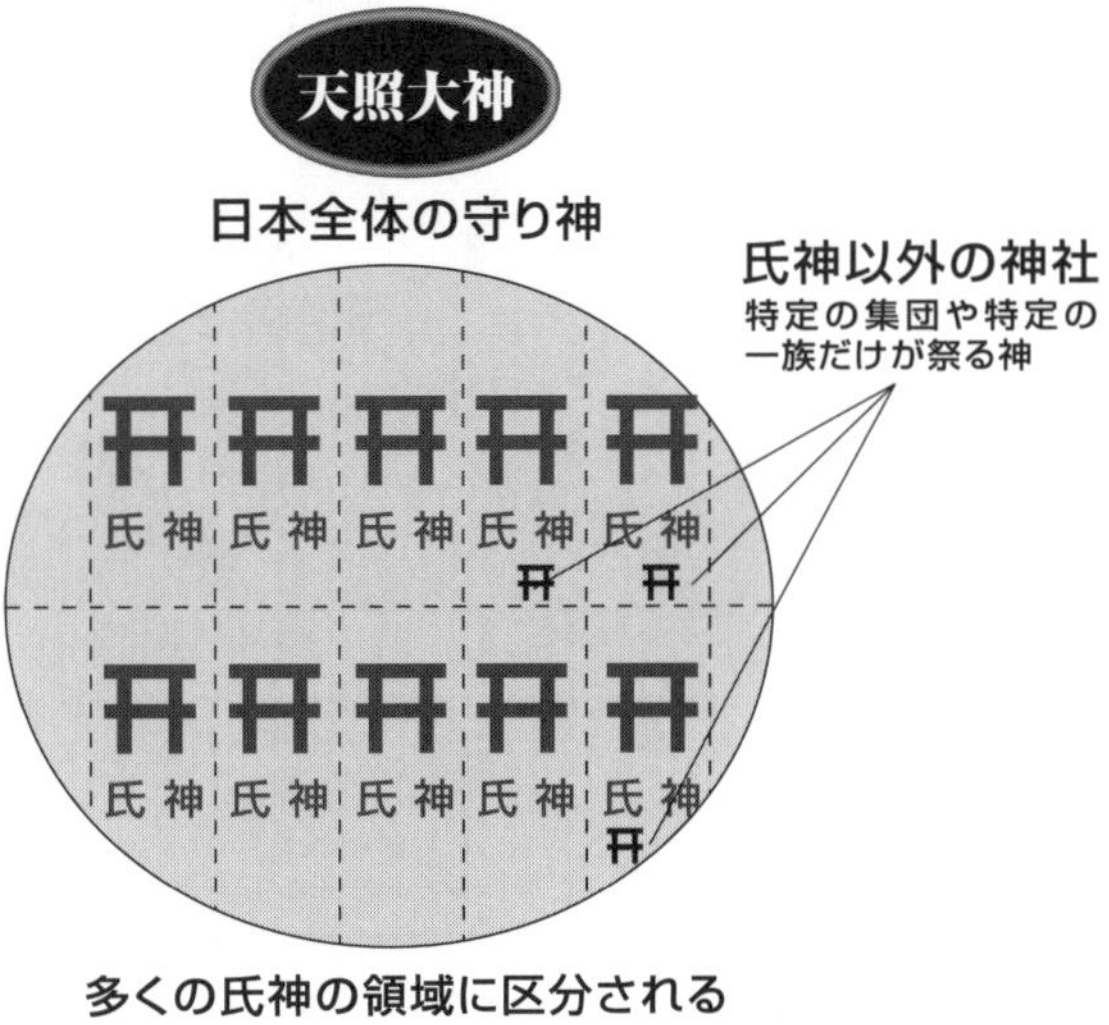
天照大神
日本全体の守り神
氏神以外の神社
特定の集団や特定の
一族だけが祭る神
氏神
多くの氏神の領域に区分される

氏神と氏子の関係

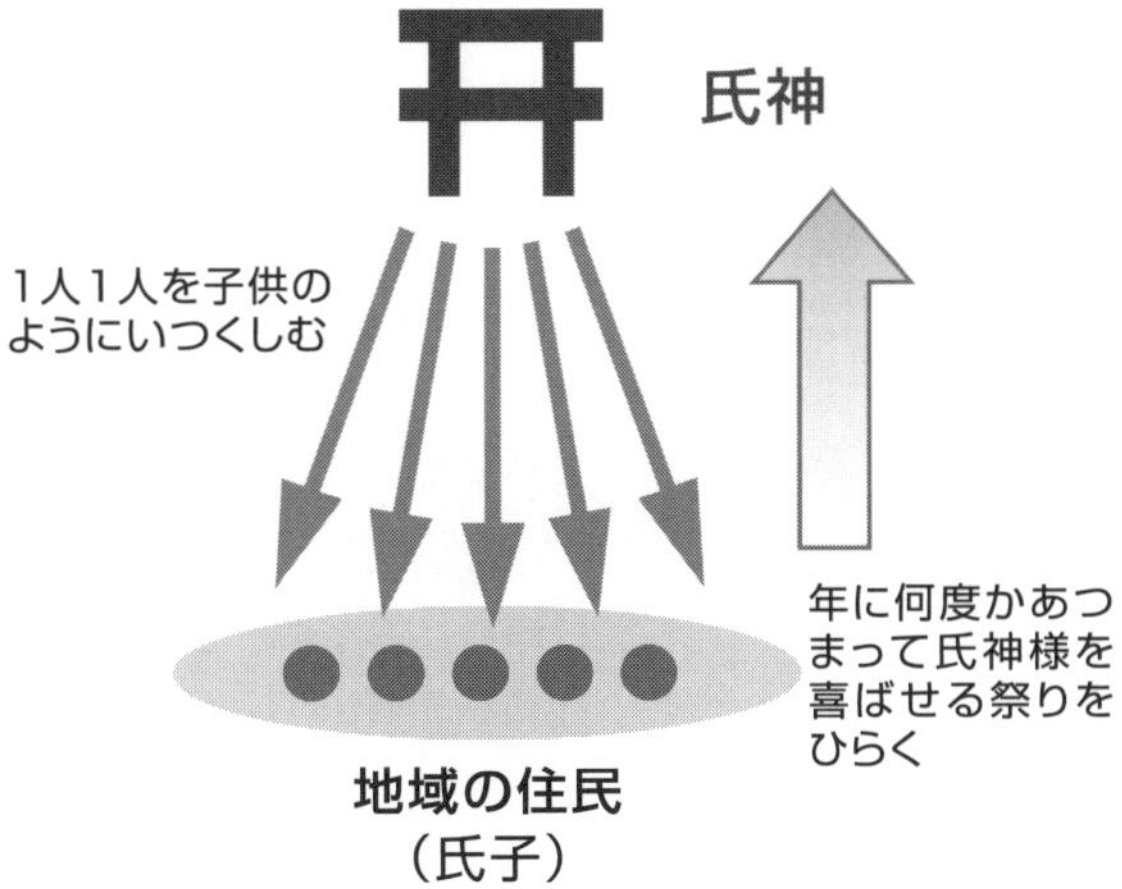
氏神
1人1人を子供の
ようにいつくしむ
年に何度かあつ
まって氏神様を
喜ばせる祭りを
ひらく
地域の住民
（氏子）

しかし、お気に入りの神社を重んじて氏神様の祭りをおろそかにすべきではない。氏神を祭ることが神道の基本だからだ。

現在では、氏神様の守る地域の住民は、すべて氏子《うじこ》だとされる。しかし、本来は新たに生まれた赤ん坊が生後三〇日前後に母に抱かれて神社に参拝するお宮参りの行事によって神社の氏子となる方式がとられていた。

「氏子」の言葉は、神道の信者が氏神様を家長《かちょう》としての父のように慕《した》ったことからくるものである。

かつては、すべての氏子が神社の祭りに参加した。御神輿《おみこし》で神様をお連れして自分たちの生活ぶりをみてもらい、神前でお神楽《かぐら》や踊りなどの芸能を行なって神様を楽しませたりしたのだ。

しかし、現在の都会では祭りの参加者は古くからの住民に限られるようになってしまった。地域の住民のまとまりがおろそかになることによって、神道が後退していくのは寂しい。

次に、このような現象がなぜ起きてきたか考えていこう。

三章
神詣でと
神棚の祭り

氏神と家の守り神

古代の村落の祭りが神道の原形

古代には、血縁で結ばれた集団が集落をつくり、農業を営んでいた。弥生《やよい》時代（三〇〇〇年〜一八〇〇年前ごろ）の遺跡は、日本人の生活の原像を雄弁に物語るものだ。それによって弥生時代に一〇〇人から二〇〇人ていどの人間が二、三〇の竪穴住居をつくって生活し、集落のまわりの水田で働いていたありさまがわかる。

かれらは、集落の首長《しゅちょう》（宗教的指導者）の指導のもとに集落の守り神を祭っていた。そのころには、自分たちが生活する農地をひらいた祖先たちの霊や集落をとりまく自然物の霊がまとまって、集落の守り神になると考えられていた（祖霊《それい》信仰）。

そういった神は、もともとは「みたま」とよばれていたらしいが、ヤマト政権が日本の大半を統一したころにそれは「土地の守り神」を意味する「国魂《くにたま》」の名前をもつようになった。

そのころの「くに」の語は、国家ではなく大地をあらわすものであった。

飛鳥《あすか》時代から奈良《なら》時代はじめにかけて（聖徳太子《しょうとくたいし》の国史の作製から、『古事記《こじき》』の完成まで）、日本の神話の体系が、朝廷の手で整備されていった。この動きのなかで、国魂が大国魂神《おおくにのたまのかみ》をへて大国主命《おおくにぬしのみこと》になった。

これによって、天皇家の祖先である天照大神《あまてらすおおみかみ》が高天原という天の世界を治め、大国主命が地上を治める形の神々の役割分担がつくられた（175ページ参照）。

このようにして、皇室によってきわめて明解な形の神々の世界がつくられた。

しかし、中世に朝廷の勢力が後退したため、神々の世界にさまざまな変化が起こってきた。

家の守り神と氏神の分離

血縁集団が農村の担い手である古代にあっては、一つの集落の守り神が、産土神《うぶすながみ》（生まれた土地の神）であるとともに氏神（一族の守り神）であった。さらに、そのような神が村落をまもる鎮守神《ちんじゅがみ》とよばれることもあった。

しかし、平安《へいあん》時代なかばにあたる一〇世紀から、そのような血縁集団から成る村落にかわって、武士によって起こされた荘園《しょうえん》村落が国内に広がっていった。古くから農村であったところでは、大国主命などの祭りがうけつがれたが、開墾《かいこん》によって自らの領地をひらいた武士は、思い思いの神社を起こした。

天神と国神

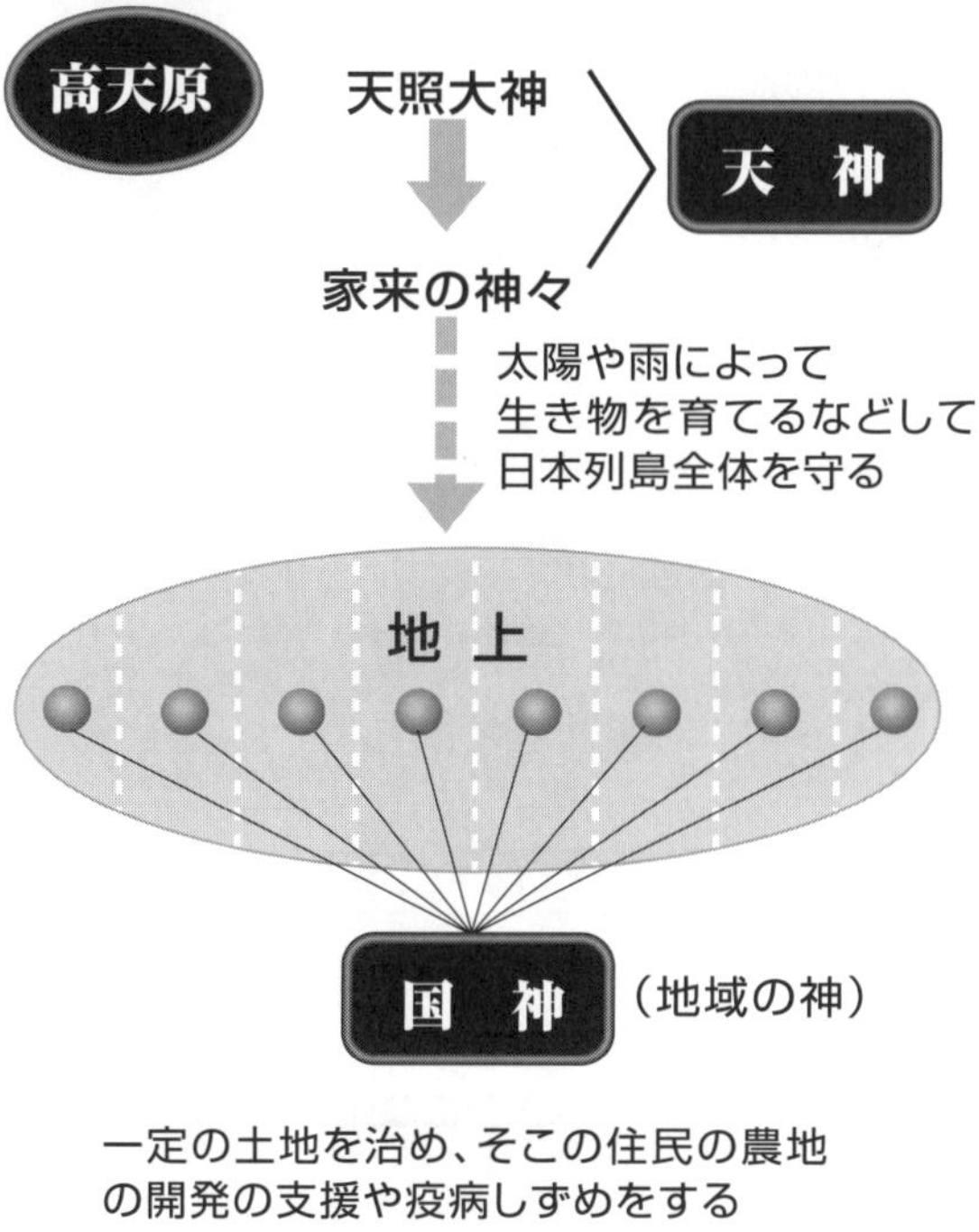

神の呼び名と意味

神の呼び名	本来の意味→現在一般的に理解される意味
氏《うじ》　神《がみ》	一門一族の守り神→地域（村や町）の守り神
産土神《うぶすながみ》	生まれた土地の神→地域（村や町）の守り神
鎮守神《ちんじゅがみ》	一定の土地を支配する神→地域（村や町）の守り神

出雲大社

古代出雲(『風土記』がつくられた奈良時代)の神々の世界

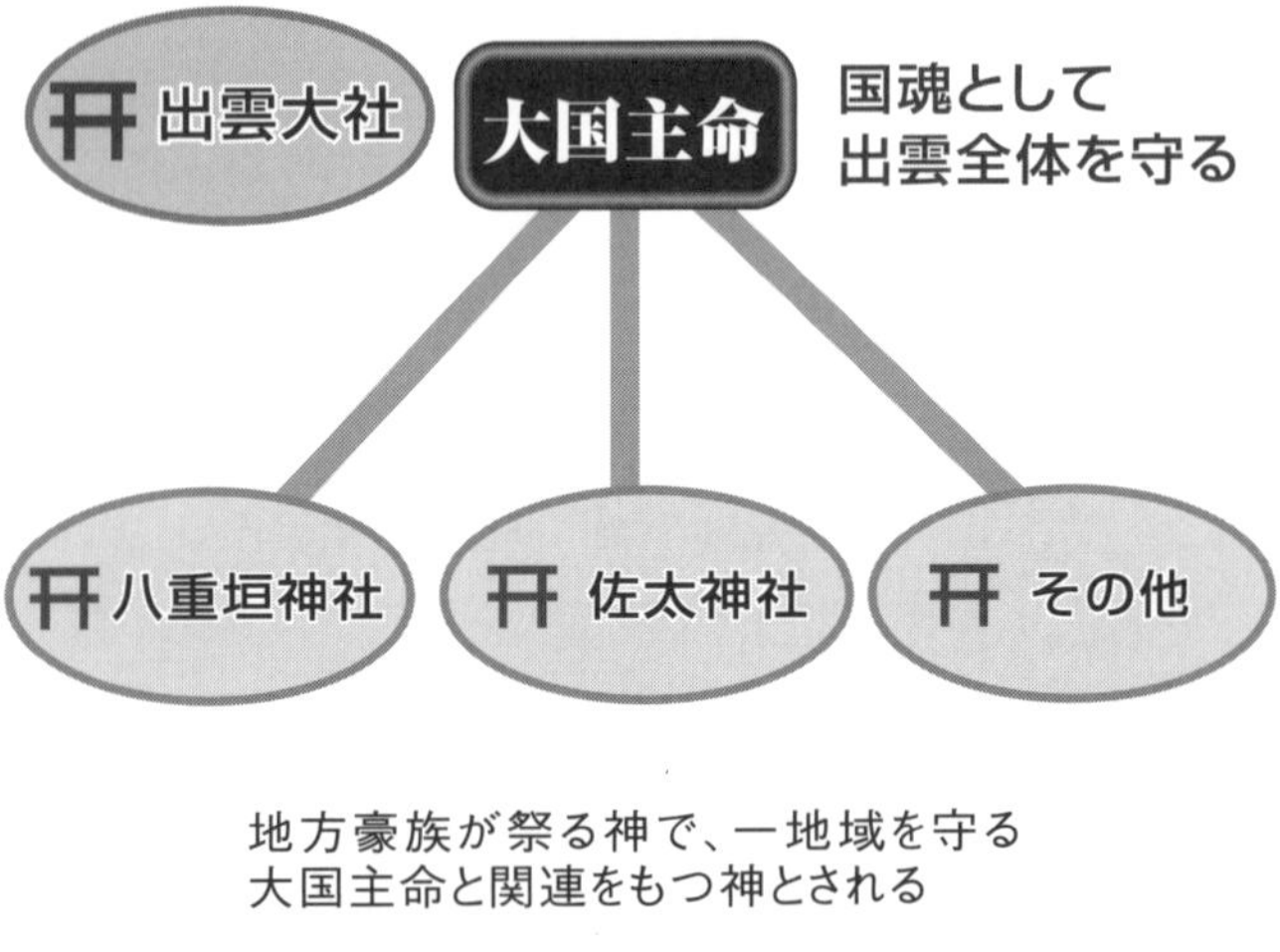

そのため、中世に武士の信仰をあつめた八幡宮《はちまんぐう》や天満宮《てんまんぐう》などが広まることになった。さらにこの段階で、祭神が大国主命から八幡神、天神などにかえられた神社もある。

このような変動のなかで、神社はしだいに血縁集団（氏）の守り神としての性格を失い、政治的に囲い込まれたひとつの地域の守り神になっていった。しかし、「氏神」の名称は中世以降も好んで用いられた。

集落を構成する個々の家を守る神は、集落全体を守る産土神（氏神）の分身とされて、「産土神」とよばれていた。

そして、地域の守り神を「氏神」とする用法が一般化するなかで、家の守り神が主に「産土神」、とよばれるようになっていった。

さらに、次にのべるような戦国時代以降に人の移動がさかんになるなかで、「産土神」の語の別の用法がつくられた。

複数の神を祭る日本人

流行神の登場

中世まで日本人の多くは、自分が居住する地域の守り神（氏神）だけを祭る生活を行なっていた。これは交通が未発達で、移住が容易でなかったことによるものである。

ところが、戦国動乱のなかで、古代豪族の系譜《けいふ》をひく武士たちの勢力が大きく後退した。そして、本拠地から遠くはなれたところに新たな領地を得た新興の武士が目立つようになった。そうなったときに、かれらは自分が生まれた土地の神と、新たな領地の神とを同時に祭らねばならなくなった。

このような家が多くなっていくなかで、生まれたところの神を産土神、現在住んでいるところの神を氏神とよんで両者を区別する用法がつくられた。一つの家が一つの神を祭る古くからの習慣が、崩れたのである。

このような変化のなかで、自社の本拠地以外の人びとに対する布教活動に力をいれる神社があらわれた。各地に修験者《しゅげんじゃ》（山伏《やまぶし》）を派遣して布教に力を入れていた熊野《くまの》三社（熊野大社）の

室町時代の神社

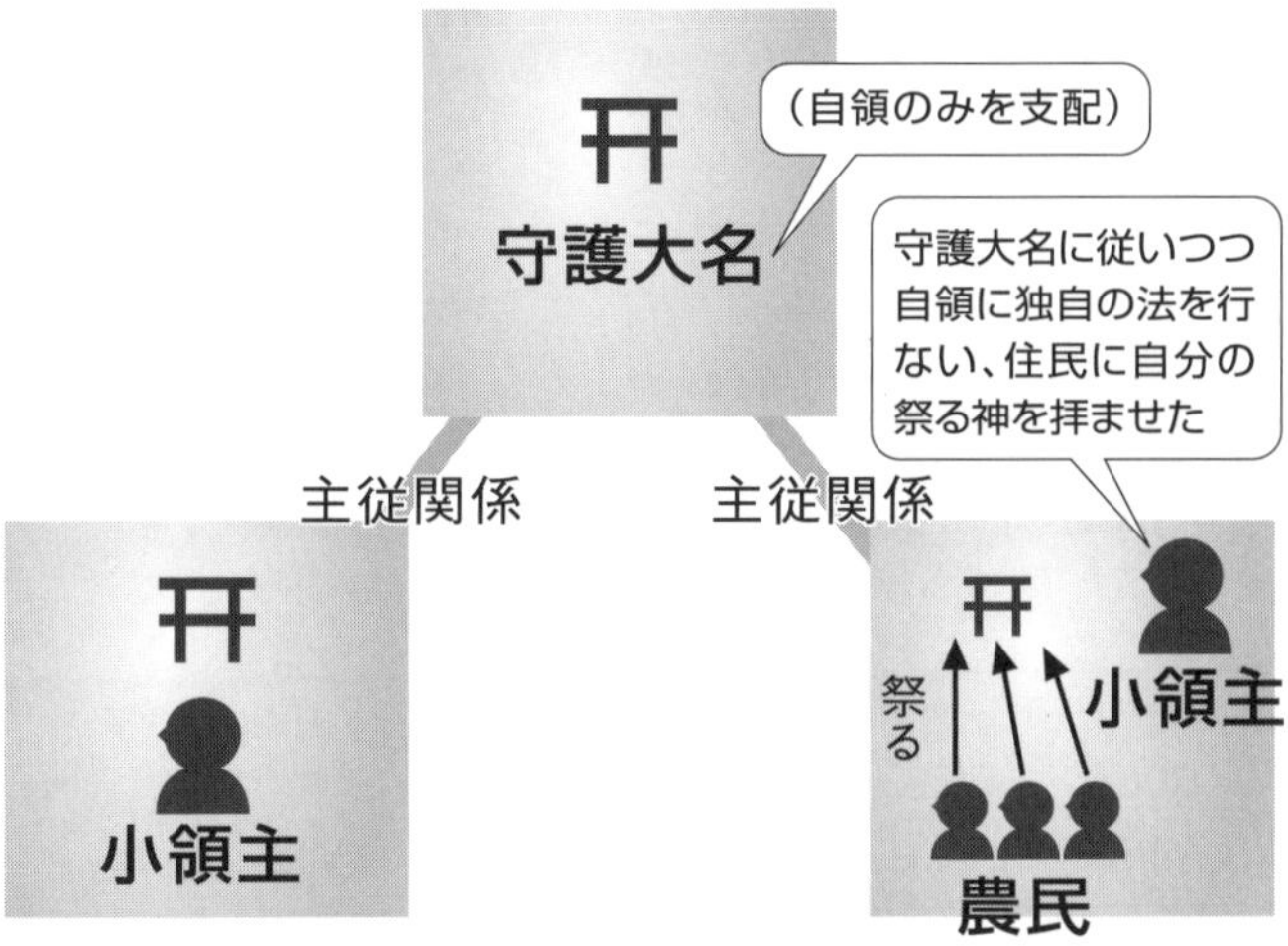
守護大名
（自領のみを支配）
守護大名に従いつつ自領に独自の法を行ない、住民に自分の祭る神を拝ませた
主従関係
主従関係
小領主
祭る
小領主
農民

戦国時代の神社

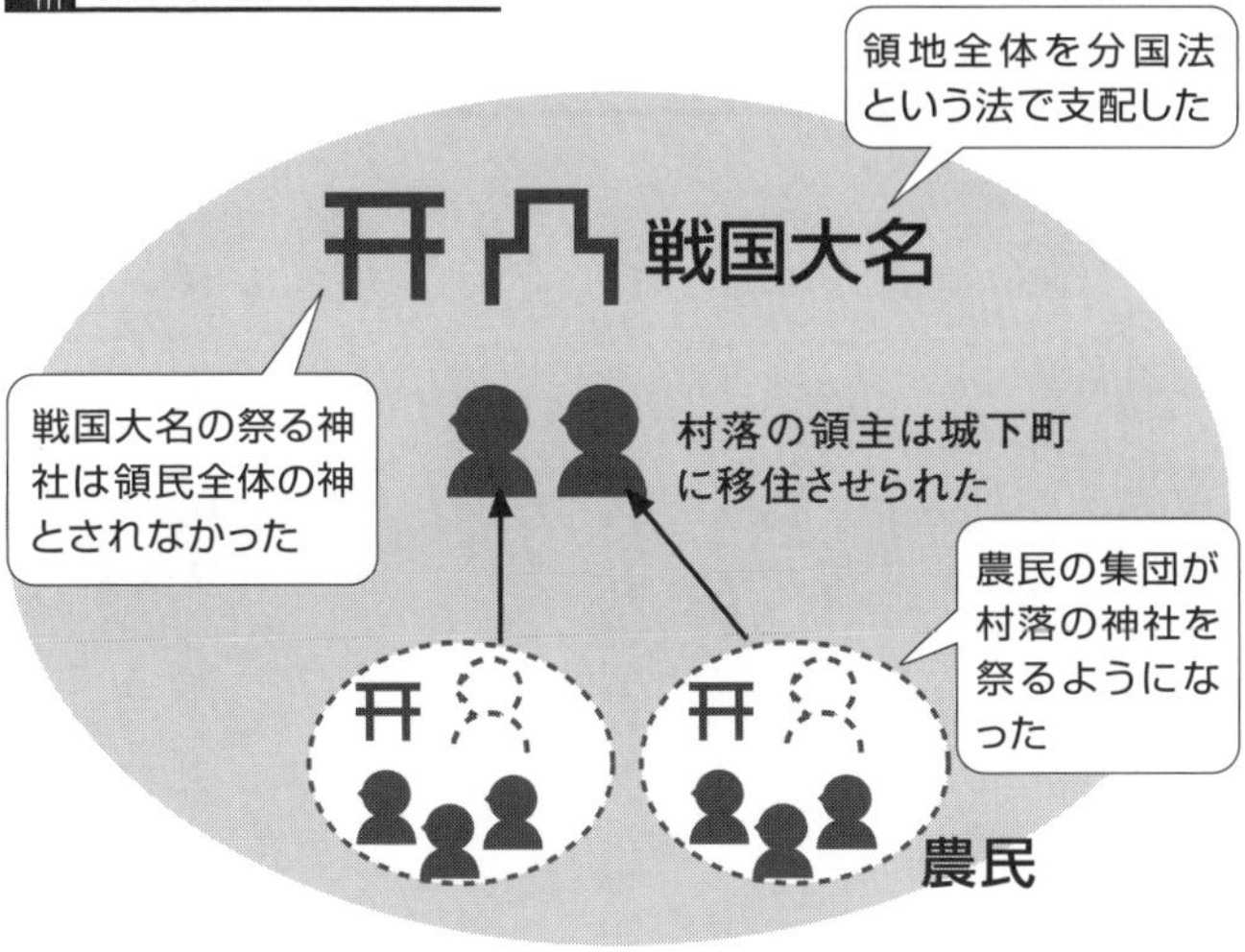
領地全体を分国法という法で支配した
戦国大名
戦国大名の祭る神社は領民全体の神とされなかった
村落の領主は城下町に移住させられた
農民の集団が村落の神社を祭るようになった
農民

ような中世に勢力をのばした神社は、武士を組織してかれの領地の住民全体を氏子にして信仰圏を広げる形をとった。

ところが、戦国時代から江戸時代にかけてさかんになる流行神《はやりがみ》の信仰は個人を対象とするものであった。

福の神の御利益

操り人形を用いた布教が、戦国時代にさかんになった。夷舁《えびすかき》とよばれる西宮《にしのみや》神社の布教者や稲荷舞《いなりま》わしとよばれる伏見《ふしみ》稲荷の神職が、村々を巡って、面白おかしく自社の御利益について説いてまわったものだ。

かれらは、恵比須《えびす》様や御稲荷様を祭れば豊かな生活がおくれると語るとともに、自社の神への信仰は氏神様の祭りにさしつかえないものだといった。

これによって、地方に氏神のほかに思い思いの福の神を祭る人がふえていった。さらに江戸幕府のもとで治安が安定したことによって、流行神の信仰が急速に加速していった。

江戸時代に、江戸、大坂、京都などの都市が発達した。農村から都市に出て成功者になった町人からみれば、自分の出身地の農村の守り神は大して有難くない。かれらは、地域の人との

谷中七福神・青雲寺の恵比寿神

流行神

福の神	稲荷、大黒天その他の七福神など
疱《ほう》瘡《そう》神《がみ》	疱瘡を起こす疫病の神が福神として祭られる
和霊信仰	死者の霊を神とする（宇和島藩の家老・山《やま》家《が》清《せい》兵《べ》衛《い》が祟りを起こした後に福神になった例など）
御霊信仰	神田明神（平将門）など怨霊を祭るもの

交流をはかるために、居住地の守り神の神事には参加するが、そこの神は自家の血筋と関係ない。

　こういったことによって、産土神にも氏神にも愛着をもたない人がふえていった。かれらの心をとらえたのが流行神である。自社を拝めば金運を得られるとする福の神の教えはわかりやすい。

　そこで、多くの人が氏神を祭りながら、好みの福の神を年に何度も参拝する生活をおくるようになった。

　この動きをみて、本来は祟り神や疫病の神を祭る神社であったところも流行神となることを望み、自社の神は金運をもたらす福の神だと唱えるようになった。

　神社の御利益を得るためには、正しい作法にもとづく参拝を行なわねばならない。次項では神社を訪ねるときの心がまえを記そう。

三章
神詣でと
神棚の祭り

正しい参拝の方法

鳥居の中は神様の家

神道は、毎月一日に氏神様の神社に参詣することをすすめている。神社は、神様の霊魂に居心地よくすごしてもらうためにつくられた特別の空間である。それとともに、そこは神と信者との交流の場だとされる。この交流は特定の祭司の指導のもとで行なわれるものではない。神社の管理にあたる神職はいるが、かれらが仏教の僧侶やキリスト教の神父、牧師などのように人びとにあれこれ教えを述べることはない。神道は、神社を訪れる個々の人間が姿の見えない神様と交流する宗教である。

この目的をはたすために、神社には120・121ページの図に示したようなさまざまな建物がつくられている。大勢の人間があつまって宗教行事（礼拝）を行ない、互いに語りあって研修をつむ教会になれた欧米人は、このような神社のつくりをみて、神道は自分たちの信仰と異質なものだと感じるらしい。

神社の入口には、神域と人間界とを分ける鳥居《とりい》がおかれている。さらに、そこに神社が神聖

神社

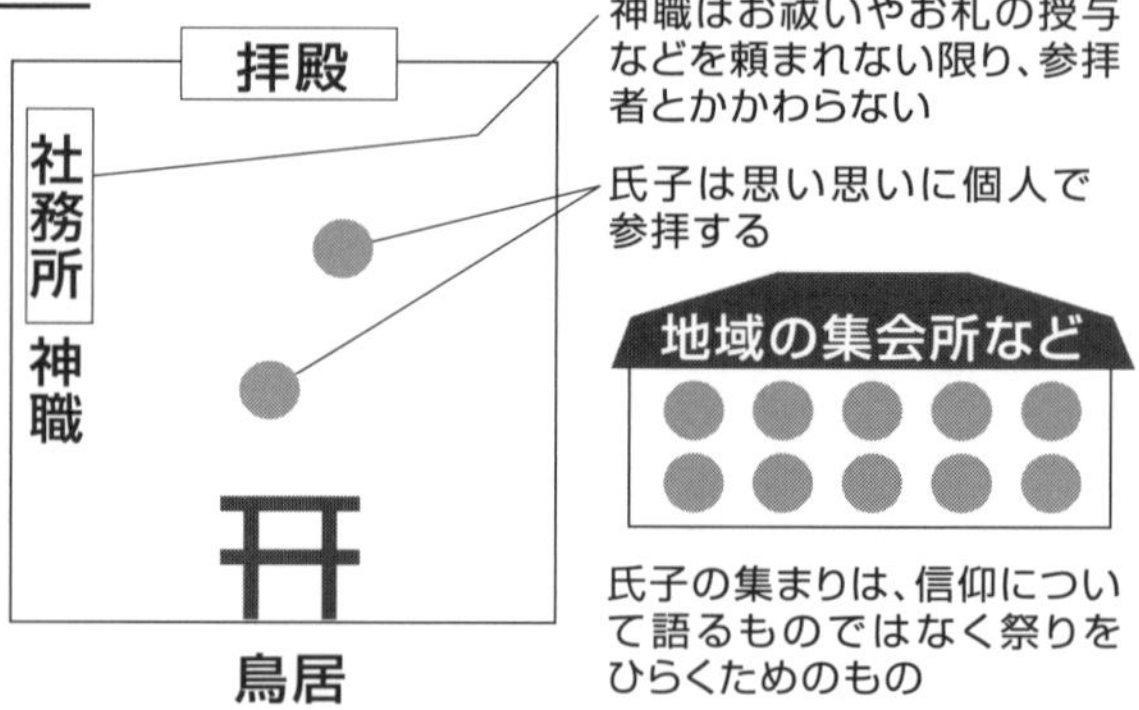
拝殿
社務所
神職
神職はお祓いやお札の授与などを頼まれない限り、参拝者とかかわらない
氏子は思い思いに個人で参拝する
地域の集会所など
氏子の集まりは、信仰について語るものではなく祭りをひらくためのもの
鳥居

鳥居の種類と基本構造

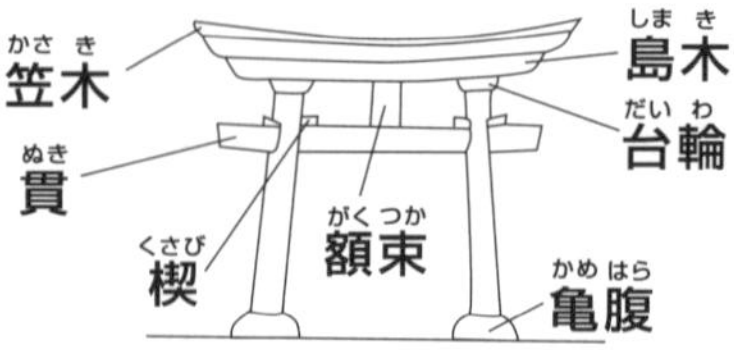
笠木《かさき》
島木《しまき》
台輪《だいわ》
貫《ぬき》
額束《がくつか》
楔《くさび》
亀腹《かめはら》

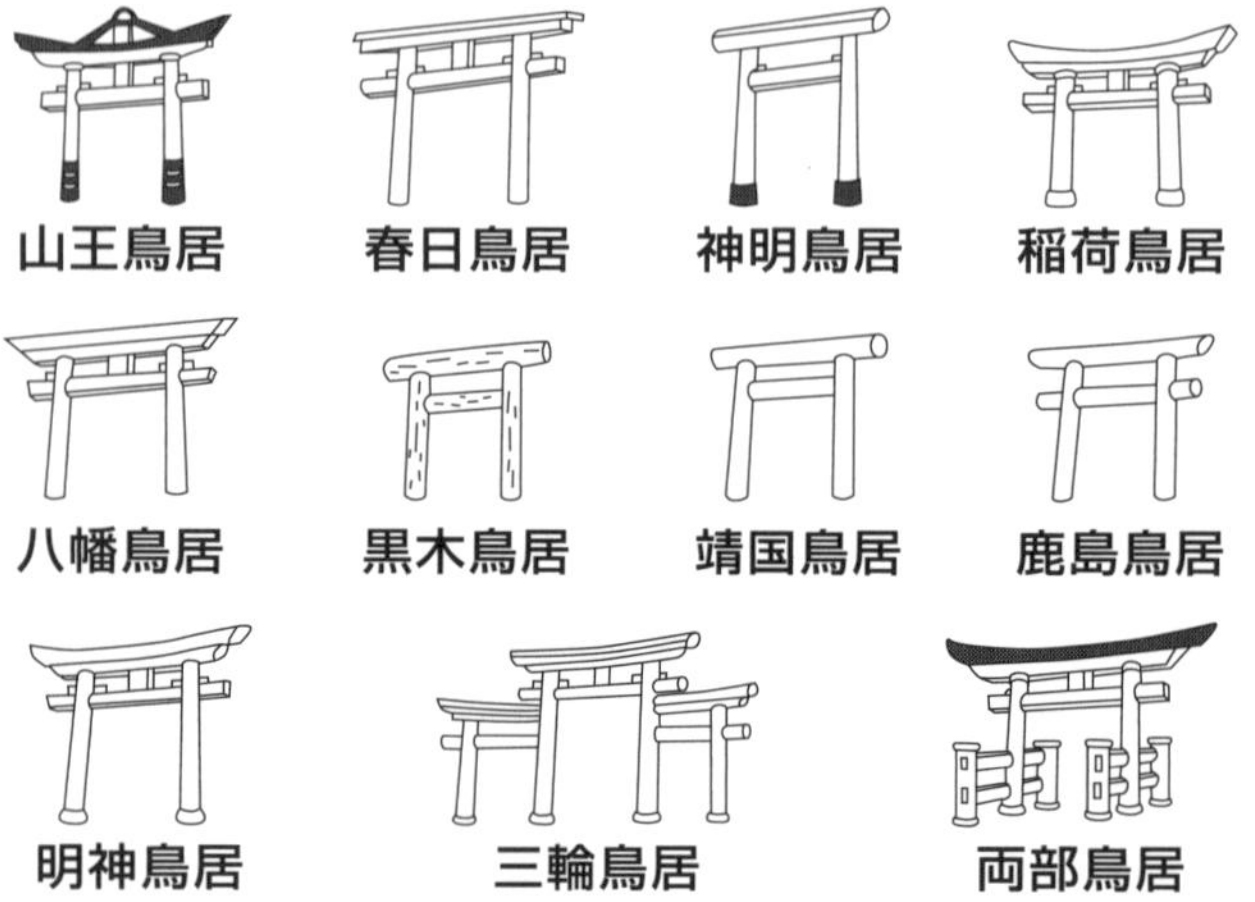
山王鳥居
春日鳥居
神明鳥居
稲荷鳥居
八幡鳥居
黒木鳥居
靖国鳥居
鹿島鳥居
明神鳥居
三輪鳥居
両部鳥居

神社の境内の基本的な配置

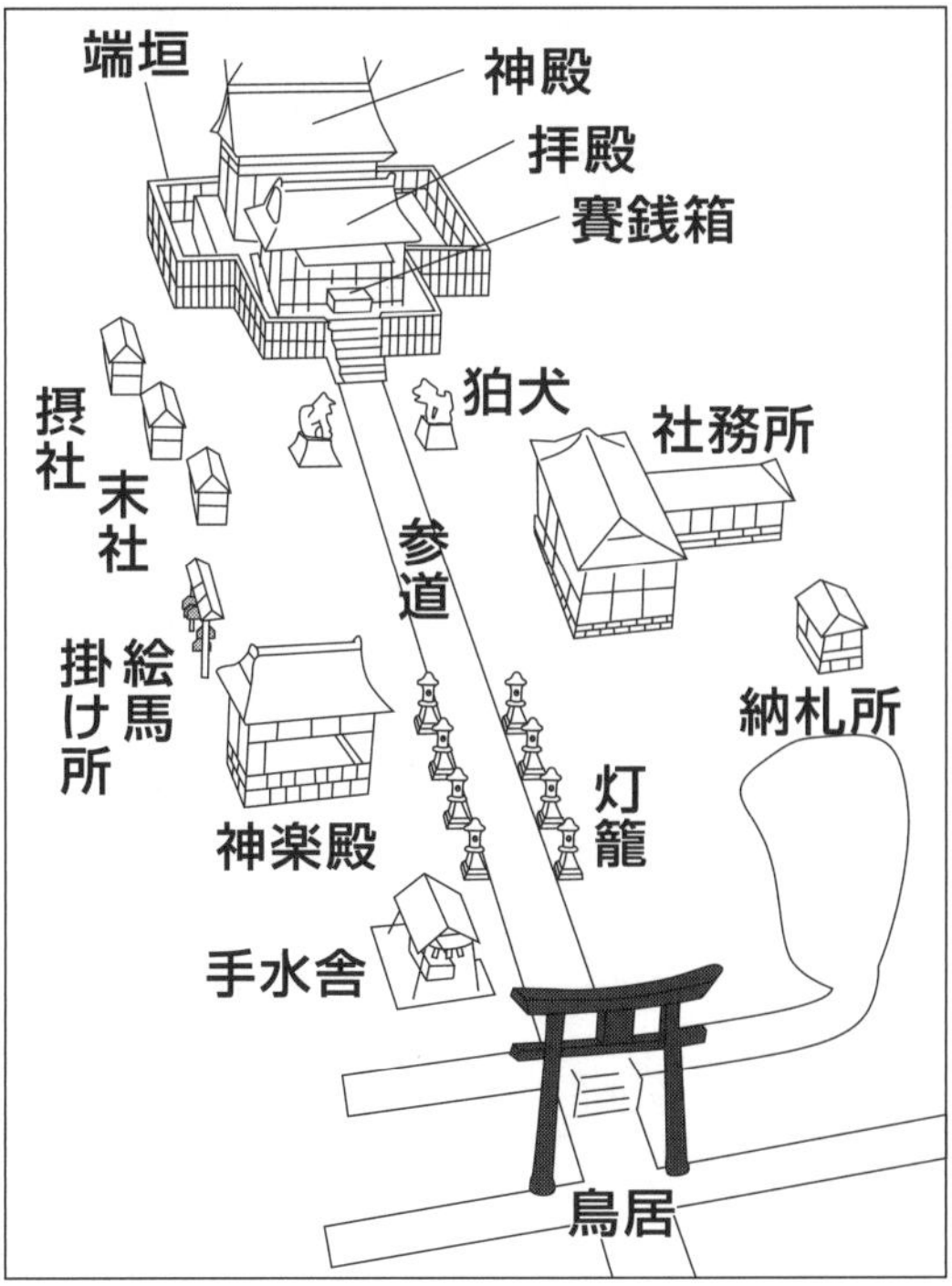

禊の作法

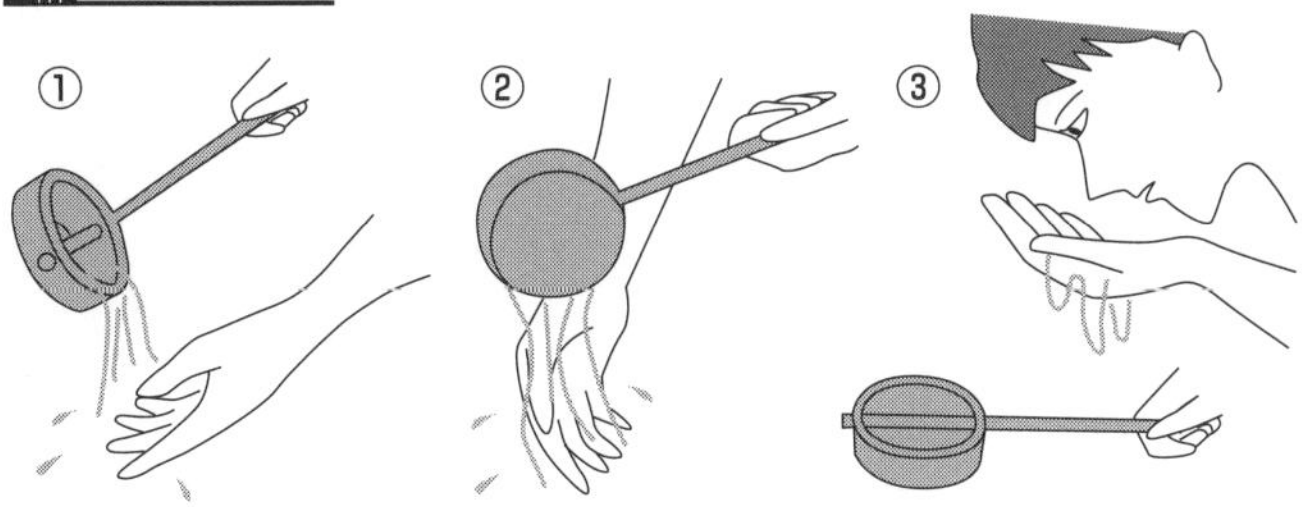

① 柄杓を右手に持って左手を清める

② 柄杓を左手に持ちかえて右手を清める

③ 左手にとった水で、口をすすいで清める

な場所であることを示す注連縄《しめなわ》が張られていることもある。

鳥居をくぐるときには、神様に敬意をあらわすために、「お邪魔します（ごめん下さい）」という気持ちをこめて、鳥居の下で軽く一礼するのがよい。

この前に、知人の家を訪問するときのように、コートや帽子、サングラスは外しておこう。

鳥居から神様を拝む拝殿につづく石だたみや玉砂利《たまじゃり》敷きでつくられた参道《さんどう》がある。この参道は、神職によって塵《ちり》一つないほどに掃き清められている。

神域内を汚してはならない。そこでの飲食や喫煙はひかえよう。

参拝前のお清め

参道の先には、拝殿《はいでん》と神殿《しんでん》（本殿）がある。

神殿は神社の中心となる御神体《ごしんたい》を祭る建物である。神殿は稲を納める古代の倉に似たつくりをとっている。

これは、古代人が自分たちの生活をささえる稲を神聖なものとみたことによるものだ。神殿の前には拝殿がつくられており、参拝者は拝殿に向かって神を拝む。

参道の中央を歩くと神罰《しんばつ》が当たる、といわれる。そこは、神様の通り道だからである。

通路のなかのもっとも歩きやすいところは、神様が急ぎの用事で出入りするときのためにあけておいて、なるべく参道のはじを歩こう。

神社では左側通行が原則とされる。

参道の左右には、灯明《とうみょう》を神様に上げるための灯籠《とうろう》がいくつも並んでいる。さらに参道の両側に、魔物を神域に近づけないための魔よけの狛犬《こまいぬ》が一対ある。

参拝者は、拝殿で参拝する前に、手水舎《ちょうずや》（「てみずや」「おみずや」とも読む）で禊《みそぎ》を行なって体を清めねばならない。

この禊には、手水舎の水盤《すいばん》にためられた水が用いられる。

水盤に添えられた柄杓《ひしゃく》をもって、左手、右手、口の順でお清めを行なう（121ページ図参照）。

このようにして、日常の生活で体にためた厄《やく》や罪穢《つみけが》れを落としたのちに神前に出る。

次項にも述べるように、神社の参拝はいろいろな形で祓《はら》いを何度も行なうものである。

神前での拝み方

穢れを落とす鈴と賽銭

神社での参拝は、超人的な力をもつ神様の力をかりて自分勝手な願いを叶《かな》えるためのものではない。神前で一定の形式に従った祓いを行なって厄や罪穢れを落として、きれいな気持ちにたちかえって自分の考えによって問題解決をするためのものである。

拝殿の前に出たら、最初に鈴を鳴らす。拝殿の上部につるされた鈴につけられた布を引いて鈴を振りうごかすのである。

鈴を鳴らす行為によって、邪霊《じゃれい》を追いはらい神霊《しんれい》を呼びよせることができるとされる。古代人は、この神事を魂振《たまふ》りや鎮魂《たましずめ》とよんでいた。古代の朝廷では古代豪族、物部《もののべ》氏による鎮魂祭《たましずめのまつり》が行なわれていた。それは、物部の呪具《じゅぐ》を振ることによって空気を揺らせて、悪い物を払うものであった。

この行為を簡略化したのが、鈴を振り動かして鈴の音《ね》による空気の振動で行なう魂振りである。魂振りを行なう者の体についた厄や罪穢れは、鈴の音に追われる邪霊とともに遠くに去っ

物部氏に伝わる鎮魂祭のいわれ

天津御祖《あまつかみのみおや》が、物部氏の祖先である饒速日命《にぎはやひのみこと》に「天璽端宝《あまつしるしのみづだから》十種《とくさ》」（瀛津鏡《おきつかがみ》、辺津鏡《へつかがみ》、八握剣《やつかのつるぎ》、生玉《いくたま》、死返玉《しにかえしのたま》、足玉《たるたま》、道返玉《ちかえしのたま》、蛇比礼《へみのひれ》、蜂比礼《はちのひれ》、品物比礼《くさぐさのひれ》）を授けた

↓

「一二三四五六七八九十《ひとふたみよいつむななやここのたりや》」と唱えて
それを振れば、死者も生き返る

神社の紋章の例

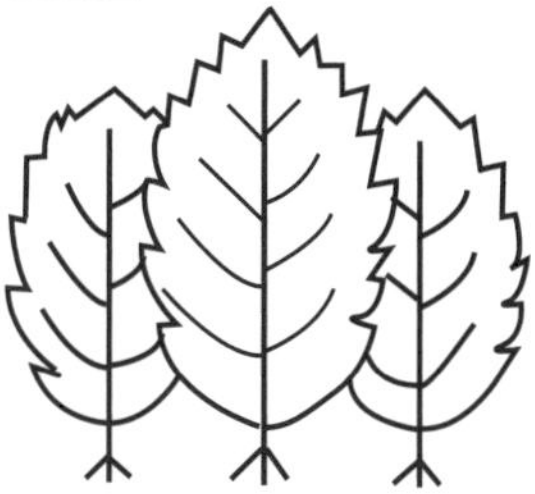

奈良・大神神社

京都・北野天満宮

静岡・久能山東照宮

ていくとされた。

鈴の音色が消えたのちに一呼吸おいて、賽銭《さいせん》を賽銭箱に投げる。これは、自分についた厄や罪穢れをお金とともに神様にささげて清めてもらうものである。

現在では、小銭をむき出しの形で賽銭にするのがふつうだ。しかし中世ごろまでは、祓い紙に包んだ洗い米を神前にささげていた。ゆえに、神道の解説書のなかには小銭を紙に包んでおひねりにして賽銭箱に投げ入れるのがよいと記したものもある。

しかし、現代のやり方として、紙包みを解いて小銭を取り出す神職の手間をはぶくために、小銭をむき出しでささげるのがよいであろう。

二礼二拍手一拝の拝礼

正式の参拝方法では、賽銭をささげた直後に、神前で二度頭を下げて前（41ページ）にあげた祓詞《はらえことば》かそれを簡略化したつぎの祝詞《のりと》を上げることになっている。

「罪という罪はあらじと、祓いたまい清めたまう」

しかし、この部分は省略してもよい。そして最後のしあげに拝殿にむかって二礼二拍手一拝の拝礼（図参照）をする。最初に二回、上体が九〇度になるぐらいに深く頭を下げる。

賽銭の歴史

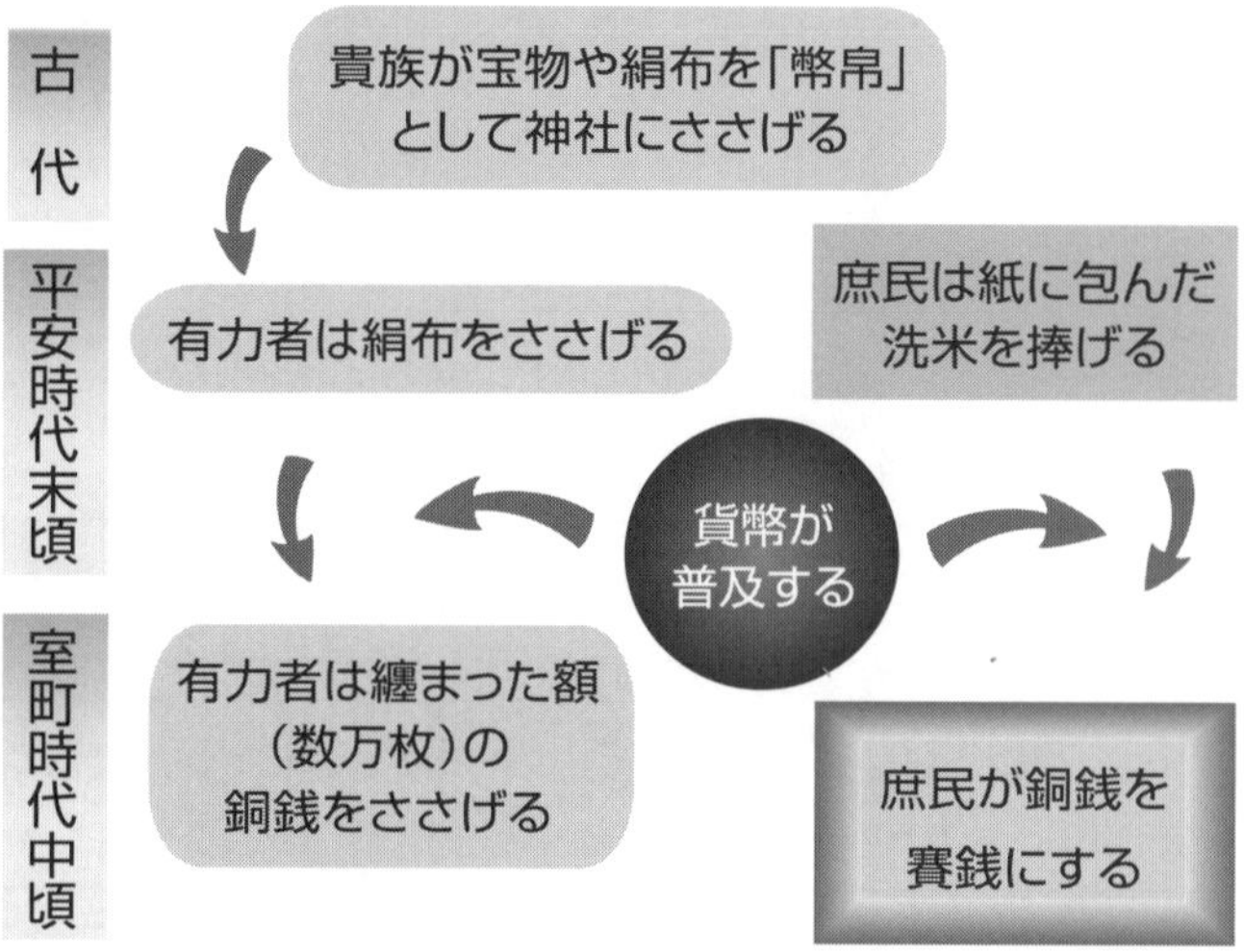
古代
平安時代末頃
室町時代中頃
貴族が宝物や絹布を「幣帛」として神社にささげる
有力者は絹布をささげる
庶民は紙に包んだ洗米を捧げる
貨幣が普及する
有力者は纏まった額（数万枚）の銅銭をささげる
庶民が銅銭を賽銭にする

神前での拝み方

①
②
③

① 二度おじぎをする

② 真剣な気持ちで拍手を打つ。この時に心の中で神様にお礼を述べたり祈願をする

③ もう一度おじぎをしてさがる

二礼二拍手一拝は神様とのふれあいの基本

つぎに、手を肩はばまで開いて二度手を打つ。この動作は「拍手《はくしゅ》」と呼ばれる。この時に右手を少し手首の方にずらして、拍手したさいに両手がぴったり合わないようにする。取組前の力士《りきし》が土俵《どひょう》上で互いにむかいあって手を打つように、ゆっくり大きな動作で拍手を打つのがよい。

このときに、心のなかで神様へのお礼と願い事を述べる。願い事は「幸福になれますように」といった漠然とした形ではなく、「今月中に某社との契約が成立しますように」といった形で具体的に示す。このあとでもう一度深々と頭を下げる。

しばらくこのままの姿勢をとって雑念をはらって心の中をからっぽにすると、願いを実現させるための良い考えが浮かぶことがあるといわれる。神道はたいていの願いはこのような参拝によって叶えられるとする。

しかし特別の願い事があるときや、人生上の節目《ふしめ》には次項のような祈祷《きとう》を行なってもらうのがよい。

御祈祷のうけ方

立礼と坐礼

人生にはいくつかの節目がある。七五三の行事や二〇歳で成人したときや、社会における自分の役割がかわる就職、転職、起業などである。こういった場合に、厄や罪穢れを落とすための御祈祷をしてもらうとよい。

祈祷の形をとったお祓いをきっかけに、新たな気持ちで再出発できるからである。それとは別に、災厄をはらうお祓いもある。厄年（15ページ参照）の災いをさけるための御祈祷や、不運がつづくときに、それらのもとになった罪穢れを清めてもらうものである。このような祓いのときに、神職は神様を祭り、祈願者の願いを祝詞にして神前に披露する。こういった御祈祷は、神社の拝殿で行なわれる。

参拝者はこの神事のときに限って、ふだん上がることの許されない拝殿に上げてもらえる。祈願者は、拝殿のなかで、静粛を保ち神への敬意をあらわしていなければならない。家族がそろって御祈祷をうける場合などに、祈願者どうしが小声で話すことがないよう心がけてほしい

御祈祷をうけるときの服装

・多人数の参拝の代表をつとめるとき	ダークスーツか略礼服
・公共の建物の地鎮祭、竣工祭の代表をつとめるとき	
・神社の例大祭に参列するとき	
・私的に御祈祷をうけるとき	スーツにネクタイ着用

神職の袴と地位

御祈祷にあたる神職の袴で
神職の地位がわかる

上位

白紋入りの白袴

白紋入りの紫袴

紫紋入りの紫袴

紫袴

浅黄《あさぎ》色（水色に近い色）の袴

白袴

下位

神主の序列

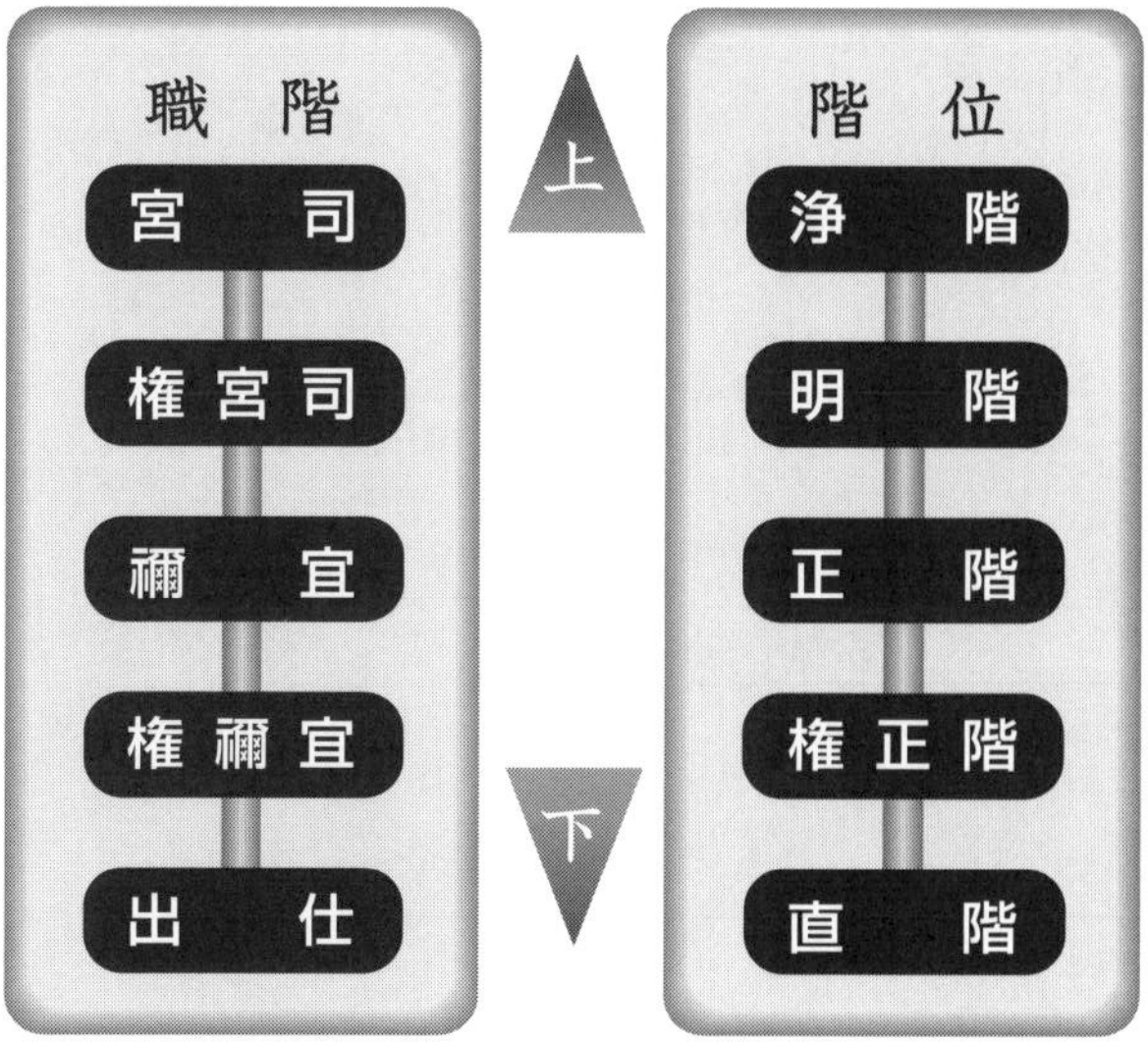

神社に関する事物の数え方

神　社	○社 （○処ともいう）
御祭神	○柱 （○座ともいう）
神社の授与品 （お札、お守り）	○体
神輿、灯籠	○基

ものである。

御祈祷の作法には、立礼《りつれい》と坐礼《ざれい》とがある。祈願者が胡床《こしょう》などの腰かけにすわるのが立礼で、祈願者が床に正座するのが坐礼である。

お祓いをうけるときや、神職が祝詞をよみ上げるときに、立礼のばあいには立ち上がって頭を下げ、坐礼では正座のままで手を前について礼をする。立礼でも、坐礼でも、祈願者が神職の案内によって所定の席についたときから、神事がはじまると考えて慎《つつし》んでふるまうことが必要である。

祝詞奏上のときの心がまえ

たいていのばあい、御祈祷の最初に巫女《みこ》が鈴を鳴らすことになっている。これは、前（124ページ）に述べた神前の鈴を鳴らす行為と同じ魂振りであり、それによって邪霊を追いはらうものである。

つぎに神事をとりしきる神職が、「掛《かけ》まくも畏《かしこ》き伊邪那岐大神《いざなぎのおおかみ》」にはじまる祓詞（41ページ参照）を唱える。

坐礼の場合はこの間、正座でかしこまっていればよいが、立礼のときには祝詞奏上《そうじょう》の行事にあわせて立ったりすわったりしなければならない。

神職が神前にすすみ出て祝詞をよむ直前に席を立って軽く頭を下げ、神職が祝詞をよみおえてもとの席につくために下がるのにあわせて席につくのである。

祓詞をよみおえると、神職は棒にいくつもの紙垂《しで》（151ページ参照）をつけた祓い棒をもって祈願者に近づく。かれらの頭の上で祓い棒を振ることによってお祓いをする。このお祓いのときに祈願者は、頭を下げる。これは祓い棒を振り動かすことによって、祈願者の魂振りをするものである。

祈願者は、神事のなかでもっとも重要な神職の祓詞の奏上の行事から、祓い棒によるお祓いにいたる部分では、よけいな考え事をせずに清い心を保つようにつとめねばならない。

鈴、祝詞、祓い棒の三度にわたるお祓いをおえたのちに、神職が神前で祈願者の願い事を書き入れた祝詞をよむ。

このあとで、神事の中心となる玉串《たまぐし》をささげる行事が行なわれるが、その詳細は次項で述べよう。

玉串の捧げ方

神事に欠かせない玉串

神事に招かれたときにそなえて、玉串を上げるときの正しい作法を覚えておきたい。神前での御祈祷、神葬祭《しんそうさい》とよばれる神道の形式による葬礼などの神事の最後に、必ず「玉串奉奠《ほうてん》」とよばれる一人一人の参列者が玉串を捧げる行事が行なわれる。玉串はふつうは「玉串案《あん》」とよばれる神前におかれた小さな机に捧げられる。

玉串とは、榊《さかき》の小枝に紙垂や木綿《ゆう》をつけたものである。古代には、楮《こうぞ》（和紙の原料にされる木）の繊維が木綿《ゆう》とよばれていた（木綿《ゆう》と木綿《もめん》とは別のものである）。のちには麻《あさ》の繊維も木綿《ゆう》とよばれるようになった。

玉串をささげる手順は、かなり複雑である（図参照）。神職から玉串をうけとって右がわに二七〇度（四分の三周）まわして、榊の先の部分を手前にして神前におくのである。

玉串を上げたら、ていねいに二礼二拍手一拝の拝礼を行なう。玉串を上げる作法は、仏事における数珠《じゅず》の扱い方や焼香《しょうこう》の作法に匹敵する重要なものである。

玉串の捧げ方

①
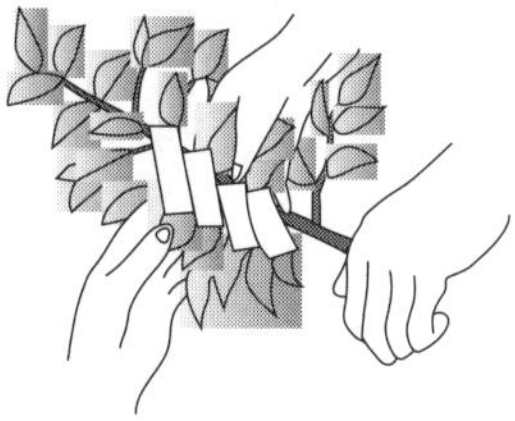

左手で玉串を神職から受け取る

②

右手を玉串の根元にそえる(これを胸の高さに捧げ、神前の玉串案まで進む

③

玉串を右まわりに90度まわす

④

左手を玉串の根元にひき、心の中で願い事を唱える

⑤

右手で玉串の中ほどを下から支える

⑥

玉串を右まわりに180度まわす

⑦
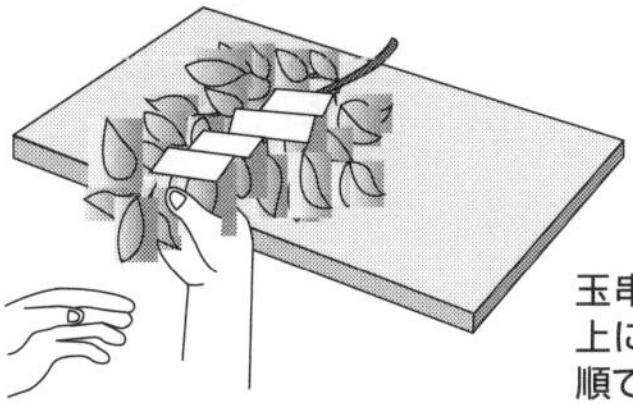

玉串を両手で玉串案の上に捧げ、左手、右手の順で手をはなす

神前での御祈祷は、祈願者全員が玉串を上げたところでひとまず区切りがつくが、このあとに神職の祝詞のよみ上げが行なわれる場合もある。

玉串は祈願者の魂

玉串の「玉」は、「魂」をあらわす。人間の魂が、自由にあちこちに行き来できると考えていた古代には、神前で誓いをたてるときには自分の魂を「串」という神聖な魂のいれもの（依《よ》り代《しろ》）に入れて鎮めて、動かない安定した状態にしておかねばならないと考えた。

つまり、私たちの魂は玉串奉奠のときにいったん玉串のなかに入り、神前で清められたのちに、体に戻ってくるのである。

この神事に用いた玉串は、魂を清めてもらったお礼の捧げ物になる。もとは、祭りの場で刀剣、絹織物などの高価な供《そな》え物《もの》を神前にならべて玉串にしていた。

大名や公家がこのような形で捧げた宝物のなかに、現在まで神社の宝物殿につたえられたものも少なくない。

しかし、江戸時代ごろから儀式を簡素にするために神の衣をあらわす木綿《ゆう》や紙垂をつけた榊を玉串に用いるようになった。

主な神社とその御利益

社名	祭神	御利益	全国にある神社の総数
稲荷社	宇迦之御魂	五穀豊穣、商売繁昌	約3万2,000社
八幡社（八幡宮）	応神天皇、神功皇后 比売神	国家鎮護、厄除開運	約2万5,000社
神明社	天照大神 豊宇気比売命	諸願成就	約1万8,000社
天神社（天満宮）	菅原道真	学業成就	約1万500社
弁財天（宗像神社）	田心姫命、湍津姫命 市杵嶋姫命	国家鎮護、海上安全	約9,000社
諏訪神社	武御名方大神	狩猟、武芸の上達	約6,000社
日吉神社	大山咋神、大物主神	五穀豊穣、皇城鎮護	約3,800社
熊野神社	家都美御子大神 速玉之男神 熊野夫須美大神	殖産興業	約3,100社
津島神社	素戔嗚尊、（牛頭天王）	疫病除け、厄除け	約3,000社
八坂神社	素戔嗚尊、（牛頭天王）	疫病除け、厄除け	約2,600社

各祭神のそれぞれの専門分野

海の神	大綿津見神
河口の神	速秋津日子 速秋津比売神
風の神	志那津比古神
火の神	火之夜芸速男神
木の神	久久能智神
山の神	大山津見神
野の神	神鹿屋野比売神
鳥の神	鳥之石楠船神
農産物の神	大気津比売神

有力者は、玉串奉奠のあとで現金を神社に寄進した。現在の御祈祷におけるお礼を、玉串料の名目で神職に渡す習慣は、そのころの方式をうけつぐものである。

現代の日本には、八幡宮、天満宮などの多様な神社があるが、祭神のちがいは、仏教の宗派のちがいのような形で互いに対立しあうものではない。神道は、あらゆる神が同一の清らかな性質をもっており、八百万の神が力をあわせて日本列島の住民をまもっているとする考えをとるからである。

それゆえ、誰もが自分の土地の氏神を祭ることによって八百万の神すべての助けをうけられるとされる。

神社の境内《けいだい》を歩くと、境内の木に結びつけられたおみくじや、絵馬殿《えまでん》に吊された多くの絵馬が目に入ってくる。

次項では、おみくじや絵馬と神道とのかかわりを説明していこう。

三章
神詣でと
神棚の祭り

おみくじと絵馬

神意を問うおみくじ

お参りのあとで、おみくじを引いて運勢を占う参拝者も多い。とくに初詣でのときに、社務所などの前に、おみくじによってその年の運勢を知ろうとする人の行列がよくみられる。

このおみくじには、

「大吉・吉・中吉・小吉・末吉・凶」

という吉凶判断が記されている。大吉がもっともよく、吉がそれにつぐ中吉の上にくるものだが、ふつうは「大凶」のおみくじはつくられない。

おみくじにはこの他に、金運、恋愛運、失《う》せ物《もの》、旅行、待ち人、学業などの生活全般にわたる運勢や、人生の指針となる和歌が書かれている。

神道では、おみくじは単に吉凶判断を目的として引くものではなく、その内容を神意としてうけとめて、今後の生活の手がかりとすべきものであるとされる。

読み終えたおみくじを、神社の境内の木の枝に結んで帰る習慣もある。これは、物を結びつ

おみくじができるまで

古代

人びとがあつまるところに行って、通りすがりの他人の会話のなかの心ひかれる言葉によって神意を聞く

- 町かどで占うばあい → **辻占**
- 橋の上で占うばあい → **橋占**

↓

中世

神前での占いがさかんになる

- 神役をくじで選ぶ
- **神前でたいたお粥に柳の枝をさしこんで枝にについた米粒の数で吉凶を占う → 粥占**

↓

江戸時代

- **今のようなおみくじがつくられる**

湯島天満宮の絵馬

天皇家の馬の奉納

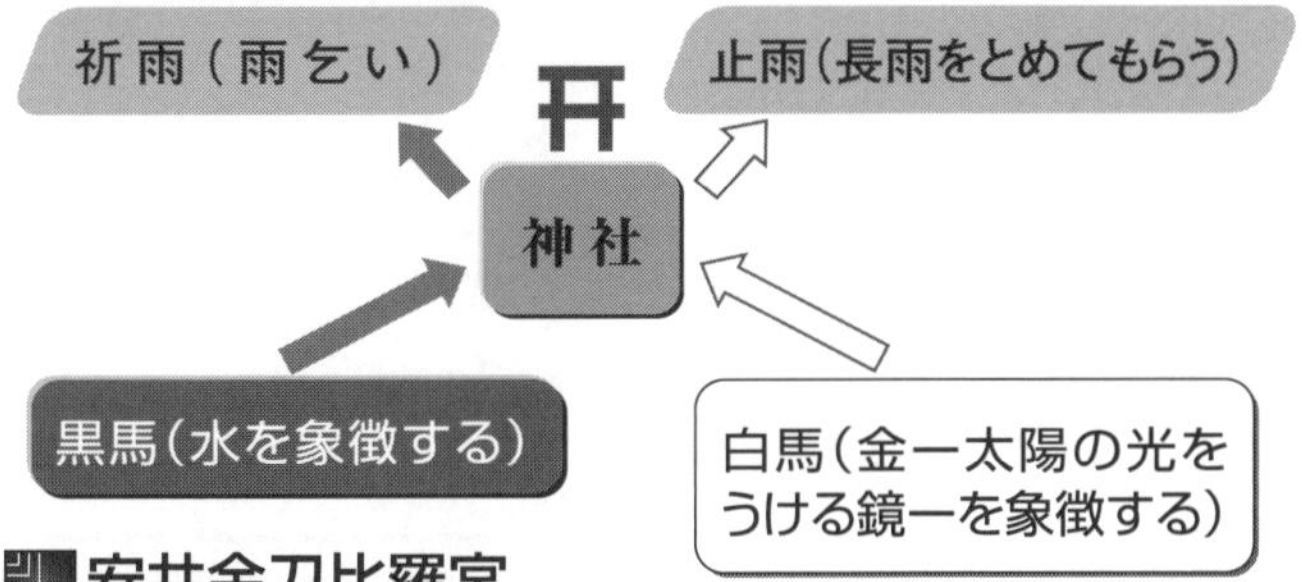

安井金刀比羅宮

江戸時代以来の多数の絵馬を展示する絵馬館で知られる

けることによって神霊を招いた古代の習慣からくるものである。そうであっても、家で読み返すためにおみくじを持ち帰ってもかまわない。

このおみくじは、精霊があつまる場所で御神慮《ごしんりょ》をきく古代の習慣をもとにつくられたものである（140ページ参照）。いまのような、いく本かの串のなかから一本の串を選ぶ形のおみくじは、江戸時代につくられた。

串に敬語の「お」・「み」をつけた「おみ串」という言葉が、「おみくじ」になったとされる。おみくじに用いられる串は、前項（136ページ）で説明した「玉串」の「串」と同じく魂のいれもの（依《よ》り代《しろ》）とされたものである。つまり、いくつもの神様の分霊のなかから一つの分霊を選ぶ行為が、おみくじである。

馬の代用品が絵馬

神社に参拝したときに、願いごとを絵馬の裏に書いて奉納することがある。絵馬とは、表面に馬などの絵を描いた上部を山形にした五角形の小さな板である。

この絵馬の奉納は、神様の乗り物として馬を神社に捧げる行為に代わるものとされる。古代には神馬《しんめ》の献上が行なわれていたが、やがてその代用として参拝者が土馬、木馬の馬形（馬像）

などを捧げるようになった。

さらに、中世にそれが簡略化されて板に馬の絵を描いた絵馬を奉納する習慣がつくられた。古くは、画家によって描かれて大きな額におさめられた大絵馬《おおえま》とよばれるものもつくられた。大絵馬のなかには、埼玉県川越《かわごえ》市の東照宮《とうしょうぐう》にある『三十六歌仙《かせん》』や京都市清水寺《きよみずでら》の『末吉船《すえよしぶね》』のような重要文化財に指定されているものまである。

かつては多様な絵馬が用いられたが、時代が下るにつれて絵馬は小型化していき、今日のような小絵馬が一般的になった。

おみくじは神様の分霊、絵馬は馬の霊魂に代わるものといった形で、神社の境内の細かなものの一つ一つに、さまざまな霊魂が宿っているのである。

ところで、神々の守りをうけるためには、神社を参拝したり祈祷をうけたりするほかに、神棚の祭りを行なう必要がある。次項では神棚の祭り方を解説しよう。

神棚を設ける

神棚は家庭の中心

古代人は、家族は人間と神々とで構成されるものだとする世界観をもっていた。一つの家族の構成員の魂が、多くの祖先の魂や、自分たちが住む土地を守る神々の分霊とともに家のなかで互いにささえあっているというのである。

そのため、家のなかのもっとも清らかな場所が魂の集会所とされた。家のなかをあちこち飛びまわっている魂が、何かの必要によって家の祭場にあつまるのである。

縄文《じょうもん》時代の住居では、男性の居住区と女性の居住区のあいだに、土偶《どぐう》や石棒《せきぼう》などの祭器をおいた小さな祭場がつくられていた。これとは別に、集落の中心の広場に、集落全体の祭りの場があった。

前者が神棚に、後者が氏神の社地にあたるものである。日本人は、縄文時代以来、家のなかで家を守る神を祭りつづけてきた。そして、このような神を拝むところをあらわす注連縄《しめなわ》が用いられた。正式の神棚で祭る場合には、神棚の上部に注連縄をつける。しかし現在では注連縄

神棚を祭る方角

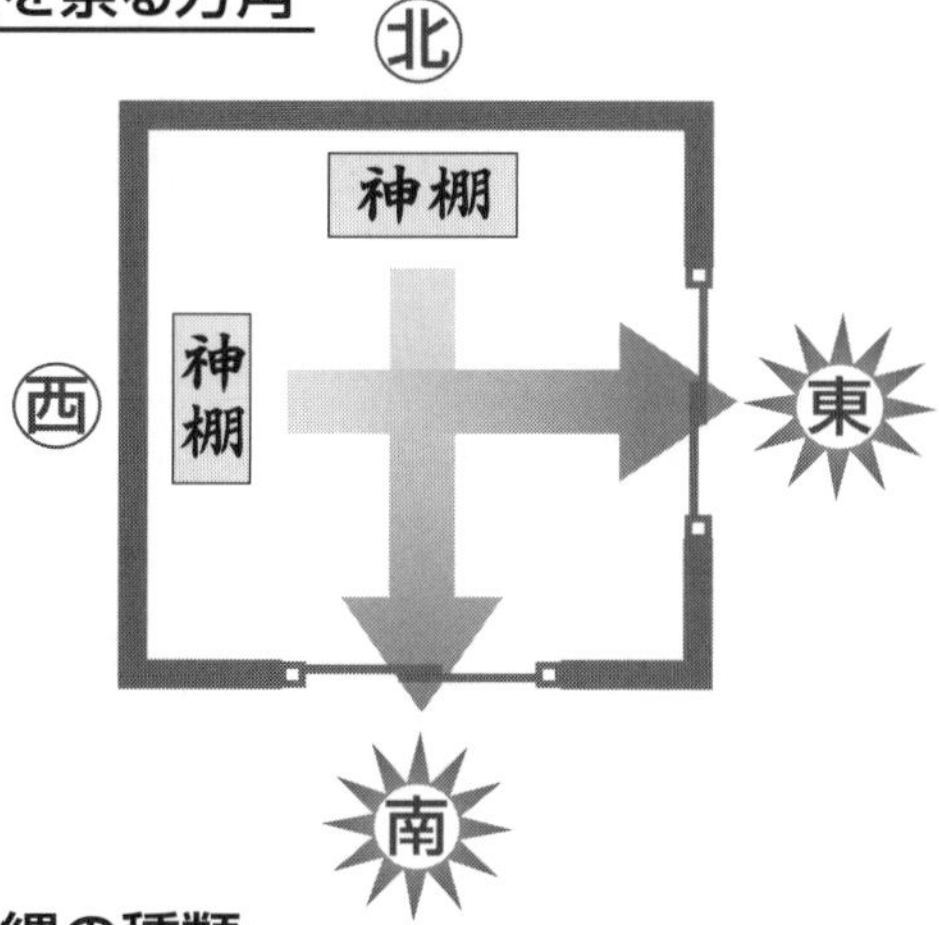

注連縄の種類

前垂注連《まえたれしめ》

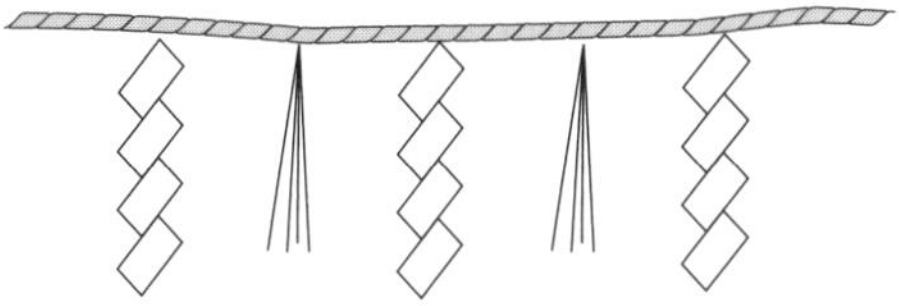

大根注連《だいこんしめ》

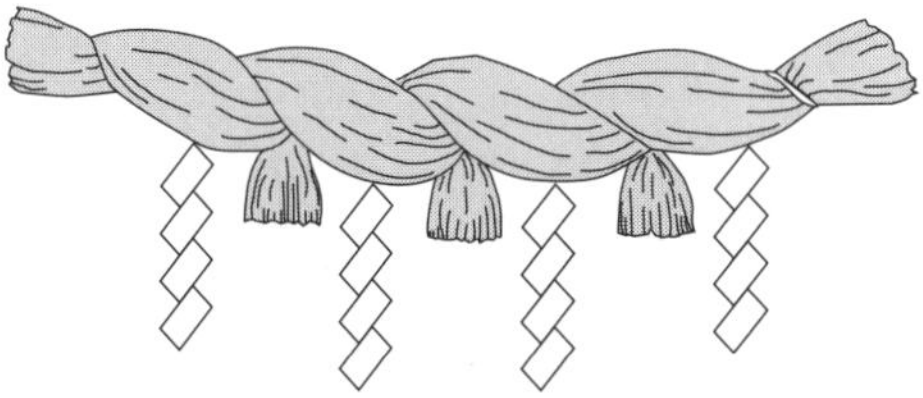

牛蒡注連《ごぼうしめ》

のない略式なものもふえている。

中世以降、仏教が庶民に広まったことによって仏壇だけを祭る家もふえたが、神道をつたえる家では神棚の祭りがうけつがれた。

また、仏壇も神棚もおく家もある。

神道の家の家長は毎朝、神棚を拝む。

この朝の祭りのときに、家にいる神々の魂も家族の魂も神棚にあつまって、心をすまして厄や罪穢れを清める。それゆえ、神道の家の者は、つねに新鮮な気持ちで一日の仕事にとりかかれるという。

神殿を小型にした宮形

神棚は居間やダイニングキッチンのような、家のなかの中心となる家族のあつまる部屋におくのがよい。その部屋の静かで高く清浄なところに、天井《てんじょう》から白木《しらき》の板を吊すなどの方法で、神々のあつまる神棚をつくるのである。

このばあいに神棚をおく部屋を家の最上階にもってくるようにせねばならない。人びとが神様の上を歩くのは、おそれ多いからである。

神棚と御霊舎の位置

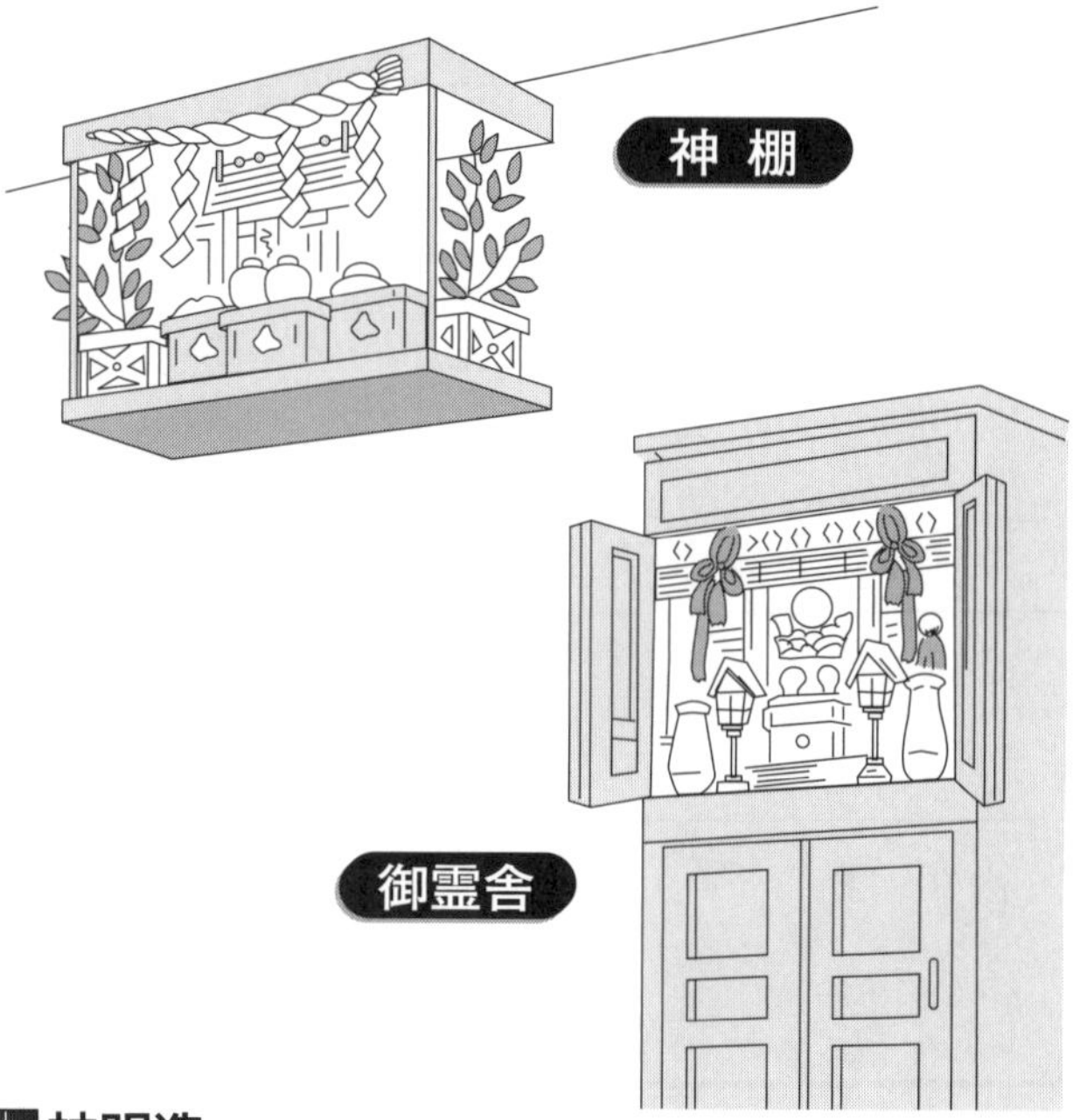

神明造

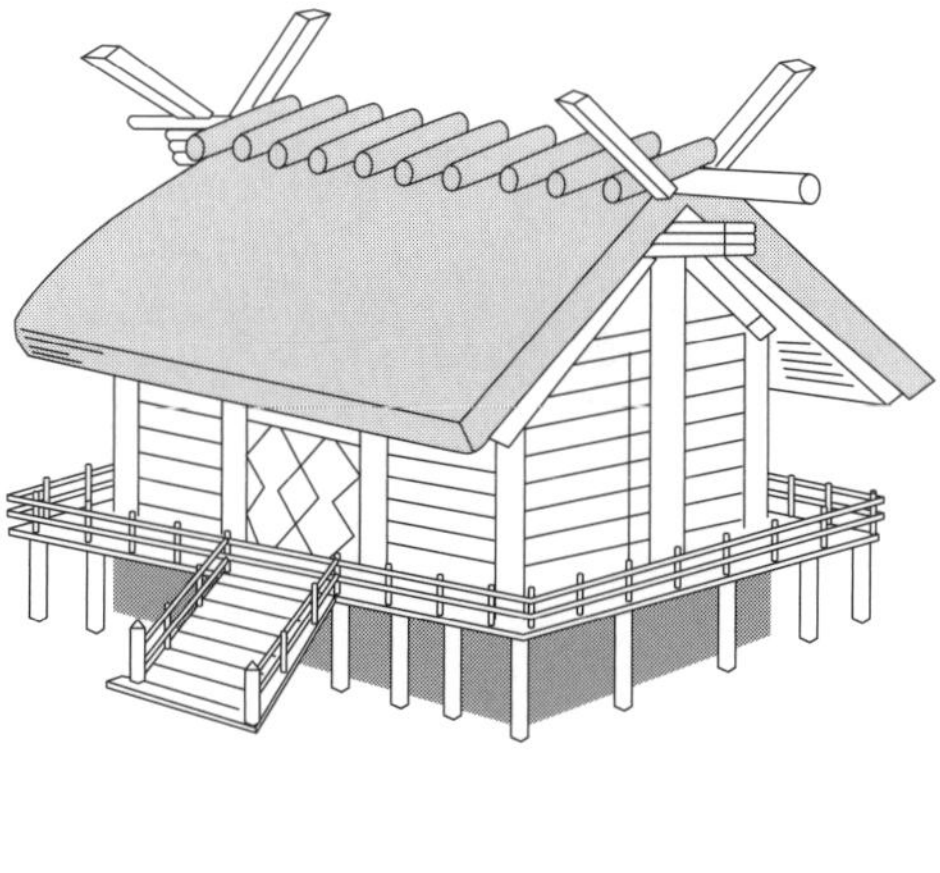

ただし、マンションなどの集合住宅に住むばあいは、他人が神棚の上で生活していてもさしつかえないとされる。

たんすや洋服だんす、食器棚に白木の板をおいて、その上を神棚とする方法もある。

この板は、人間の生活の場と神の領域とを分けるものである。

神棚ができたら、その中央の奥にお札をおさめる宮形《みやかた》を安置する。宮形は、神仏具店で売られている。家の北がわか西がわに神棚を設けて、その上の宮形を南か東にむけるのがよい。家の北西（乾《いぬい》）に神棚をつくり、宮形が南東（巽《たつみ》）に向くようにするのが最高だとされる。明るい南向きや東向きが好まれることによるものである。

神棚におく宮形は、神社の建物を小型にした形につくられている。宮形の多くは、伊勢神宮《いせじんぐう》の御社殿の形式と同じ、神明造《しんめいづくり》をとっているが、神社の屋根の部分を除いた箱形につくられた箱宮形もある。

このような宮形は、御扉《おとびら》が一つの一社《いっしゃ》造のものと御扉を三つもつ三社《さんしゃ》造のものとに分かれる。三社造の宮形でも、一社造の宮形でも、ふつうは三つの神社のお札が祭られる。

宮形でどのようなお札を祭るのがよいか、次項で詳しく説明しよう。

三章
神詣でと
神棚の祭り

神棚に祭るお札

三柱の神のお札の位置

三社造の宮形の三つの神座には、上下がある。中央が最上位で、つぎが向かって右がわ、そのつぎが向かって左がわとなる。

そのため、三社造では中央に「天照皇大神宮」と書かれた大麻《たいま》（伊勢の内宮《ないくう》のお札《ふだ》、「おおぬさ」ともよむ「神宮大麻《じんぐうたいま》」とよぶこともある）ついで向かって右がわに、氏神様のお札を安置する。

大麻と氏神様のお札は、氏神となる神社でお受けしてくる。この二社の古いお札は、元日の初詣《はつもう》でのときごとに氏神様にもって行ってお焚《た》き上《あ》げしてもらう。そして、新しいお札をもらいうける。

このようにして、大麻と氏神様のお札を毎年とりかえるのである。

三社造の向かって左がわには「崇敬《すうけい》神社」とよばれる、氏神様以外に信仰する神社のお札を安置する。この崇敬神社についての詳しい説明は少し後で行なうが、その前に一社造の宮形で

宮形の種類

一社造

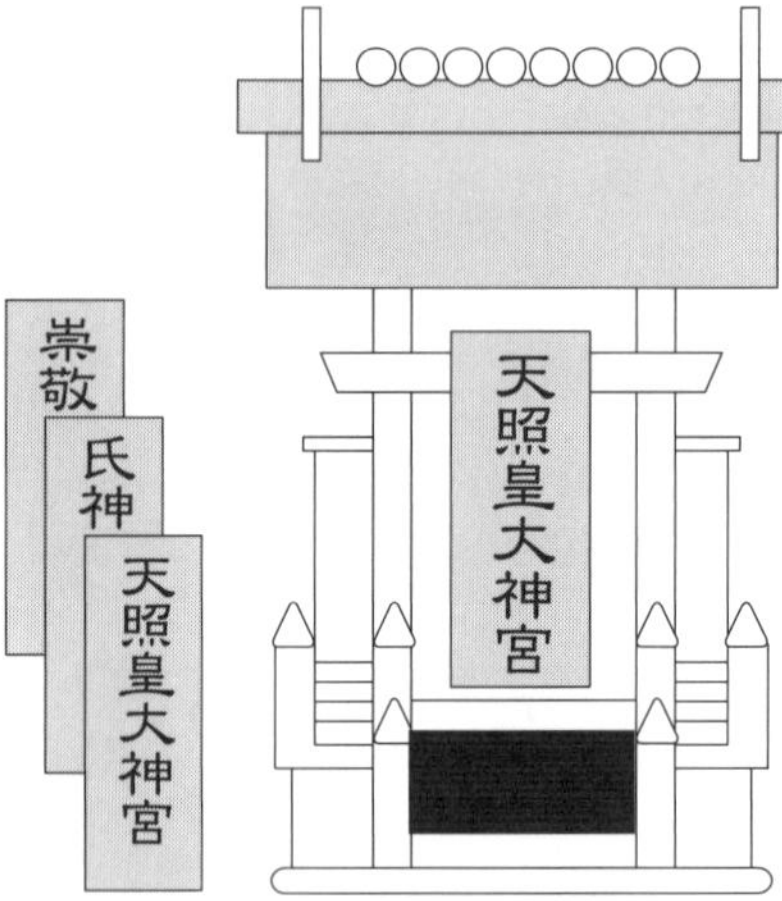

三社造

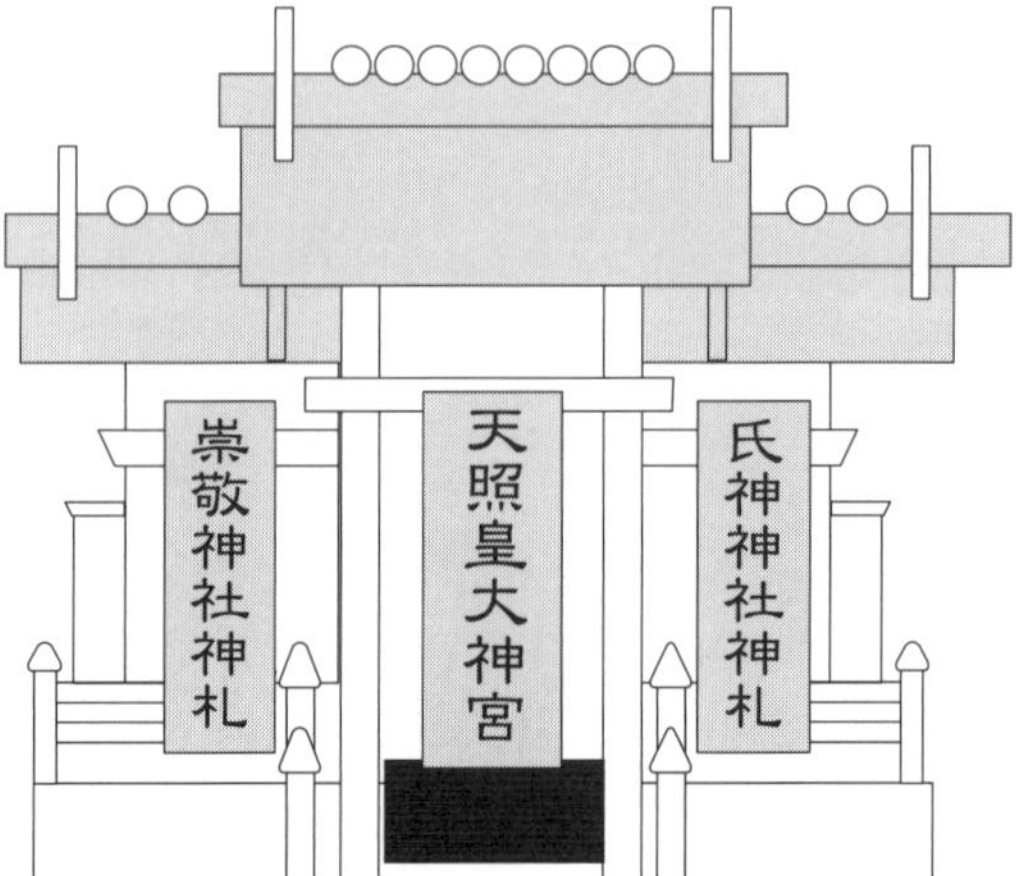

※上図は、便宜上、お札を宮形の正面に示したが、
通常は、お札は扉の中に納められている

神棚の祭り方

紙垂の作り方

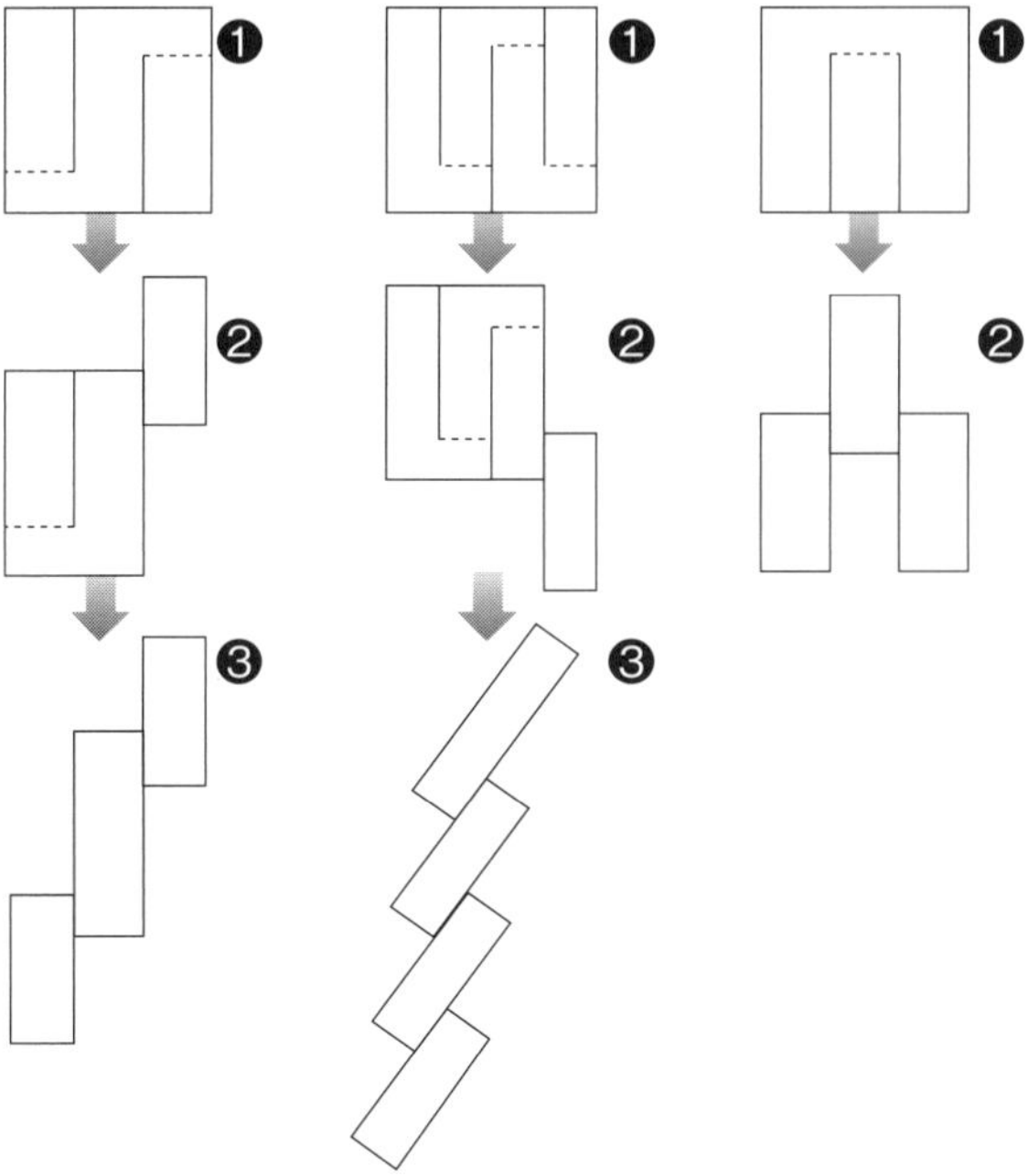

のお札の納め方を記そう。

一社造の宮形では、お札を前後に重ねてならべてお祭りする。このばあい、前が上位になる。ゆえに、大麻、氏神様のお札、崇敬神社のお札の順番に重ねて宮形に納めることになる。

産土神と御霊舎の扱い

前（72ページ以下）に、商売繁昌のためには恵比寿（恵比須）様などを、学業成就を願うときには天神様などを祭ると御利益があると記した。それゆえ、実業家なら恵比寿神社のお札、学者や教員は天神社のお札を崇敬神社として祭ってもよい。

しかし、それよりも祖先が生活していた土地の神様を産土神として祭ることをすすめたい。明治時代以降、多くの人が故郷から東京、大阪などの大都市に出てきて成功者になった。そういった人びとで神社信仰をもつ者は、ふつう居住地の神社を氏神様として祭っている。

そうであっても、かれらの多くは自家の出身地に墓があったり、故郷に親戚がいたりする。

このような形で故郷との縁が完全に切れてない人びとには、祖先が長年にわたって祭ってきた神への敬意をあらわすために神棚で産土神のお札を祭るとよい。そのことが、自家の出自《しゅつじ》に対する記憶を子孫につたえることにつながる。産土神のお札は毎年かえなくても、故郷に帰ったおりにとりかえるのでよい。

旅行先などでうけてきたお札などを何枚か重ねて崇敬神社の神座で祭ってもかまわないが、あまり多数の神を祭るのはおすすめしない。

神道の方式によって祖先の霊を祭っている家では、神棚の祭りのほかに位牌《いはい》を納めた御霊舎《みたまや》の祭りを行なう必要がある。

御霊舎は、神棚の近くの神棚よりすこし低い位置におく。

白木づくりの御霊舎は、神仏具店で求められる。

日本列島全体を守る天照大神と、居住する土地を守る氏神様を敬《うやま》うとともに、御霊舎の先祖の霊と先祖を見守ってくれた産土神を祭ることによって自分をこの世に産み出してくれた力に感謝する。

このような気持ちをもって次項で詳しく述べるような、家庭の祭りを行ないたい。

毎日の神棚の祭り

神と祭器具

151ページの図に示したように、神棚の宮形の前には榊を飾る榊立て一対（左と右に一つずつ）、御灯明《おとうみょう》一対をおく。さらに、宮形の扉の前に神鏡《しんきょう》、宮形の上に注連縄を飾ることもある。

御霊舎の前にも榊立てと御灯明を一対ずつおく。ツバキ科の常緑樹、榊は冬でも枯れることがなく葉が青々と茂っている。そのため榊は生気を宿す木として重んじられ、玉串として神前に供えたり、お祓いに用いたりされてきた。

『古事記《こじき》』などには、神々が天岩戸の前に鏡、玉、幣《ぬさ》を榊にかけて岩戸に隠れた天照大神《あまてらすおおみかみ》を祭った神話が記されている。この故事にならって神前に榊を飾る習慣がつくられた。毎月一日と一五日に花屋で榊を買って家庭の神棚の榊をとりかえ、つねに新鮮な榊をお飾りするように心がけたい。

御灯明には灯明皿かろうそく立てを用いる。それで、毎月の一日、一五日の神事のときなどにあかりをともす。神棚の前面の注連縄は、そこが神域であることを示すためのものである。

祓詞《はらえことば》

【神棚拝詞《かみだなはいし》】

此《こ》れの神床《かむどこ》に坐《ま》す、掛《か》けまくも畏《かしこ》き、天照大御神《あまてらすおおみかみ》、産土大神等《うぶすなのおおみかみたち》の大前《おおまえ》を拝《おが》み奉《まつ》りて、恐《かしこ》み恐《かしこ》みも白《もう》さく。大神等《おおかみたち》の広《ひろ》き厚《あつ》き御恵《みめぐ》みを辱《かたじけ》なみ奉《まつ》り、高《たか》き尊《とうと》き神教《みおし》えのまにまに、明《あか》き直《なお》き正《ただ》しき真心《まごころ》をもちて、誠《まこと》の道《みち》に違《たが》うことなく、負《お》い持《も》つ職業《わざ》に励《はげ》ましめ給《たま》い、家門《いえかど》高《たか》く、身《み》健《すこ》やかに世《よ》のため人《ひと》のために尽《つく》さしめ給《たま》えと、恐《かしこ》み恐《かしこ》みも白《もう》す。

古いお札から新しいお札にとりかえるときの祝詞

此《こ》れの神棚《かみだな》に、斎《いわ》い鎮《しず》め奉《まつ》る、掛巻《かけまく》も畏《かしこ》き、天照大御神《あまてらすおおみかみ》を始《はじ》め奉《まつ》り、八百萬神等《やおよろずのかみたち》の御札《みふだ》の御前《みまえ》に謹《つつし》み敬《うやま》いて白《もう》さく、言《い》わまくも畏《かし》けれど、今《いま》は御棚《みたな》も狭《せま》きに成《な》り給《たま》えければ、古《ふる》き御神札《みふだ》を除《のぞ》き、新《あたら》しき御神札《みふだ》を斎《いわ》い奉《まつ》り、古《ふる》きは、浄《きよ》き忌火《いみび》を以《も》ちて焼《や》き納《おさ》め奉《たてまつ》らんとして、礼代《いやじろ》の幣帛《みてくら》献《たてまつ》り、平《たいら》けく安《やすら》けく聞《きこ》こし食《め》して、夜《よ》の守《まも》り日《ひ》の守《まも》りに守《まも》り給《たま》い幸《さき》わえ給《たま》えと、畏《かしこ》み畏《かしこ》みも白《もう》す。

注連縄は元の太いほうを向かって右に、末の細いほうを向かって左になるように掛け、そこに二たれもしくは四たれの紙垂をつける。神棚の前の神鏡は、神前で拝む人の心を映すものとされる。自分の心を見つめることによって、気持ちを清らかにするためにこの鏡をおくのである。

この他にお供え用祭器具として、お酒を入れる瓶子《へいし》一対と塩を盛る平瓮《ひらが》とよばれる薄い皿一枚、洗い米を盛る平瓮一枚、水を入れる水器《みずき》一個がある。これらは、白い陶器でつくられており、神仏具店で買える。

神棚での拝礼

神棚と御霊舎には毎朝、米、塩、水をお供えする。神棚と御霊舎でほぼ同じ祭器具と供え物が用いられることは、神々の霊も祖先の霊も、ともに清らかな霊魂であるとする発想にもとづくものである。

お供えの平瓮や水器は、折敷《おしき》か三方《さんぼう》にのせて神前に供えるのがよい。毎月の一日と一五日には、米、塩、水のほかに瓶子に入れた酒を供える（毎日、酒を供える家もある）。また、一日と一五日に季節の海の幸（魚など）や山の幸（果物など）を白い皿（平瓮）に盛って供えるばあいもある。

神棚の拝み方

①手を洗い、口を漱《すす》いで、お供えものをし、神前にすわる
②軽くおじぎをする
③二回深くおじぎをする（二拝）
④祓詞《はらえことば》（41ページ参照）を奏上する
⑤神棚《かみだな》拝詞《はいし》を奏上する
⑥二礼、二拍手、一拝する
⑦軽くおじぎをして、座を立つ

お供え

お供えの一例

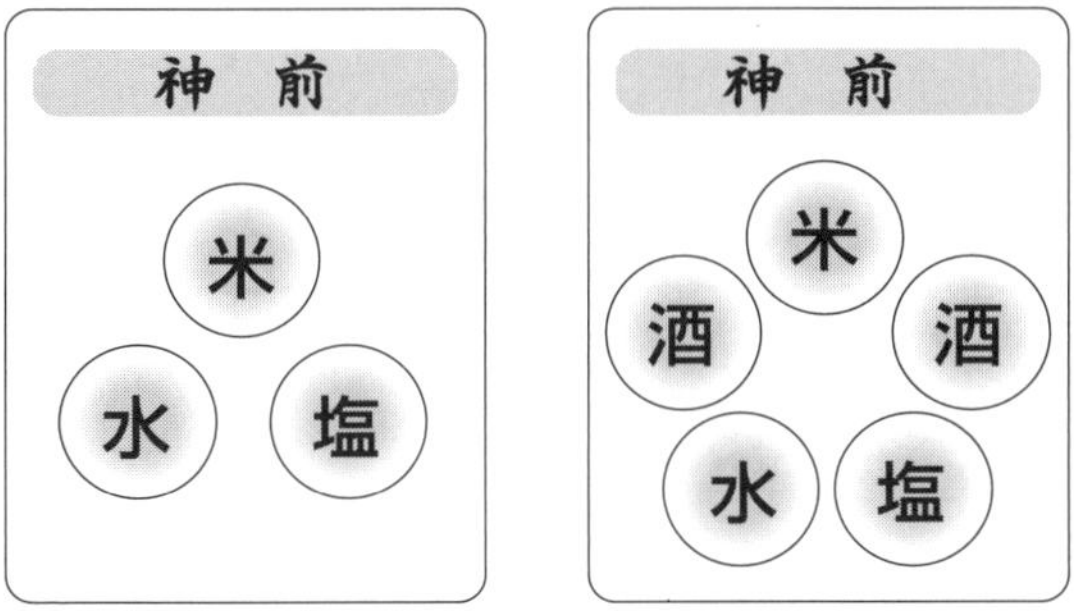

折敷と三方

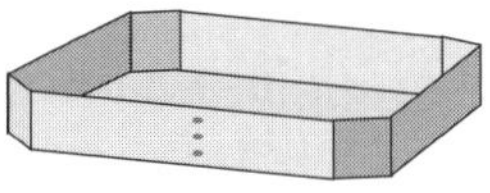
折敷

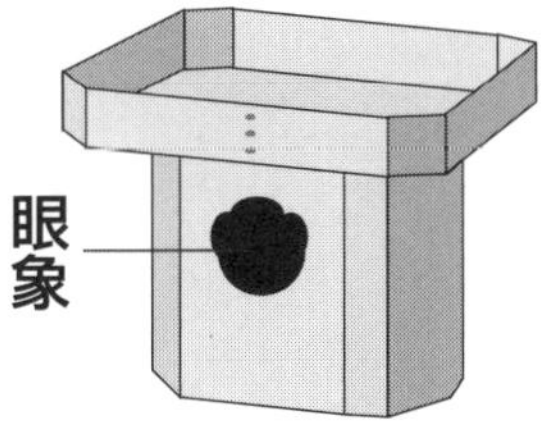

三方

毎朝の神棚の正式の拝み方は、図に示したような祓詞と神棚拝詞を唱える大がかりなものである。しかし、お供えを上げて二礼二拍手一拝の拝礼をするだけですませている家も多い。だいじなことは、神棚と御霊舎を拝むときに、「今日も一日、きれいな気持ちですごします」と心に誓うことである。

神棚を祭った直後に、お供えを上げて御霊舎を拝む。このようにして、神様と御先祖様に食事をさし上げたのちに、朝食をとって一日の生活をはじめるのである。

家の守り神の祭りからはじまる家の家族は、祭りによってつねに神様に見守られていることと、同じ神棚を祭る家族をたいせつにせねばならぬことを感じる。

次章では、このような神道の歴史について、ていねいに説明していこう。

四章

神々の系譜と神道の歴史

神様とは何か

精霊崇拝が神を生み出す

縄文人《じょうもんじん》はさまざまな霊魂を祭る多神教を起こした。文化人類学者は、このような信仰を「アニミズム（精霊《せいれい》崇拝）」と名づけている。

現在の神道《しんとう》は、縄文時代の精霊崇拝の流れをひくものである。それゆえ、今日の日本には太陽の神、天照大神《あまてらすおおみかみ》や山の神、大山祇命《おおやまつみのみこと》、海の神、大綿津見命《おおわだつみのみこと》などの多様な神を拝むための神社がみられる。そして天神《てんじん》様となった菅原道真《すがわらのみちざね》などの偉人が神とされ神道の家では祖先が神として祭られている。

しかし、縄文人とちがい最新の科学知識をもつ現代人が、こういった精霊崇拝にもとづく神々の存在を信じてよいのだろうか。戦前の高名な物理学者である寺田寅彦《てらだとらひこ》は、科学の発展によって雷《いかづち》の神がいないことが証明されたという（図参照）。この論理でいけば、「太陽の輝きは核融合であって、天照大神のはたらきではない」といった形で、日本神話の世界観の大半を否定できる。

寺田寅彦の妖怪論

昔の人は、多くの自然界の不可解な現象を化け物の所業として説明した

やはり一種の作業仮説である

例　雷電の現象は虎の皮の褌を着けた鬼の悪ふざけとして説明されたが…

今日では、空中電気と称する怪物の活動だといわれている

寺田寅彦『化け物の進化』より

神道を批判する科学者の論理

若い野心家の科学者

上役と議論して、学力が上役よりまさっていることを明らかにした

かれの上役にあたる年輩の科学者

悔しい

「君は優秀だが学者だって神の助けを求めたくなる場面にいく度か出会う。私はこれまで何度もそういった経験をしてきた」

「神様は何で出来ているか教えて下さい。蛋白質ですか。私は神様が何か説明できない以上、神様の存在を信じません」

返す言葉につまり黙りこむ

そうだとすれば、イラストに示したような「神様は蛋白質《たんぱくしつ》でできているのですか」という、むこうみずな若い科学者が出てきてもおかしくない。

神様は人間の心の中にいる

しかし、最新の科学技術を用いた宇宙ロケットの開発を担当している鹿児島県種子島《たねがしま》の宇宙センターで、昔ながらの神事が行なわれている。そこの人びとは、センターの行事やロケット発射のたびに宝満《ほうまん》神社に安全祈願を依頼しているのだ。

最先端の技術をもつトヨタなどの一流企業には、自社の守りとする企業内神社がある。こういったことから考えて、どのように科学が発達しても神様を敬《うやま》う人間の気持ちは消滅しないのではあるまいか。

ロケット発射を担当する技術者は、

「迷いのない気持ちで、おちついてミスを犯さず複雑な作業をこなせますように」

と神に願うのであろう。

現代の科学では、「神とは何か」「神は存在するか」といった問題を明らかにし得ない。

しかし、私は日本人が祭ってきた神々について、こう断言してよいと思う。

主な企業の神社一覧表

所在地	企業名	業種	神社名
北海道	王子製紙	製紙	王子神社
	サッポロビール	飲料	札幌神社
茨城	日立製作所	電機	熊野神社
千葉	キッコーマン	食品	琴平神社
	三井造船	造船	香取神宮
東京	JR東日本	鉄道	鉄道神社
	三越	デパート	三囲神社
	高島屋	〃	笠森稲荷
	資生堂	化粧品	成功稲荷
	東洋水産	水産	幸稲荷
	東京急行電鉄	鉄道	東横神社
	間組	建設	間組守護神社
	東京タワー	娯楽	タワー大神宮
	東京証券取引所	証券	兜神社
	救心製薬	医薬	筑波神社
	石川島播磨重工業	造船	豊洲神社
	全国朝日放送	放送	テレビ朝日神社
	大日本インキ	化学	大日神社
	毎日新聞	新聞	毎日神社
	日本生命	保険	多賀神社
	日本航空	航空	穴守神社
	大和証券	証券	玉徳玉吉稲荷
	凸版印刷	印刷	明善稲荷
神奈川	関東自動車工業	自動車	関東神社
	トキコ	〃	八幡神社
	東芝	電機	出雲神社
愛知	トヨタ自動車	自動車	豊興神社
	大同特殊鋼	特殊鋼	福光稲荷
京都	ワコール	繊維	和江神社
大阪	竹中工務店	建設	竹千代稲荷
兵庫	アサヒビール	飲料	旭神社
福岡	新日本製鐵	鉄鋼	高見神社
	出光興産	石油	宗像神社
宮崎	宮崎放送	放送	五所稲荷

本田総一郎『日本神道がわかる本』(日本文芸社刊)

「神は素粒子のあつまったアミノ酸をもとにした蛋白質でできている」

地動説も、遺伝子も、素粒子、ニュートリノも知らない古代人が、私たちより高度の科学知識をもっていたはずはない。

ゆえに、私たちにうけつがれなかった古代の高度な学問が神の存在を証明していたと考えるべきではない。

古代人は、人間の心のなかにある生き物や自然をたいせつにする気持ち（動物や植物のなかにもこのはたらきはある）を神と感じたのではあるまいか。つまり、私たちの脳のあるはたらきが、古代人が「神」とよんだものということになる。今後の脳の研究が進展によって「神」の正体がわかる日がくるかもしれない。

ただし、これまでの神道家のなかでこのような説を唱えるものはいない。つまり本書の考えは「エコロジー神道」とでもよぶべき全く新しいものになる。

次項では、そのような神道と日本民族の形成とのかかわりをみていこう。

縄文時代の円の思想が神道の原形

日本の歴史は、神道によってつくられたといってよい。「縄文文化」という日本列島独自の文化を共有する人びとの流れをひく者が、神道を拠《よ》りどころにして古代国家をつくっていったのである。

考古学の成果によって紀元前三万年ごろから、同時代の中国や朝鮮半島の文化とは異なる縄文文化が、日本列島に広まっていったことがわかる。

日本列島の旧石器文化は、縄文時代より前の紀元前五万年ごろにはじまっていたともいわれるが、それは中国やシベリアなどのアジアの旧石器文化の一部をなすものにすぎなかった。神道の原形となる特有の宗教があらわれたことによって、その思想を表現する文様をつけた縄文土器が日本でつくられるようになったのである。

縄文人は、「円《えん》の思想」とでも呼ぶべき、すべての事物をかけがえのない霊魂をもつ平等のものとみる発想をもっていた。これが、八百万《やおよろず》の神を祭る神道の核となる日本流の精霊崇拝で

アジアの旧石器文化

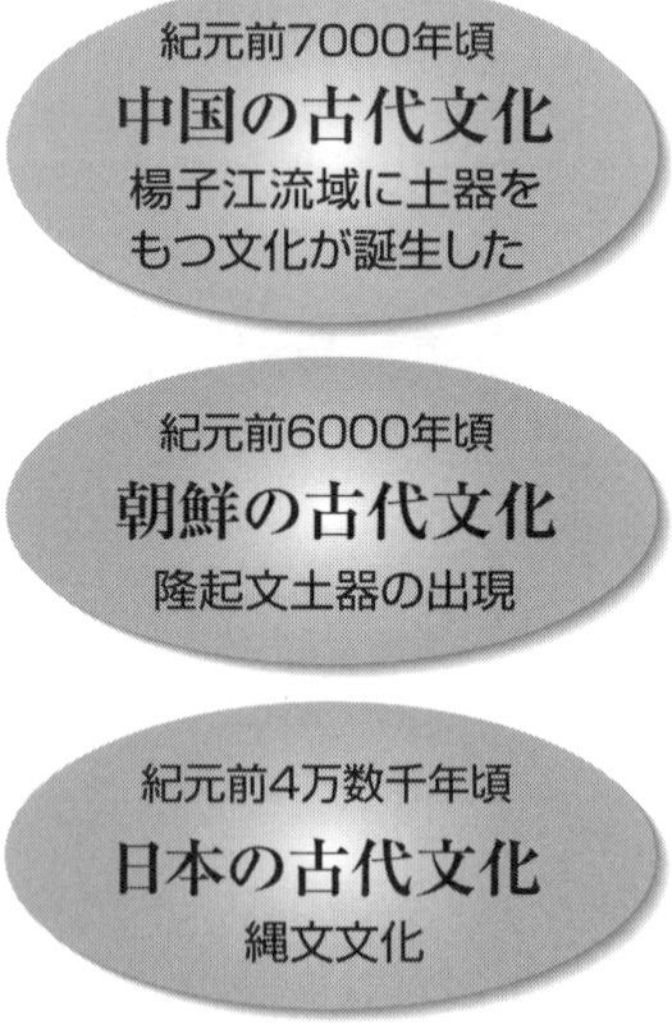

縄文人の生活空間

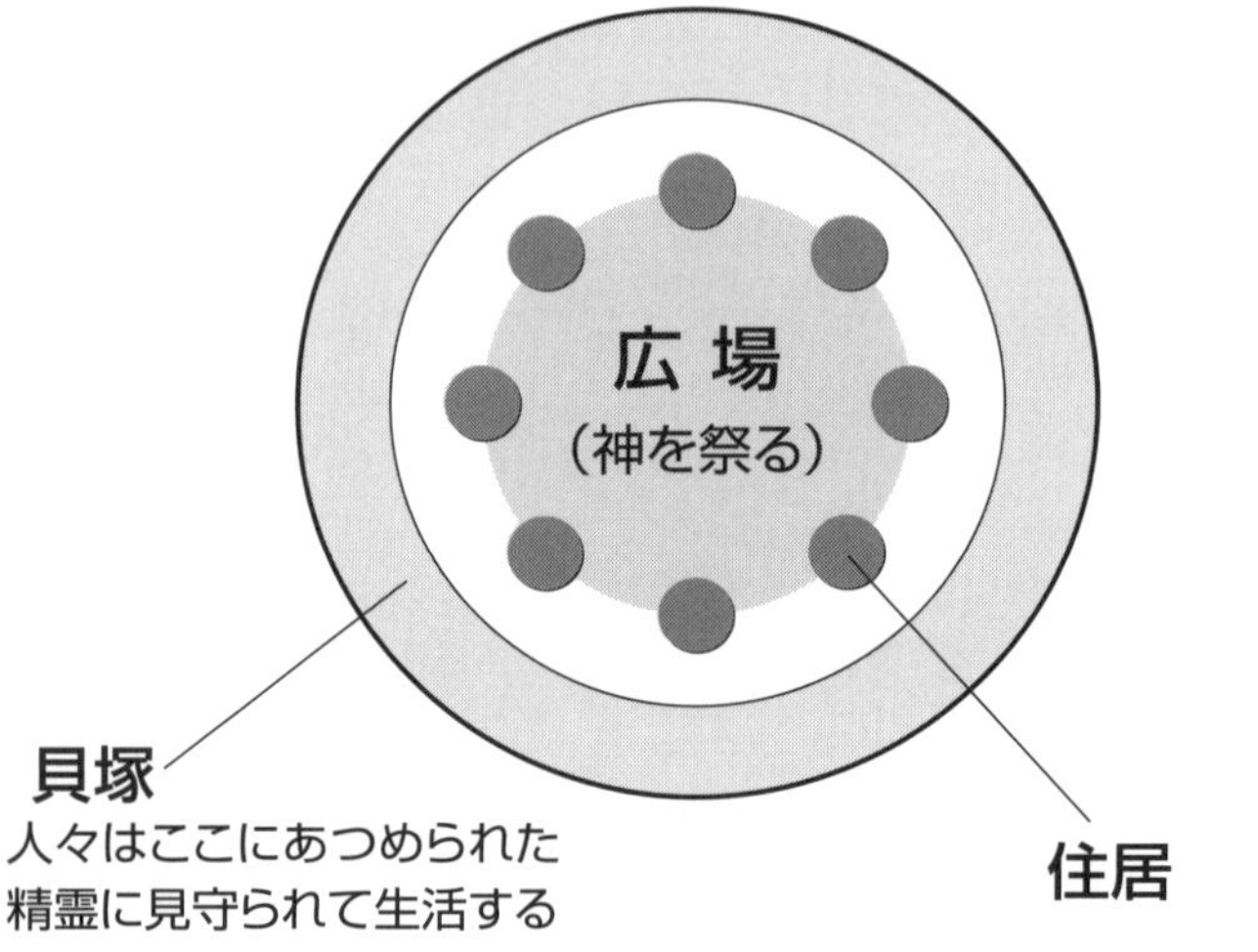

縄文と弥生の信仰

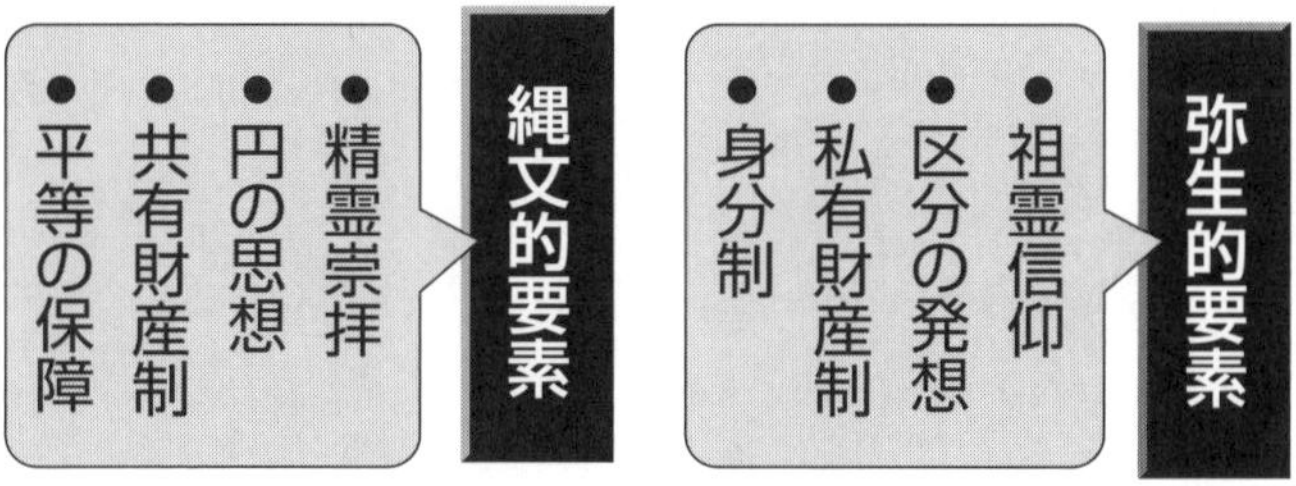

大国主命を祭る主な神社

ある。縄文人は、円の思想によって円形の広場を中心に住居を設け誰もが平等な社会をつくった。

縄文時代の集落のまわりにみられる巨大な貝塚《かいづか》は、人びとの遺骨をおさめる墓場であるとともに、貝や狩りの獲物になった動物の骨、使えなくなった道具などを納めるところであった。弥生時代以降に身分制度ができても、日本人の心のなかで平等を重んじる円の思想はうけつがれつづけた。

弥生時代に始まる大国主命信仰

紀元前一〇〇〇年ごろに朝鮮半島から、水稲《すいとう》耕作技術をもつ「弥生人《やよいじん》」とよばれる多人数の移住者が日本列島にやってきた。これによって、日本は弥生時代という新しい段階を迎えた。かれらがもち込んだ当時の朝鮮半島で用いられた土器にならった弥生式土器は、縄文土器に代わって急速にひろまっていった。しかし、弥生人が縄文人を滅ぼしたわけではない。もとから日本にいた縄文人も水稲耕作という新しい技術を身につけて、水田をひらいて農耕生活にあった弥生式土器を用いるようになったのである。つまり、縄文人が新たな移住者とともに弥生人になったのだ。それゆえ弥生時代になっても、縄文的信仰が滅びることはなかった。

縄文文化は、祭祀《さいし》の分野や生活用具の作製の技術の面で同時代の朝鮮半島の文化よりかなりすすんでいた。

それゆえ、移住者はもとからの日本列島の住民から精霊崇拝的な信仰をはじめとするさまざまなものを学んだのだ。

弥生時代に農耕生活が広まったことによって、貧富の差が生じ、祭司として一つの集団の指導者をつとめる首長《しゅちょう》が力をもつようになった。

そして、かれらの手で農地をひらいた祖先たちの霊を重んじる祖霊信仰がつくられた（109ページ参照）。これをもとにして祖霊の力を象徴する大国主命の信仰の原形がつくられていった。

次項で述べるように皇室の先祖は最初はこの大国主命を自家の守り神としていた。

王家（皇室）の起源と神道

邪馬台国とヤマト政権

島根県出雲《いずも》市荒神谷《こうじんだに》遺跡から、銅剣が、三五八本出土した。それは出雲の各地の首長が銅剣を一本ずつもちよって、荒神谷を勢力圏とする首長の指導のもとで祭りを行なっていたありさまを示すものとされた。

このときの指導者の子孫が、のちに大国主命を祭る出雲大社の神職をつとめる出雲氏になった。このことから弥生時代に前（112ページ）の図に示したような、出雲全体の守り神大国主命を出雲の諸豪族が祭る地域の神々の上におく形ができあがっていたとされる（「大国主命」の神名は七世紀以降つくられたものである）。

このあとこういった祭祀をつうじた首長連合が、日本のあちこちにつくられていった。そのなかで中国の『魏志倭人伝《ぎしわじんでん》』という文献に記された邪馬台国《やまたいこく》がもっともよく知られている。『魏志倭人伝』は、神託《しんたく》をきく能力をもつ女王卑弥呼《ひみこ》が二世紀末に三〇の小国を支配するようになり、二三九年になって中国に使者を送ったと記す。

荒神谷遺跡の銅剣

2世紀半ば

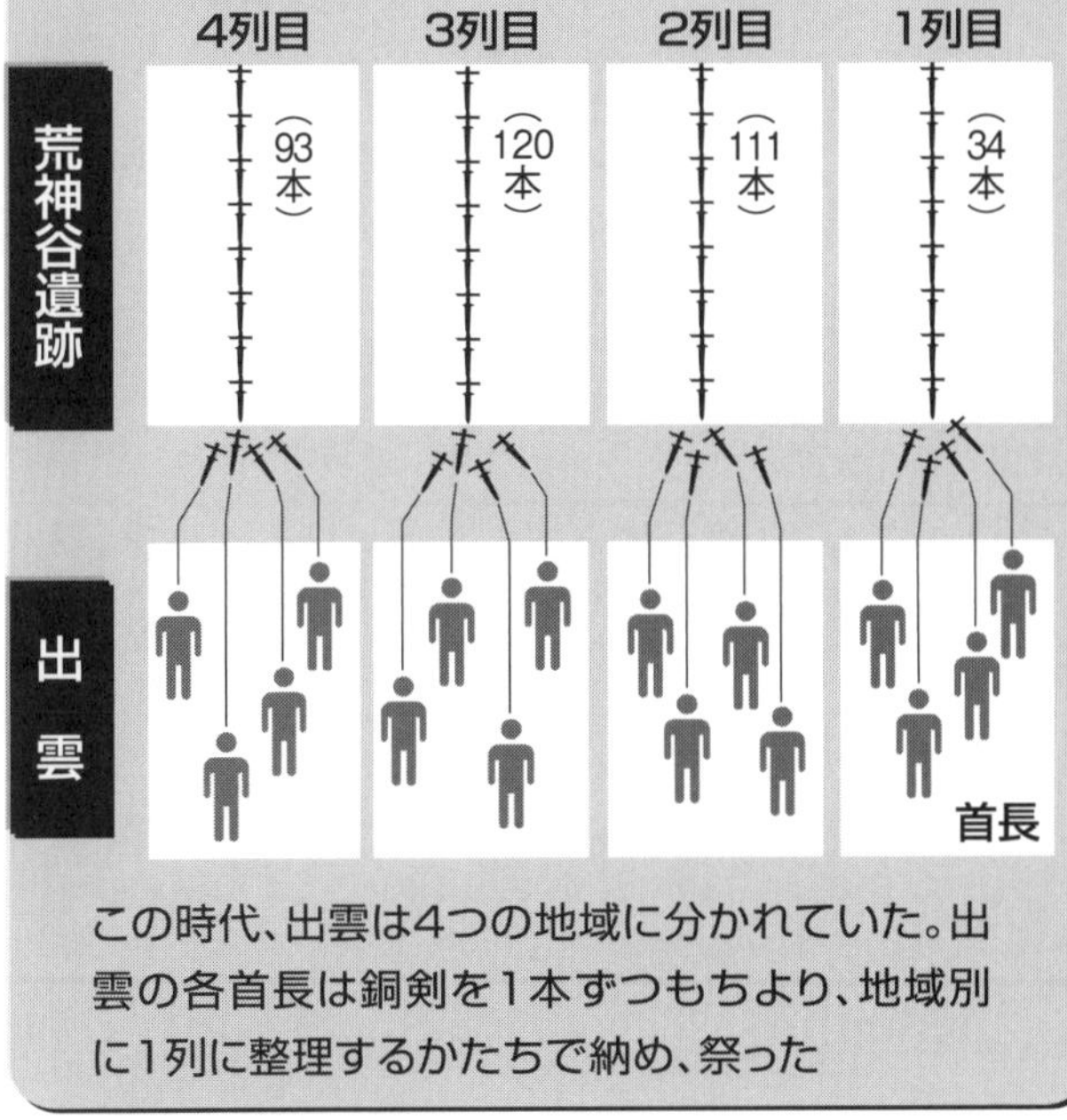

この時代、出雲は4つの地域に分かれていた。出雲の各首長は銅剣を1本ずつもちより、地域別に1列に整理するかたちで納め、祭った

奈良時代の出雲

397の神社（『出雲国風土記』より）

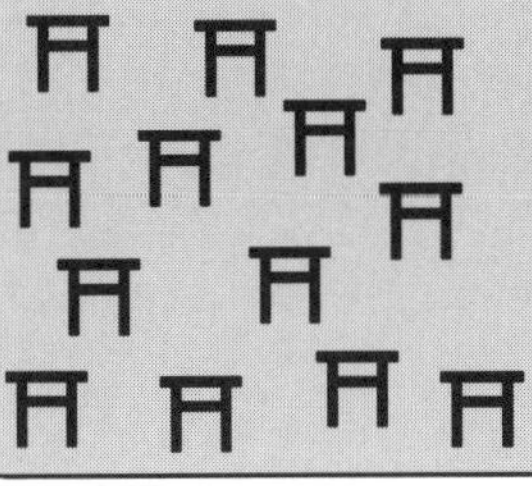

銅剣の本数（358本）と神社の数（397社）がほぼ一致することから、荒神谷の祭りに参加した首長たちの子孫が、神社を祭っていたありさまがわかる

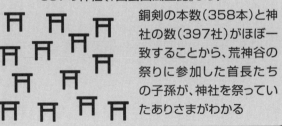

三世紀はじめ（二二〇年ごろ）には、大和《やまと》や河内《かわち》の首長をまとめたヤマト政権が有力になっていった。発生期のヤマト政権の本拠地であった奈良県桜井《さくらい》市纏向《まきむく》遺跡には自然の河川と人工の運河とから成る水上交通路が張りめぐらされていた。これによって、ヤマト政権が交易によって栄えたありさまがわかる。

このヤマト政権を指導する王家（皇室の先祖）は、三輪山《みわやま》にいる神（のちに「大物主神《おおものぬしのかみ》」とよばれた）を祭っていた。

王家（皇室）の先祖が神になる

大王《おおきみ》（七世紀末に大王号にかわり天皇号が用いられるようになる）が祭った三輪山の神は、土地の守り神であった。そしてその神は、ヤマト政権の成立時に国を守る神をあらわす「大和の国魂《くにたま》」とよばれるようになったらしい。

それからまもなく、「大国主命」の前身にあたる神も出雲地方を守る「出雲の国魂」と呼ばれるようになった。そして五世紀末までは、このような形であちこちの有力な首長によって、いくつもの「国魂」が祭られていた。

朝廷で日本神話の体系を整えるとき（175ページ参照）に、そのような国魂の神をすべて大国

大国主命の別名

『古事記』	大穴牟遅神《おおあなむじのかみ》　葦原色許男神《あしはらしこおのかみ》 八千矛神《やちほこのかみ》　宇都志国玉神《うつしくにたまのかみ》
『日本書紀』	大物主神《おおものぬしのかみ》　国作大己貴命《くにつくりのおおあなむちのみこと》　葦原醜男神《あしはらのしこおのかみ》 八千戈神《やちほこのかみ》　大国玉神《おおくにたまのかみ》　顕国玉神《うつしくにたまのかみ》

三輪山

纒向遺跡

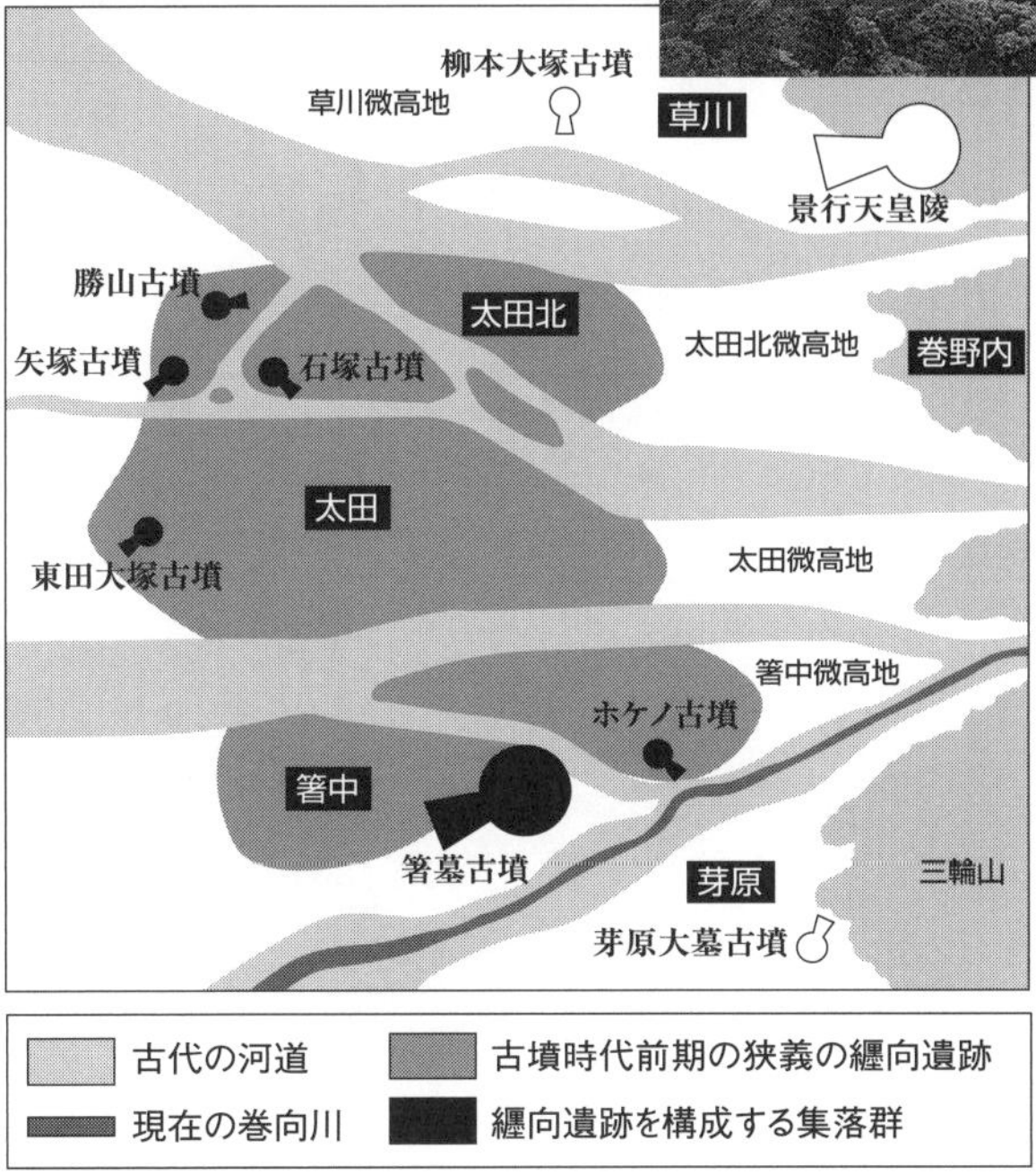

主命の分身で命と同一の神とした。

これによって、大国主命が多くの別名をもつようになった。

王家は、三輪山の神の祭りをはじめるとともに、自家の祖先たちの霊魂が三輪山の神と同一の神であると主張した。

古代史家のなかには、首長の祖先を格の高い神として祭るこのような信仰を「首長霊信仰」とよぶ者もいる。

王家は、この首長霊信仰にもとづいて、なくなった大王を祭るための人工の山である古墳づくりをはじめた。最新の考古学の説は、二二〇年ごろつくられた纒向遺跡にある桜井市纒向石《いし》塚《づか》古墳を最古の古墳としている。大王の祖霊は、古墳と三輪山との間を自由に往来しているとされた。

そして次に述べるように王家は三世紀末ごろから、首長霊信仰を広めるために全国統一の動きをとりはじめた。

日本神話の成立

天照大神の誕生

古墳は、三世紀末から急速に全国に広まっている。古代史家は、この現象をヤマト政権の勢力圏の拡大に結びつけている。

古墳時代に大和で大王のための最大級の古墳がつくりつづけられた。そして地方では王家の指示にもとづいてその首長の格に応じた大王の墓より小型の古墳がつくられるようになっていったというのである。

古墳の分布からみて、ヤマト政権は五世紀はじめに関東地方から北九州にいたる当時の日本列島の先進地の大部分をその支配下におさめたと思われる。

古墳の広まりは、地方の首長が大和で起こった首長霊信仰をうけ入れたことをしめす。かれらは、ヤマト政権に従ったことをきっかけに、支配下の民衆に自家の先祖を神としてあがめさせるとともに、自家の先祖の神を王家の先祖の神の下位においた。

そして、ヤマト政権の勢力が大きく拡大した六世紀はじめに、王家の祖先神（のちに「皇祖神《こうそしん》」

大王の位置づけ

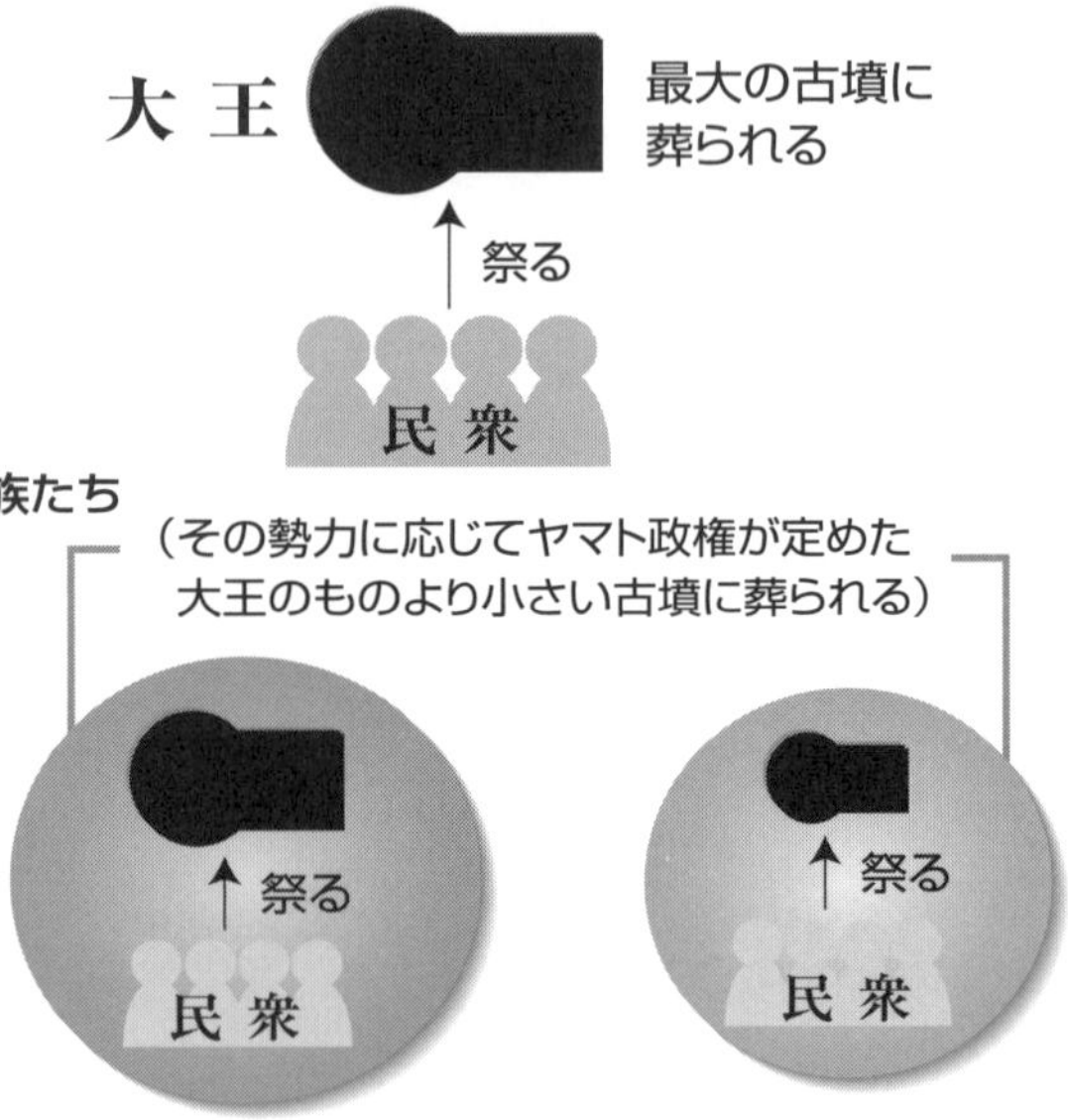

ヤマト政権の勢力の広まり

古代人の世界観

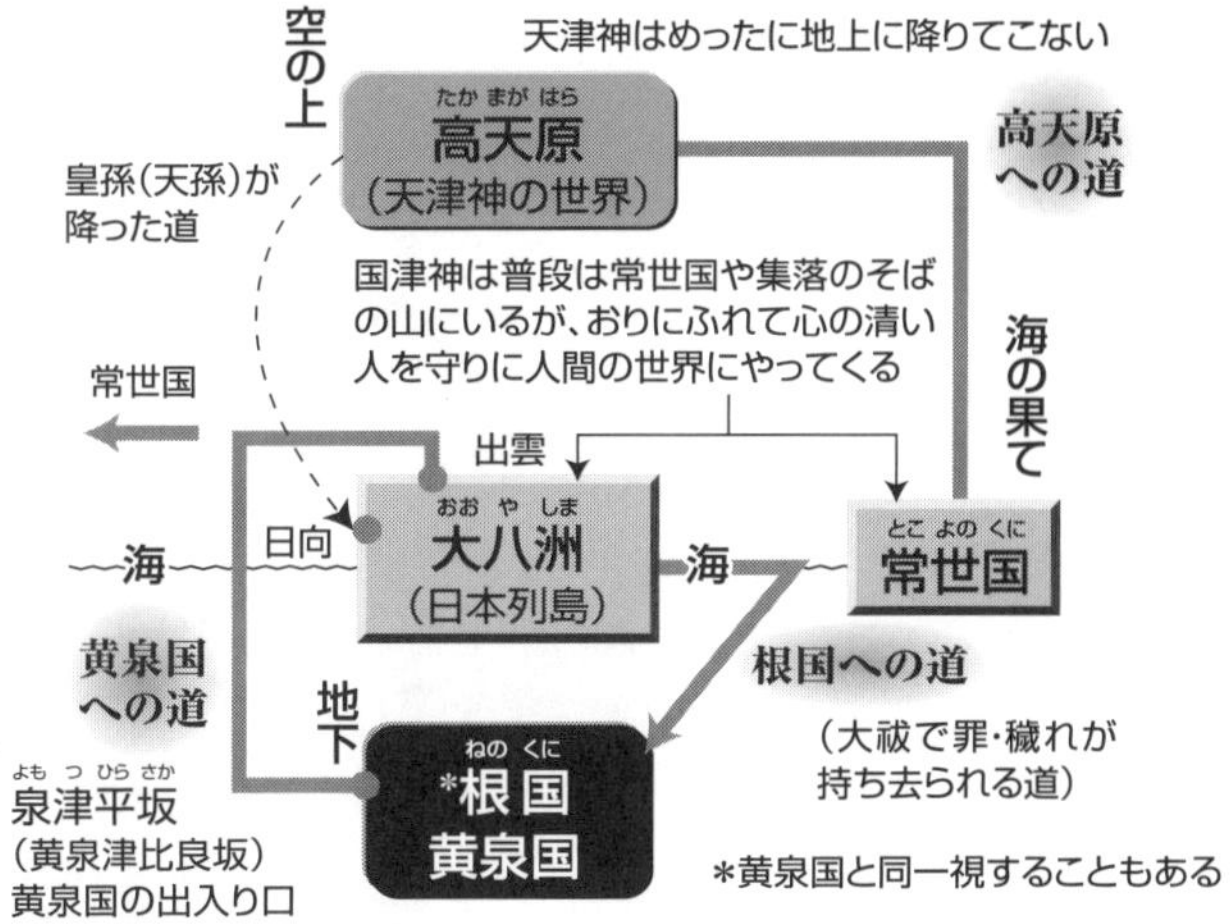

天津神と国津神

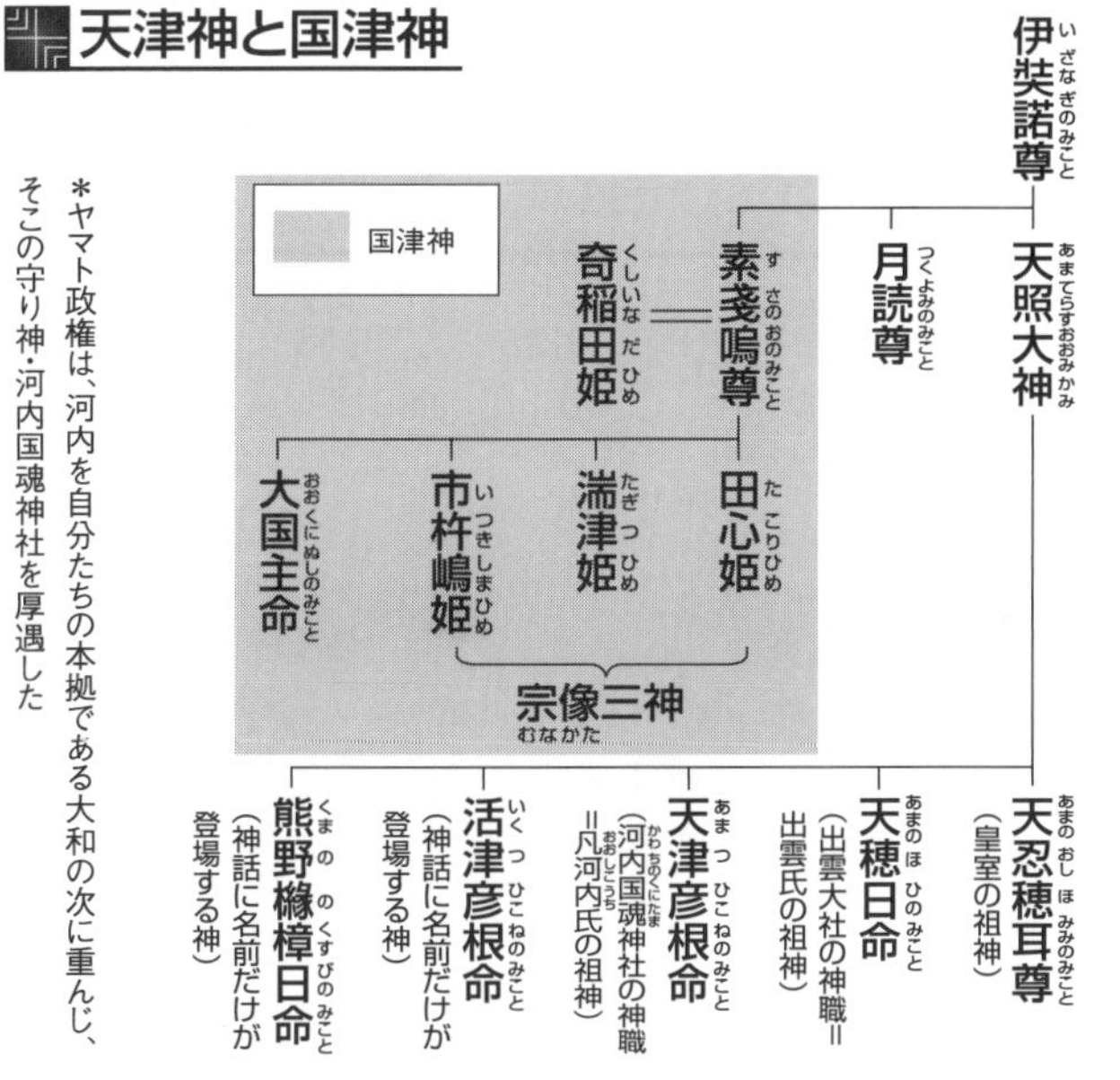

*ヤマト政権は、河内を自分たちの本拠である大和の次に重んじ、そこの守り神・河内国魂神社を厚遇した

とよばれる）天照大神の祭祀がはじめられた。王家の神が地方豪族が祭る神と同じ国魂（大国主命、大物主神）ではつごうが悪いからである。

それゆえ、神聖な山とされる三輪山に大物主神の祭りの場の他に太陽神、天照大神を拝むところがつくられた。そして、王家の未婚の女性がその祭司とされた。この時代に太陽神の祭りが行なわれたところは、現在は三輪山の頂上にある神坐日向《みわにいますひむか》神社の社地になっている。

そして、天皇家による全国支配がほぼ完成した七世紀末に天照大神の祭りのための壮大な伊《い》勢神宮《せじんぐう》が建てられた。

天神と国神

天照大神の祭りがはじめられた六世紀はじめから、皇室の祖先神たちのはたらきを説明するための神話の整備がはじめられた。そのような皇室の神話は七世紀末にほぼ完成し、奈良時代にまとめられた『古事記』（七一二年）と『日本書紀《にほんしょき》』（七二〇年）によって現在につたえられた。

『古事記』などの神話が、天照大神などの天神《あまつかみ》を大国主命をはじめとする国神《くにつかみ》の上位におくものである点に注目したい。

そこでは、天神は穢《けが》れを知らない清らかな神とされる。ところが、国神は高天原《たかまがはら》で罪を犯し、祓《はら》いによって罪を許されたのちに地上に下った（38ページ参照）素戔嗚尊《すさのおのみこと》の子孫とされる。

さらに、『古事記』などは国作り《くにづく》（人びとの生活を安定させること）を行なった大国主命が天皇家の先祖に地上の支配権をさし出す国譲り《くにゆず》の神話を記している。こういった神話をつうじて、朝廷は天照大神を祭る天皇が大国主命を祭る地方豪族を支配することの正当性を説いたのである。

それとともに豪族らの祖先神はすべて天照大神ゆかりの神とされ、それにもとづいて皇室と多くの地方豪族が同族関係にあるとする主張がなされた。

しかし、このような素朴な神話の世界観を主張するだけで、豪族や民衆たちを皇室に従わせることはできない。

そこで、次にのべるように皇室は仏教にともなう先進文化を独占的にとりこむことによって人びとの上に立とうとした。

国家仏教から神仏習合へ

陰陽五行説の驚き

日本の歴史のなかで、神道の核となる古代の精霊崇拝と明治時代以降広まった近代科学とを結びつけるために、陰陽《いんよう》五《ご》行説《ぎょうせつ》について知っておく必要がある。陰陽五行説は、古代中国でつくられた経験科学である。

陰陽五行説を日本化したものが陰陽道《おんみょうどう》であるが、平安時代の陰陽師、安倍晴明《あべのせいめい》の伝説などから陰陽道をうさんくさい呪術と考えている方も少なくないのではあるまいか。しかし、陰陽五行説は合理的な「古代の科学」とよぶべきものであった。

古代の日本人は、あらゆる自然現象を神々（精霊）のはたらきとしてとらえていた。ところが、早い時期に自然の推移をていねいに観察して自然現象を動かす一定の法則をつかもうとした民族もあった。

エジプト、メソポタミア、インド、中国の人びとである。かれらによって暦の作製や占星術と不可分の形をとる天文学、医学などがつくられていった。中国の殷代《いんだい》（紀元前一四〇〇年頃

現代人の自然観

日本の科学思想の発展

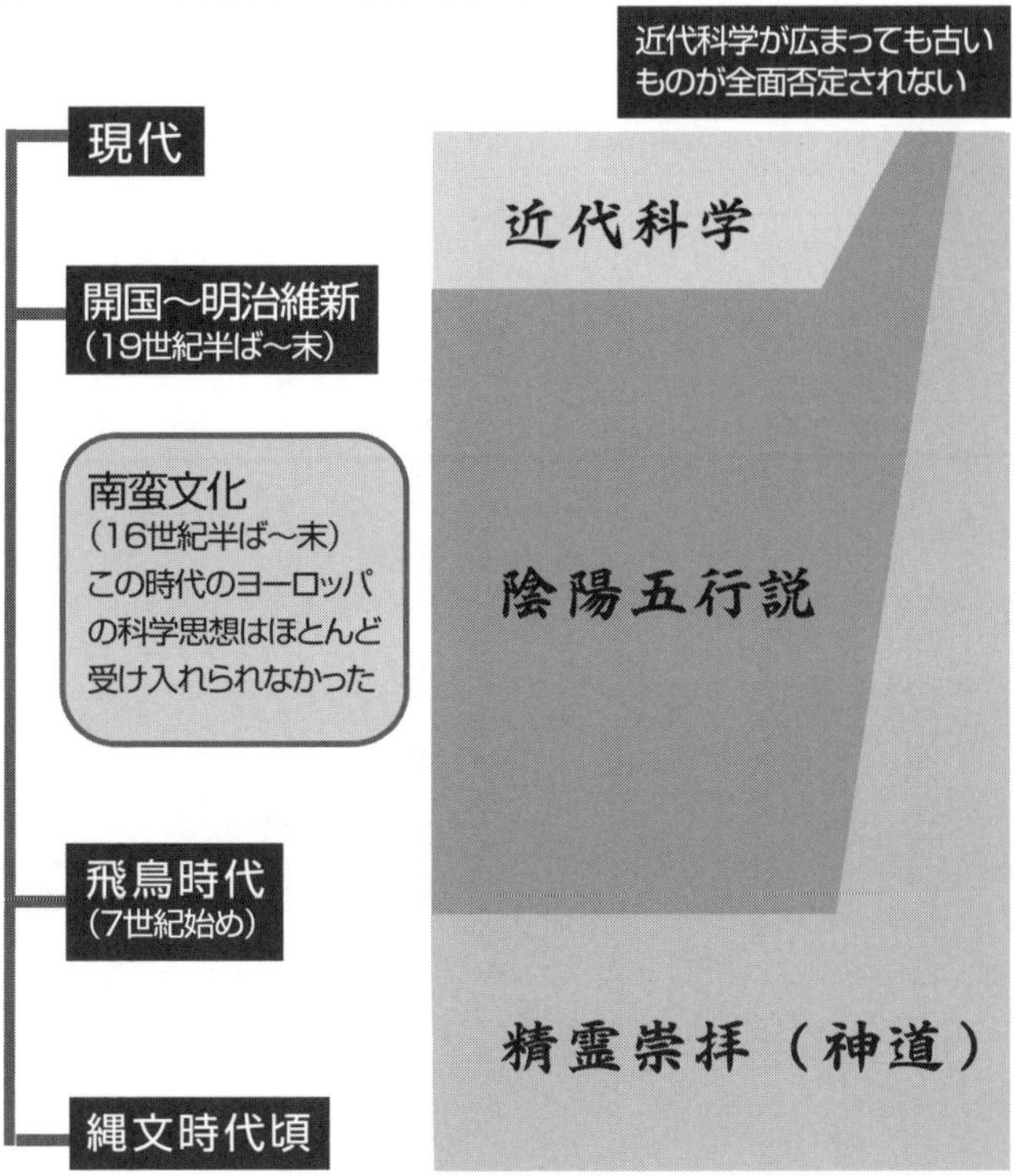

〜紀元前一〇二七年）頃に起こった経験科学が陰陽五行説である。

僧侶を中心とする六、七世紀の中国の知識層は、この陰陽五行説やさまざまの建築技術、工芸技術などの最新の文化を保有していた。

六世紀なかばに、仏教が百済《くだら》（朝鮮半島の小国）経由で日本につたえられた。そして、七世紀はじめの聖徳太子《しょうとくたいし》らのはたらきによって中国・朝鮮の寺院のもつ文化が日本にとり入れられた。

やがて、仏教は朝廷の保護のもとで国家仏教として発展していった。そのため、飛鳥《あすか》時代から奈良《なら》時代にかけて王家（皇室）や豪族（貴族）たちの手で多くの寺院が建てられた。そして陰陽五行説に通じた優秀な学僧は、天候の予測などを行なって人びとを驚かせることになった。

神社ではたらく僧侶

奈良時代以前に国内に文字や暦や薬草の知識を広めたのは、地方の寺院の僧侶たちであった。そのころまでは、天皇や豪族たちと僧侶との役割分担が明らかであった。前者の仕事は神々を祭って農業の繁栄を祈ることであり、後者の役目は中国伝来の最新の学問を身につけてそれを用いて民衆を利することだとされたのである。

本地垂迹説

仏教では、仏は何度も生まれ変わり、人々を救うとされている

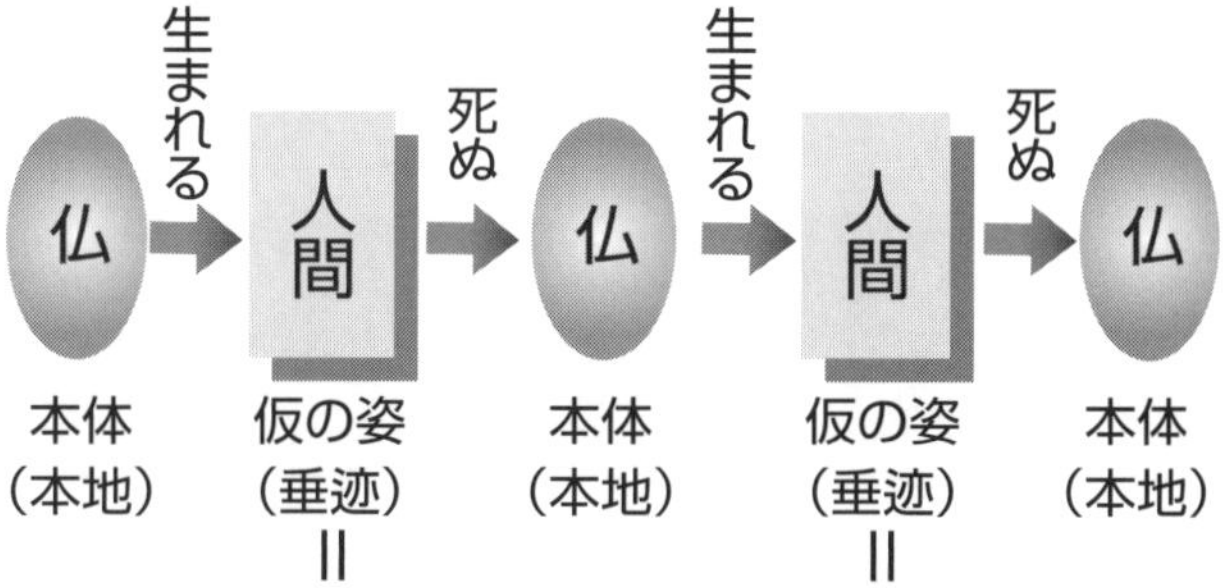

日本に生まれたときのはたらきにより、仏の仮の姿の人間が、没後、神として祭られる
大日如来→天照大神、釈迦→日吉神、
観世音→天神など

神仏習合

神仏習合によって作られた仏教風の神号、神社名

八幡神	→	八幡大菩薩
天神	→	天満大自在天神
春日大社	→	春日権現
八坂神社	→	祇園社

ゆえに、地方ごとに政治や祭祀を行なう国府《こくふ》とそのそばの国分寺《こくぶんじ》、国分尼寺《こくぶにじ》がおかれ、国衙《こくが》の所在地が経済、文化の中心地になっていた。

さらに、奈良時代のなかばすぎに中国のすすんだ農業技術を身につけて水田を開発した有力者があらわれた。かれらの所有地の多くは、国府の支配から自立して初期荘園《しょうえん》となって発展していった。

このような動きのなかで、平安時代はじめごろから各地の有力な神社は僧侶をやとい、かれらのもつ陰陽五行説などの知識を用いて民衆を指導するようになっていった。地方では氏神《うじがみ》を祭る豪族が、氏神に仕える社僧と共に人びとを治めたのだ。

これ以来、長期にわたって「神仏習合《しんぶつしゅうごう》」とよばれる神道と仏教との共存関係がつづけられるが、この動きのなかで風水《ふうすい》が神道にとり入れられていることが注目される。

次項で、神道と風水との関係について説明しよう。

四章
神々の系譜と神道の歴史

風水をとりこんだ神道

四神にまもられた神社

神社や寺院を置くのにもっとも良い土地がある。それは、北方に山をいだく土地である。さらに、神社の東がわに川があり、西がわには人びとが行き来する道路をもつ町がつくられている。そして、南方には池や湖がみられる。

このようなところの山のふもと近くに、南むきに社殿をつくるのが、もっとも望ましいとされる。

近くの神社に参拝したときや、有名な神社を訪れるときに神社のまわりをみると、多くの神社がこの条件に近い土地を選んでつくられていることがわかってくる。

神社の前に設けた境内《けいだい》の庭園に、わざわざ人工の池をつくったところも少なくない。また、平地におかれた神社には社殿の背後に少し土盛りして木を植えた鎮守《ちんじゅ》の森（杜《もり》）がある。

このような神社の立地は、中国からつたえられた風水思想によって考え出されたものである。

風水には、東、西、南、北の四方向をまもる霊獣《れいじゅう》を崇拝する発想がある。それらは、東の青《せい》

平城京の立地

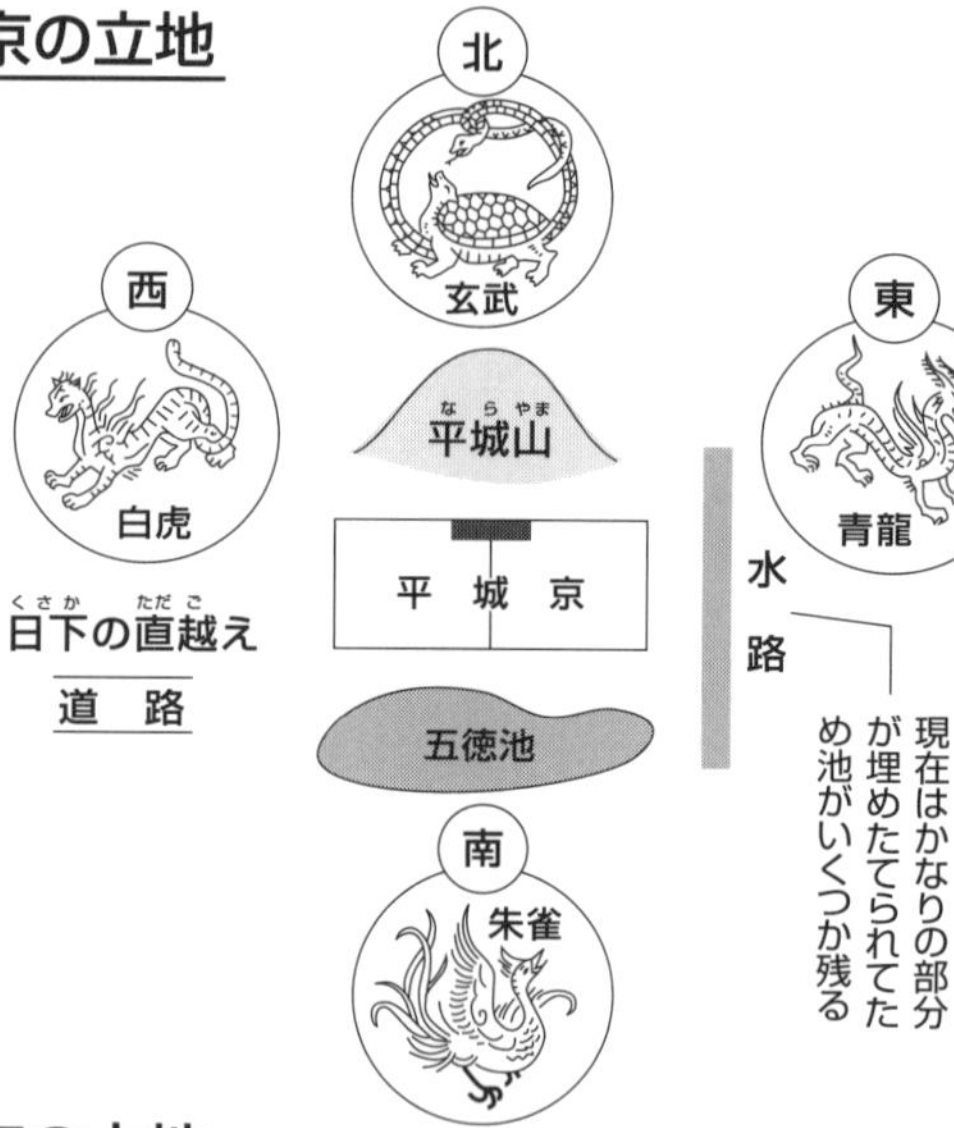

平安京の立地

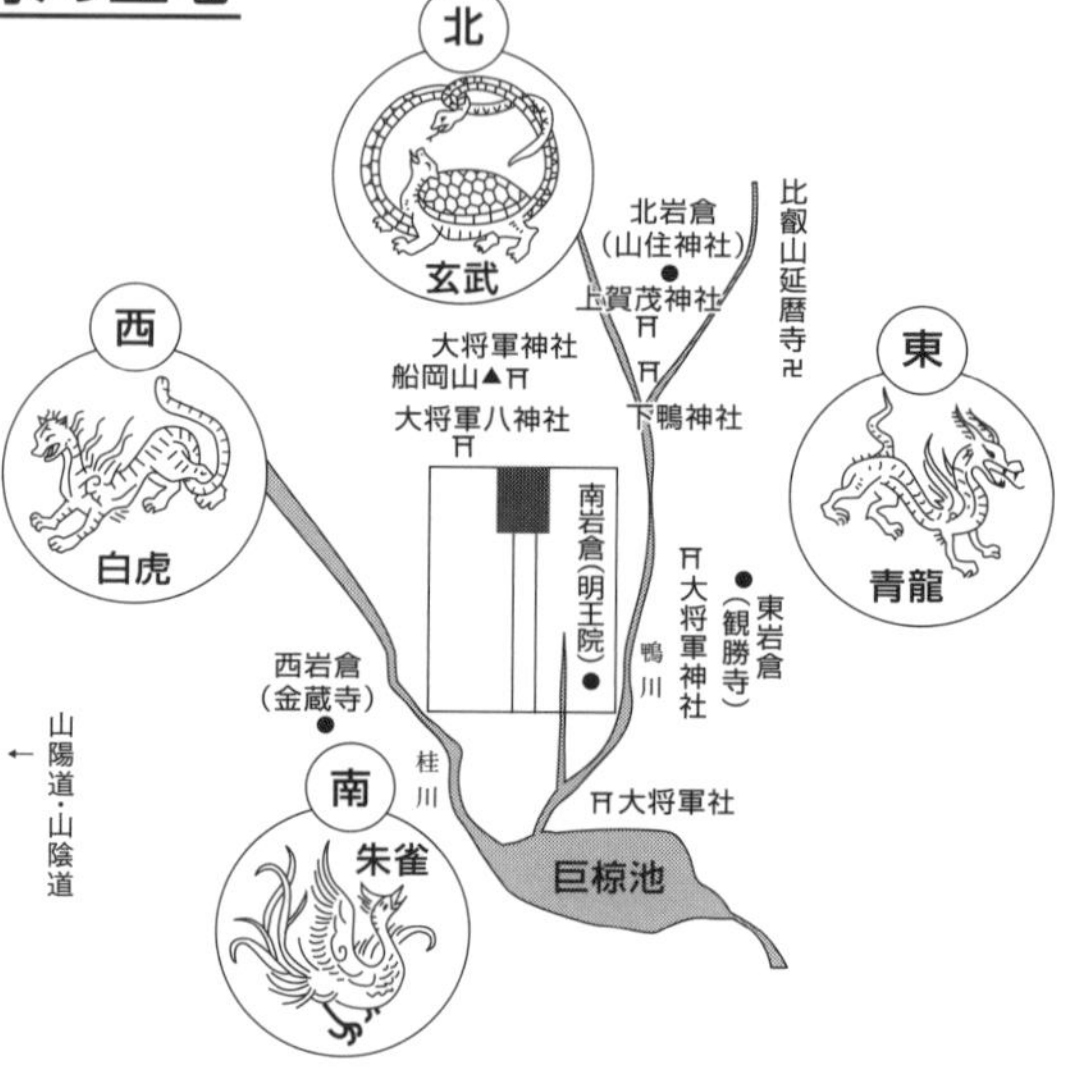

神社の理想的立地

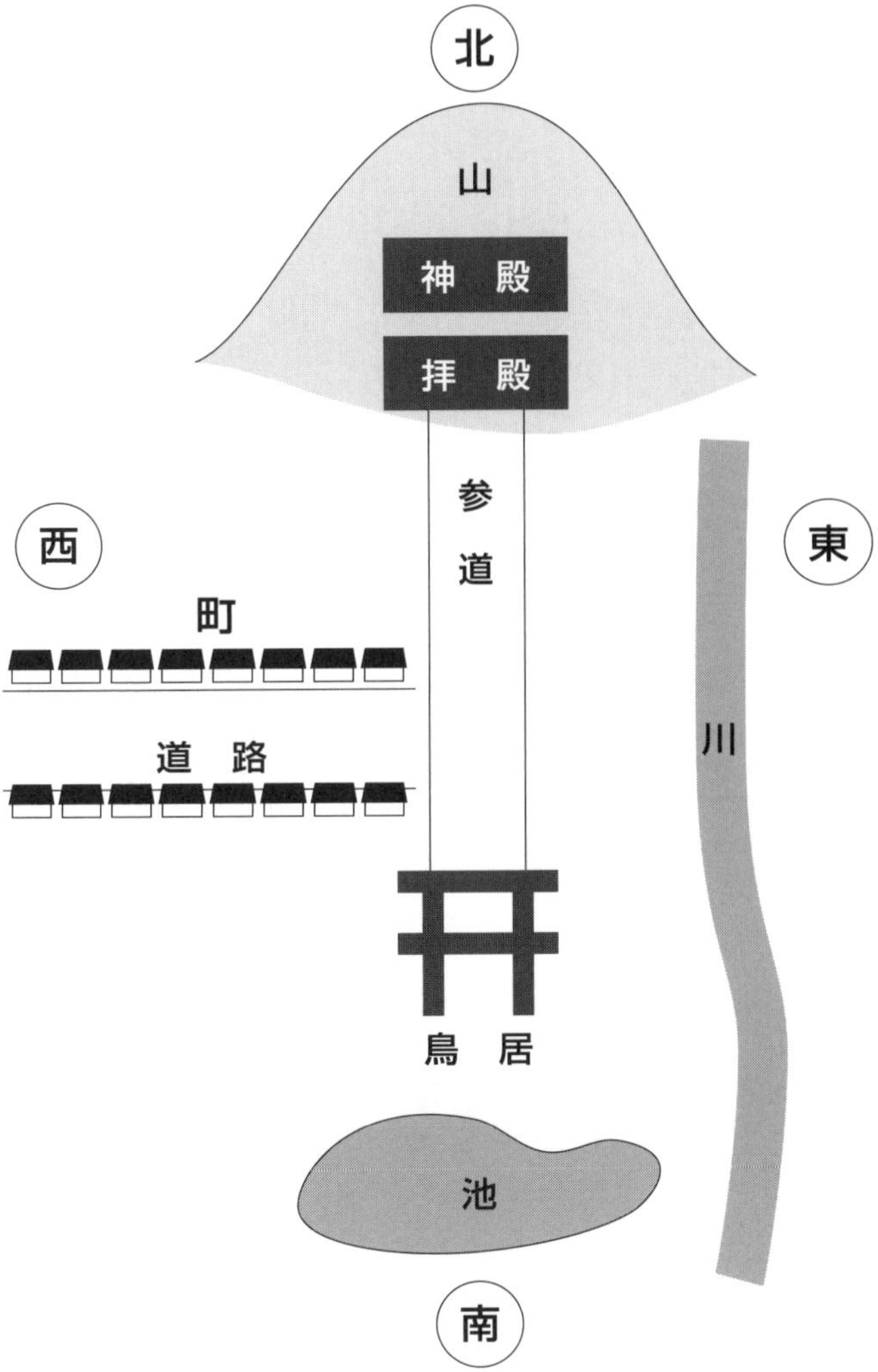

龍《りゅう》、南の朱雀《すざく》、西の白虎《びゃっこ》、北の玄武《げんぶ》から成り、四神《ししん》とよばれる。風水の四神は、前項の陰陽五行説をもとにうみ出された。

陰陽五行説では、東の色は青、南の色は赤、西の色は白、北の色は黒だとされる。そこから、東に青色、南に赤色、西に白色、北に黒色のものを置くと幸運を得られるとする風水の考えがつくられ、青い青龍、赤い朱雀、白い白虎、黒い玄武が四方の守り神とされた。

そして、青龍が川を、朱雀が池を、白虎が道路を、玄武が山を好むので、川、池、道路、山を四方に配した土地に神社をおくようになったのである。

風水を広めた聖徳太子

『日本書紀』は、百済《くだら》から渡ってきて聖徳太子に仕えた僧観勒《かんろく》が日本人に風水（当時「遁甲《とんこう》」とよばれた）を教えたと記している。

太子が活躍した七世紀はじめに、風水が仏教の教団に広まり、さらにそれが神仏習合《しんぶつしゅうごう》の動きによって神道にとり込まれた。

現在、私たちが神道の教えだと考えているもののなかに、風水からくるもの（11ページの図の「赤き心」、「黒い心」という表現など）がかなりある。

風水は、飛鳥時代から平安時代にかけての時期の朝廷の人びとに大いに好まれた。七世紀末もしくは八世紀はじめごろの皇族を葬ったとされる奈良県明日香《あすか》村高松塚《たかまつづか》古墳の石室《せきしつ》（棺《ひつぎ》を納めるところ）の四方には、四神の壁画が描かれていた。

平城京《へいじょうきょう》や平安京《へいあんきょう》も、風水にかなった山、川、池、道路を四方に配置した土地につくられた（187ページの図参照）。

このような風水の知識は、平安時代なかばすぎに、地方の神社や寺院に普及していった。そして、地方の寺院の学問は新興の武士につたえられて、武士の手で民衆に広められていった。

方位よけや神社建築の基準とされた家相など、神道にとり入れられた風水の発想は多い。前（53ページ）に記した、大祓《おおはらえ》の茅の輪《ちのわ》くぐりの8の字の歩き方は、風水のもとになった陰陽五行説にもとづいてつくられたものである。

こういった寺社の文化的活動によって、次項で記すような中世の寺社勢力の最盛期が訪れた。

武家政権と寺社

織田信長の比叡山焼き打ち

平安時代末ごろまでに、僧侶が別当《べっとう》などの役について有力な神社の経営を握るようになった。そうなっても古くからそこを祭っていた豪族の系譜をひく武士は神職の地位を世襲《せしゅう》していたが、「大宮司《だいぐうじ》」、「宮司」、「禰宜《ねぎ》」などとよばれる俗人の神職は名誉職のようなものになっていた。

中世の日本では、朝廷、幕府、寺社勢力の三者が互いに対立したり、協調したりしつつ国を支配していた。地方の農村を実質的に支配していたのは武士であるが、朝廷と寺院が独占する学問や、朝廷の支配をうける商工民なしにはかれらの生活は成り立たなかった。

農民があれこれ生活の知恵を教わりにくるのは、寺院や神社であり、寺院や神社が支配する市は貴重な交易の場であった。平安時代末から活躍した熊野《くまの》三社の修験者《しゅげんじゃ》（山伏《やまぶし》）のように、地方を旅してまわったり、地方に住みついたりして意欲的に布教を行なった集団もいた。

比叡山《ひえいざん》や高野山《こうやさん》のもつすすんだ学問が、国に欠かせないものであったために、朝廷や貴族、上級武士が多くの領地をそこに寄進した。

武士と神道

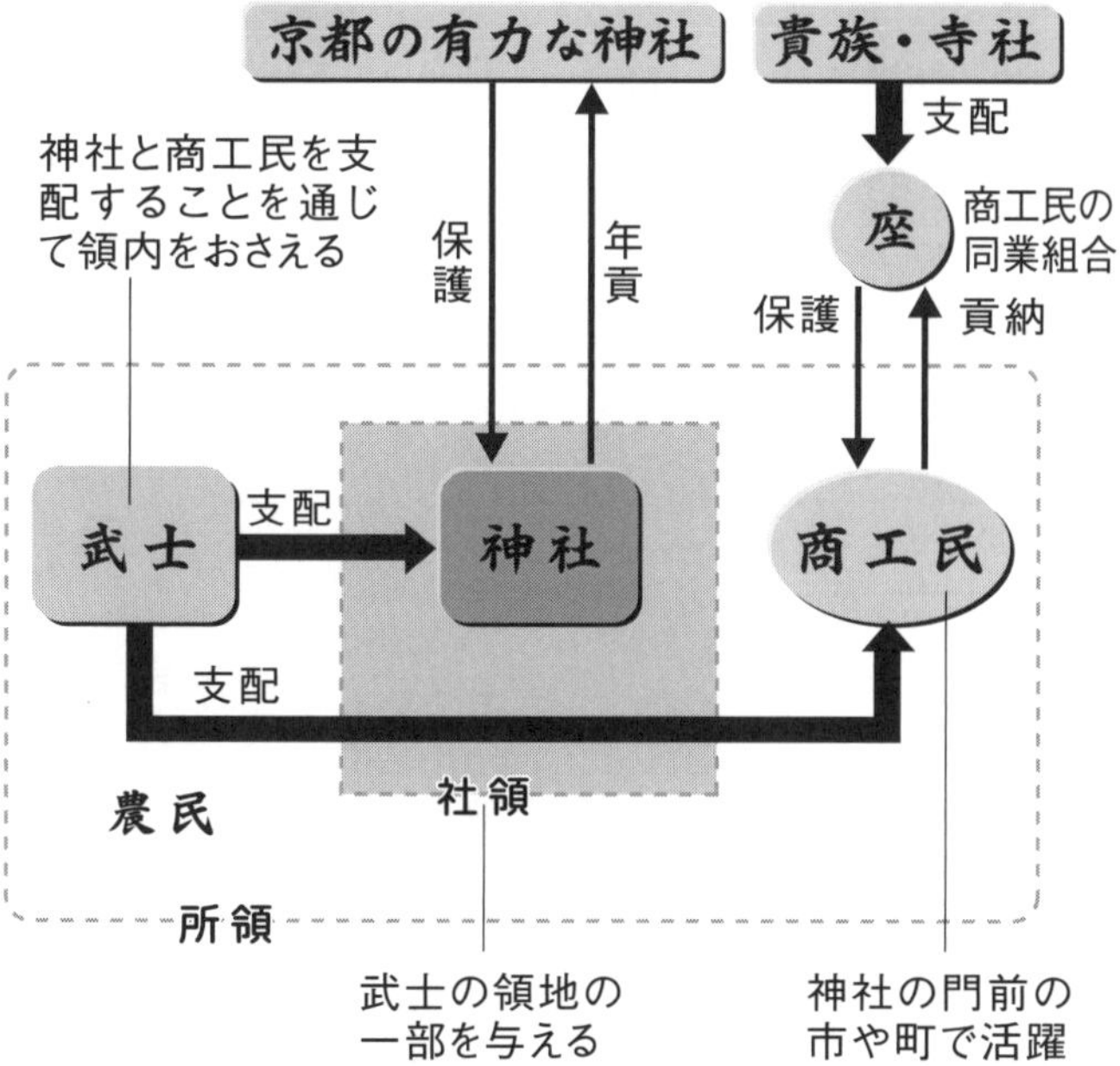

修験者の主な役割

- ●神社の別当
- ●祈祷・薬草による医療行為
- ●参詣案内、講組織の指導(御師《おんし》)
- ●子弟の教育(寺子屋)
- ●祭りや年中行事の指導・助言
- ●講社まわり、檀家へのお札配り

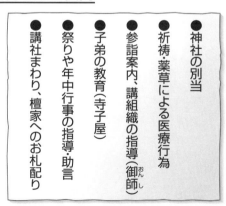

そのため、有力寺院は僧侶をかかえて武装し、あれこれ政治に口出しした。このことが政治の混乱を生んだことはまちがいない。

そのため、戦国の動乱をおさめるべく動いた織田信長《おだのぶなが》は、比叡山に大軍勢をおくって比叡山全山を焼き打ちして滅ぼした。このあと比叡山は再建されたが、かれらの政治への介入はなくなった。

高野山の勢力も、豊臣秀吉《とよとみひでよし》の圧力をうけて大きく後退した。

戦国動乱から江戸幕府の成立にいたる流れは、寺院を仏事だけの場にするものでもあった。

寺請制度の成立

江戸幕府は、新たな支配のもとでの寺院の存続をはかるために寺請《てらうけ》制度をつくった。

それまでの寺院は、領地をもつ武家などとならぶ政治勢力であったが、江戸時代には寺領の多くが失われていた。

そこで、幕府は庶民の寄進によって寺院を経営する方針をとった。

寺請制度は、すべての庶民をいずれかの寺院の壇徒《だんと》（壇家《だんか》）として、寺院がつくる宗門人別《しゅうもんにんべつ》帳《ちょう》に登録させるものである。この宗門人別帳に名前のない人間は、無宿人《むしゅくにん》として幕府の取締

中世～江戸時代の日本の支配関係

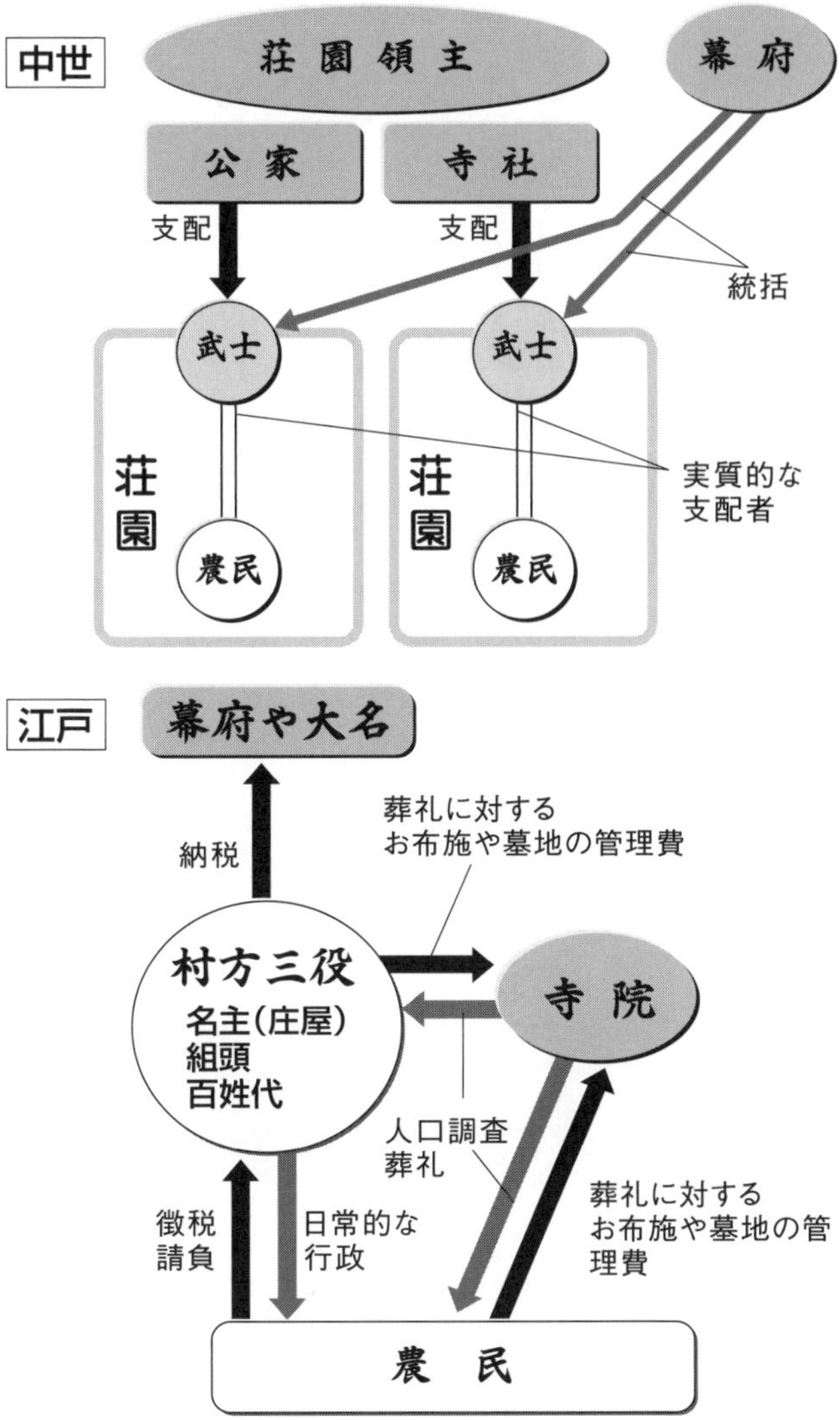

の対象とされた。

寺院の壇徒となった者は、自分が属する壇那寺《だんなじ》で仏式の葬儀を行ない、その寺が経営する墓地に葬られることになる。

これによって、僧侶は、葬礼や戒名《かいみょう》の授与、墓地の管理の報酬によって大きな利益を上げることになった。

このときに「葬式仏教」とよばれる今日の仏教のありかたが確立したのである。この段階で強制的に、仏教のいずれかの宗派に入れられた家も少なくない。

江戸時代はじめには、農民たちのよき指導者となった、地方の寺院の僧侶も少なくない。

しかし、教育の普及によって仏事の報酬で贅沢《ぜいたく》な生活をしている寺院の人びとに対する庶民の不満が高まっていった。それが次項に記す、神仏習合を批判する声を生み出すことになった。

四章
神々の系譜と
神道の歴史

経済の発展が仏教を後退させる

朱子学者と神道

中世の日本は貧しかった。農民の多くがようやく食っていくだけの生活をおくっていたのだ。稲が不作になると、たちまち飢饉《ききん》が起こり、都市の道ばたに多くの餓死者が打ち捨てられる光景がみられた。

この段階では人びとは僧侶の教えにすがり、自分の死後にあたる来世の幸福を願うほかなかったろう。しかし、江戸幕府のもとで国内が安定したことによって、人びとの生活は急速に豊かになっていった。

農地開発と農業技術の進歩によって米の生産量は、一七世紀に大幅にのびた（197ページの図参照）。

船を用いた全国の流通路が整備され、地方の人びとでも江戸や大坂でつくられたすぐれた工芸品がかんたんに入手できるようになった。

識字率《しきじりつ》が高まり、出版物が普及した。こういった動きをうけて、人びとは豊かさを求めて、仏道より金儲けを重んじるようになっていった。

この風潮のなかで、知識人のあいだで、寺院で教えられるものより高度な学問を求める動きが起こってきた。

江戸幕府は、「忠義《ちゅうぎ》」「孝行《こうこう》」などの武家道徳を広めるために朱子学《しゅしがく》の教育に力を入れた。これによって、寺院に所属しない武士身分の朱子学者があらわれた。この朱子学は中世には僧侶たちの余技として学ばれていたものであった。しかし、江戸時代に入ると、仏教の影響をうけない朱子学者による、陰陽五行説による科学研究や日本古来の神道の理論化がさかんになった。

徳川家康《とくがわいえやす》に仕えた朱子学者、林羅山《はやしらざん》の、

「日本の神は朱子学で説く理にあたる」

とする説はその代表的なものである。

復古神道が神仏分離を説く

江戸時代には、農学、医学、本草学《ほんそうがく》（博物学）などの宗教色をもたない実学《じつがく》を重んじる動向もみられた。

一七世紀末になると、中国からくる朱子学に反発して日本古来の思想を学ぼうとする国学が

江戸時代の都市と交通

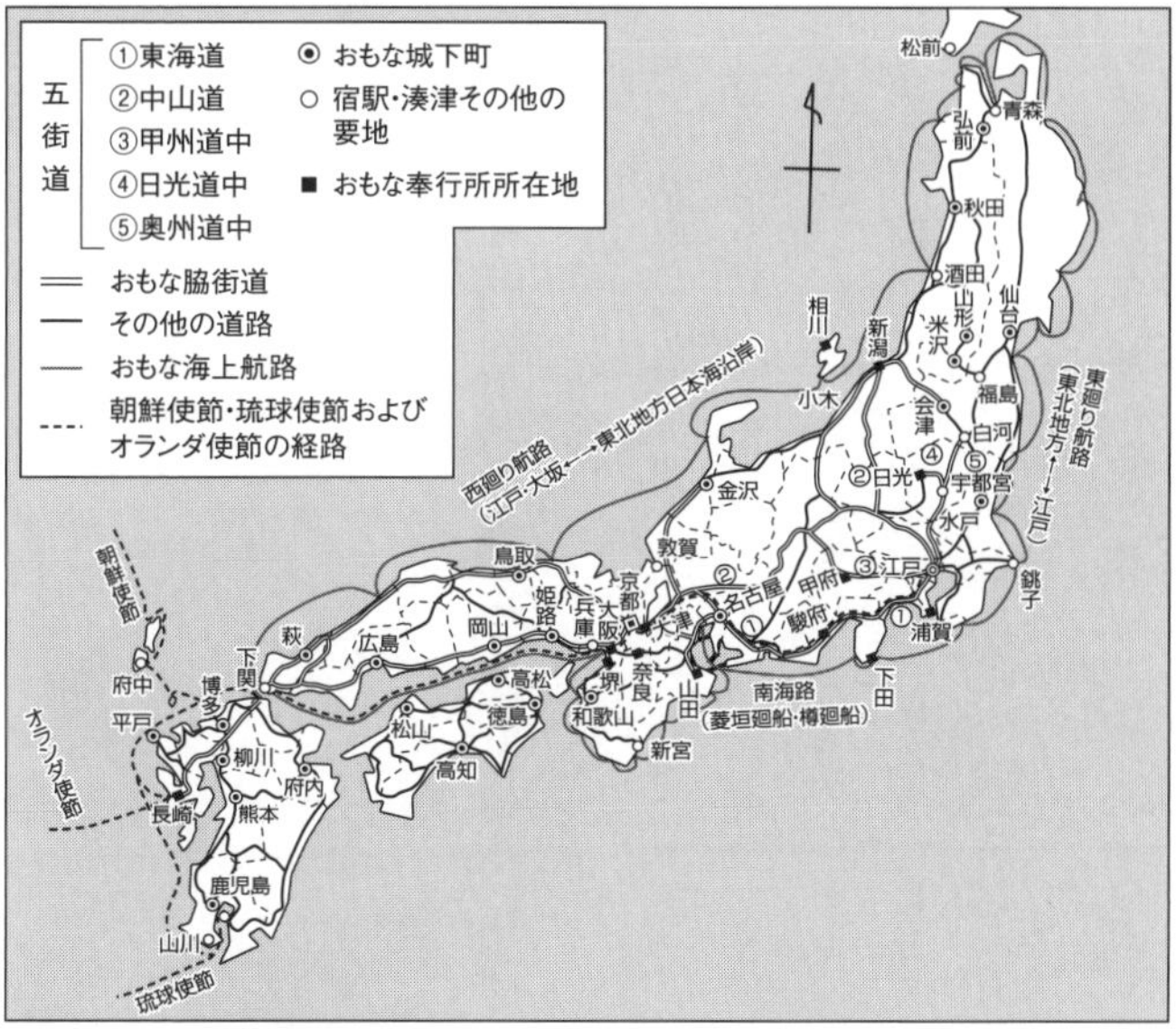

大坂の繁栄

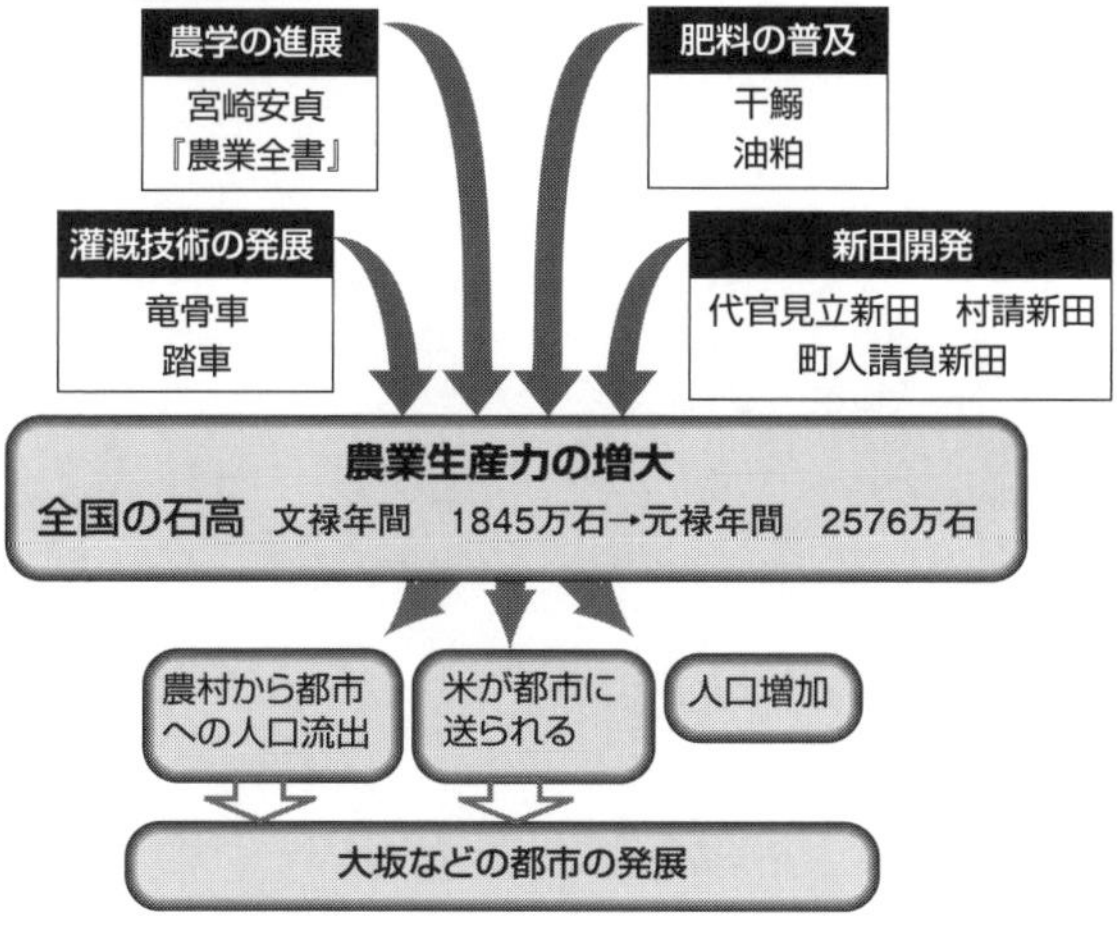

さかんになった。

国学の大成者、本居宣長《もとおりのりなが》は『古事記』を読むことによって、後世に仏教徒や朱子学者がつけ加えた余分なものを除いた「本来の神道の心」を身につけることを提唱している。

この宣長の弟子にあたる平田篤胤《ひらたあつたね》は、その考えをさらにすすめ、反幕府、反仏教の立場をとる復古《ふっこ》神道を起こした。

篤胤は、『古事記』などが神の正統な子孫と説く天皇こそが日本の唯一の支配者であるとする。この考えによれば、幕府は天皇をないがしろにして自分につごうの良い制度をつくって庶民を支配していることになる。

ゆえに、かれは仏教を日本古来の精神にあわないものとして、幕府の寺請《てらうけ》制度を批判した。寺院で重んじられている祖先祭祀は、仏教徒が日本にもち込んだものではなく、日本人が仏教伝来以前から行なってきた美風だというのである。

それゆえ、僧侶の言いなりの葬礼ではなく自分の信仰にもとづいて死者を葬ればよい。このような復古神道が中流以上の農民や町人にうけ入れられたことによって後（228ページ）に上げる神葬祭《しんそうさい》が広まっていった。

さらに、その動きが次項の仏教への攻撃につながった。

仏教勢力の後退

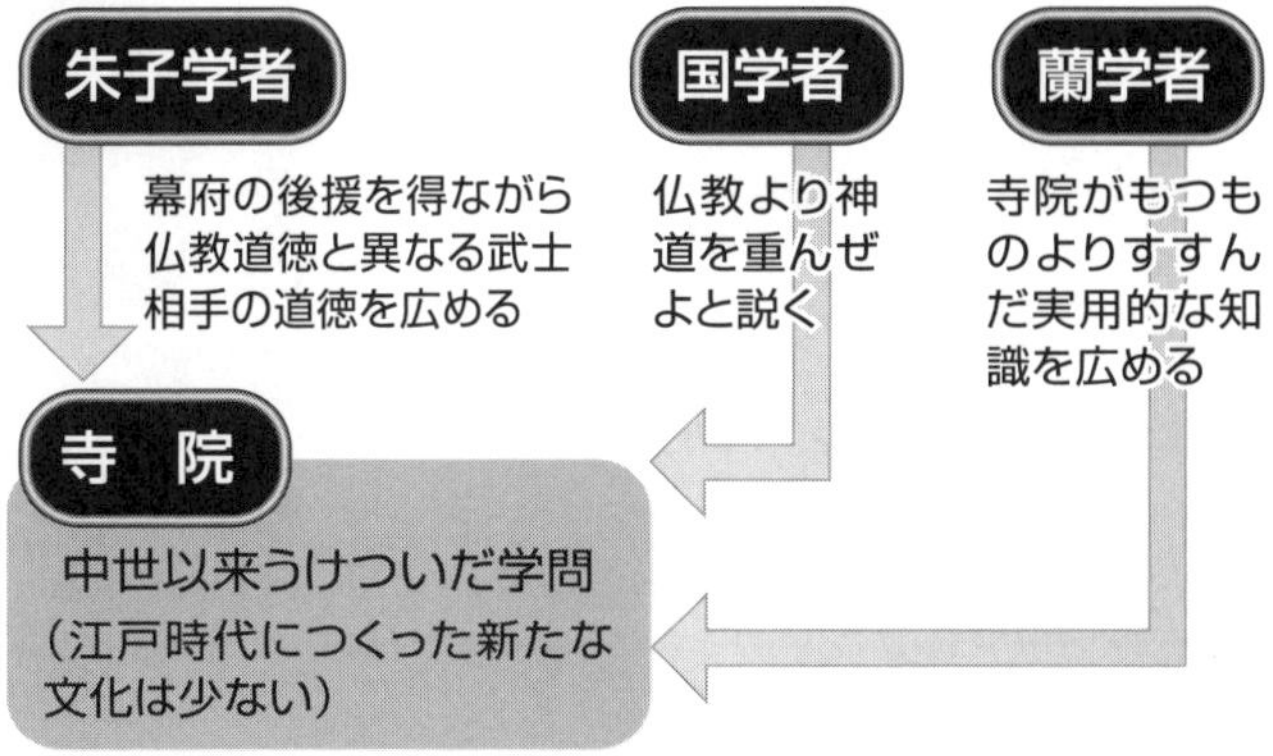
朱子学者
幕府の後援を得ながら仏教道徳と異なる武士相手の道徳を広める
国学者
仏教より神道を重んぜよと説く
蘭学者
寺院がもつものよりすすんだ実用的な知識を広める
寺　院
中世以来うけついだ学問
（江戸時代につくった新たな文化は少ない）

神道の変遷

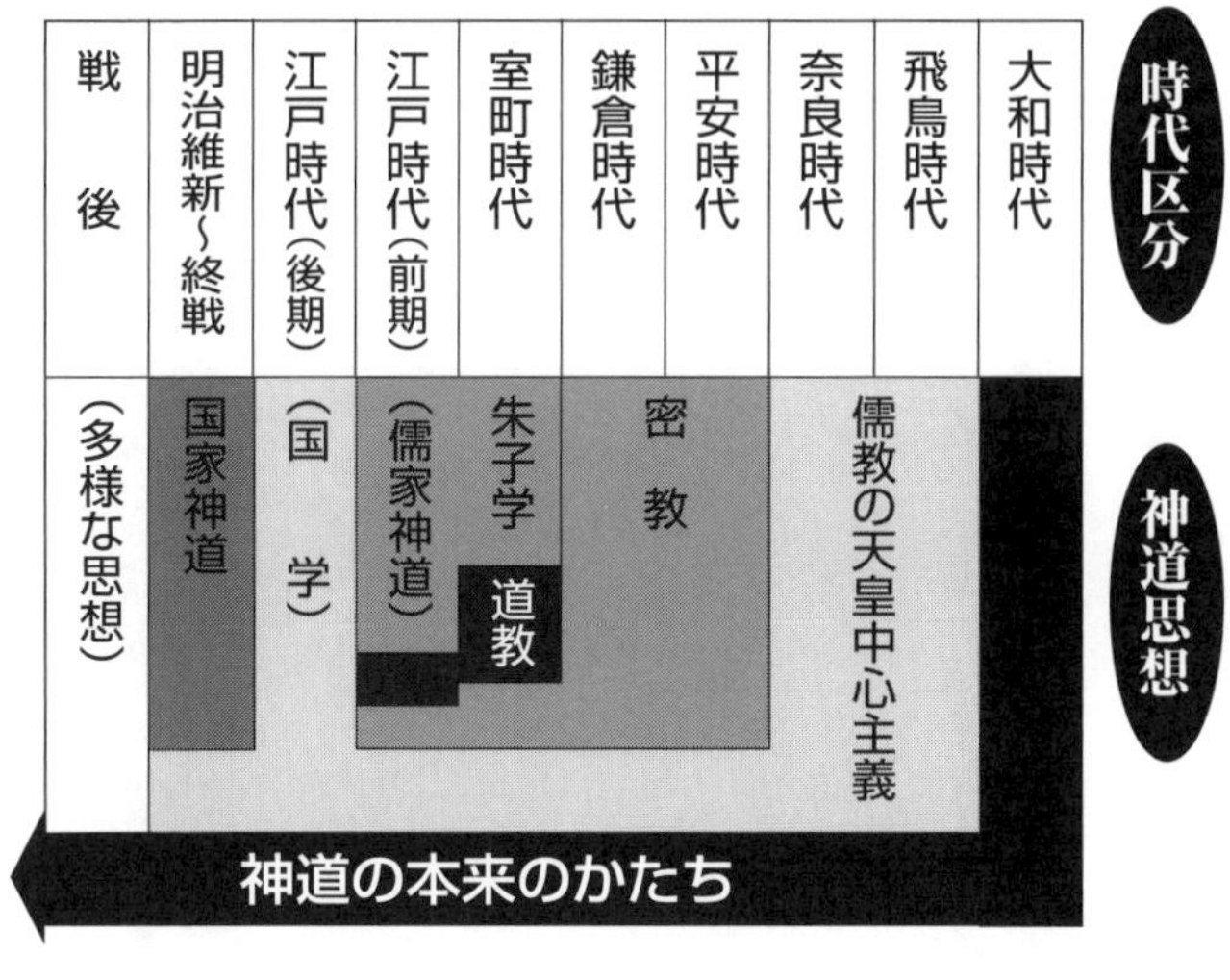
時代区分
大和時代
飛鳥時代
奈良時代
平安時代
鎌倉時代
室町時代
江戸時代（前期）
江戸時代（後期）
明治維新～終戦
戦　後
神道思想
儒教の天皇中心主義
密　教
朱子学
道教
（儒家神道）
（国　学）
国家神道
（多様な思想）
神道の本来のかたち

神道と仏教の分離

「神仏判然の令」が出される

前項に述べたような復古神道の広まりは、一九世紀なかば以降の国内の不況の深刻化と深くかかわる現象であった。

先行きのみえない人びとが、平田篤胤からつぎのメッセージを得たのだ。

「天皇親政が実現し、日本人が古来の良い心を取り戻せばすべてがよくなる」

このあと、ペリー来航（一八五三年）につぐ開国によって、日本経済が大混乱におちいった。この混乱は欧米諸国との貿易の開始が引き起こしたものであった。それゆえ、庶民の外国人への反感が、平田篤胤の思想を拡大解釈した形をとる激しい尊王《そんのう》攘夷《じょうい》運動を起こすことになった。

「尊王攘夷」を唱える人の多くは、幕府と外国人への漠然《ばくぜん》とした敵意だけによって動いた。幕府崩壊の直前（一八六七年）に起きた庶民が大挙して伊勢神宮への参拝にむかう「ええじゃないか」は、そのことを雄弁に物語っている。

「ええじゃないか」に参加した庶民は、特定の思想も将来の日本のあり方への展望ももたず、「神

「ええじゃないか」の全国伝播

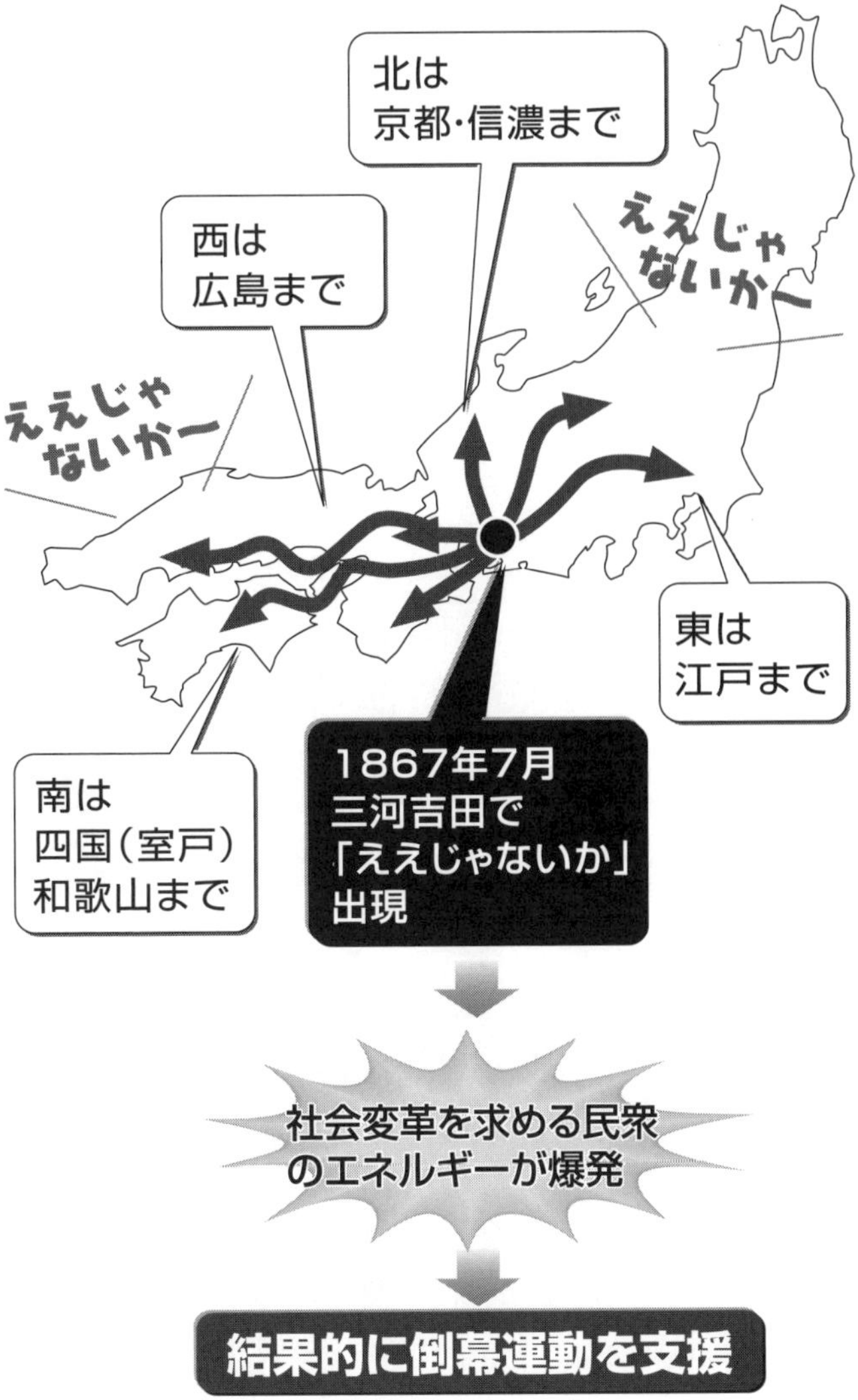

に国内の混乱を救ってもらおう」と考えて行動した。

江戸時代の末の庶民の多くは、寺院を「葬式仏教」だけの役に立たないものとみていた。それに対して尊王攘夷運動のなかで「神道は古くから皇室が重んじたすぐれたものだ」とする考えが広まっていった。

ところが神社では、僧侶が神職とならんで神事にあたっている。それゆえ、「高尚な神事と俗的な仏事とを区別すべきだ」という声が尊王攘夷派の公家から庶民に広がっていった。これによって王政復古《おうせいふっこ》がなされたすぐ後に図に示した内容の「神仏判然《はんぜん》の令」（ふつう「神仏分離令」とよばれる）が出された。

この命令が明治改元以前に発せられていることは、神仏習合に対する公家層の反発がつよかったことを物語る。

仏教排撃の嵐

「神仏判然の令」は、仏教を非難する内容のものではなかった。

しかし、それを仏教禁止と誤解した庶民による「廃仏毀釈《はいぶつきしゃく》」とよばれる過激な運動が起こった。

社家の例

伊勢神宮（内宮） （外宮）	荒木田家、度会家
出雲大社	千家家、北島家
春日大社 鹿島神宮 香取神宮	大中臣家
稲荷大社	秦家、荷田家
住吉大社	津守家
上賀茂神社 下鴨神社	加茂家

神仏分離

神仏分離のときに神社となった寺院の例

妙楽寺（奈良県）→ 談山神社

大山寺（鳥取県）→ 大神山神社

金《きん》亀《き》山《ざん》与《よ》願《がん》寺《じ》（神奈川県）→ 江島神社

象《ぞう》頭《ず》山《さん》松《まつ》尾《お》寺《じ》（香川県）→ 金刀比羅宮

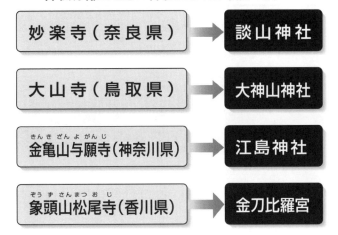

この廃仏毀釈によっていくつもの寺院が破壊された。

寺院に葬式を行なわせることを強要した幕府の寺請制度がなくなったから寺院を解体しようというのである。

廃仏毀釈の一例を上げよう。

明治二年（一八六九）に島根県隠岐島《おきのしま》で、数千人の人びとが国分寺や後醍醐《ごだいご》天皇ゆかりの源福寺《げんぷくじ》、千福寺《せんぷくじ》など一〇〇余りの寺院を打ちこわしたのちに焼いている。これによって、隠岐には寺院がひとつもみられなくなった。

このような廃仏毀釈は、明治一〇年（一八七七年）ごろまであちこちで起こった。古くからある寺院で、この時期に神社にかえられたところも少なくない（203ページの図参照）。

廃仏毀釈は、神道と陰陽五行説などの仏教的な経験科学とを切りはなすものであった。神社は、近代科学の受容によって陰陽五行説が否定されていくと予測し、神道の仏教的性格を切り捨てた。

次項で述べるように、この廃仏毀釈は近代国家をつくるうえで欠かせないものであった。

四章
神々の系譜と
神道の歴史

転機となった廃仏毀釈

政治と宗教の分離

知識人である僧侶のもつ学問は、江戸時代以前の支配層にとって、欠かせないものであった。朝廷の貴族（公家）層のつとめは、伝統的な神々の祭りと、漢詩、和歌、音楽、書、絵画などの実用性のうすい優雅な学問を身につけることであった。

そして、中世以後の武士にとってもっともたいせつなものは武芸だとされた。かれらの多くは、庶民に必要な医術、占術、農業技術などを身につけようとする発想をもたなかった。

それゆえ、僧侶が仏教と深く結びついた陰陽五行説をふまえた実用的な知識を学び、それを用いて貴族や武士の支配を助けたのである。

足利尊氏《あしかがたかうじ》に仕えた夢窓疎石《むそうそせき》、徳川家康を補佐した天海《てんかい》のような、有力者の下で国政を動かした僧侶はきわめて多い。

このようにみてくると、江戸時代まで大寺院や多人数の僧侶を抱えた有力な神社が権力者の保護をうけて隆盛を誇ってきた理由がわかってくる。

江戸時代の教育

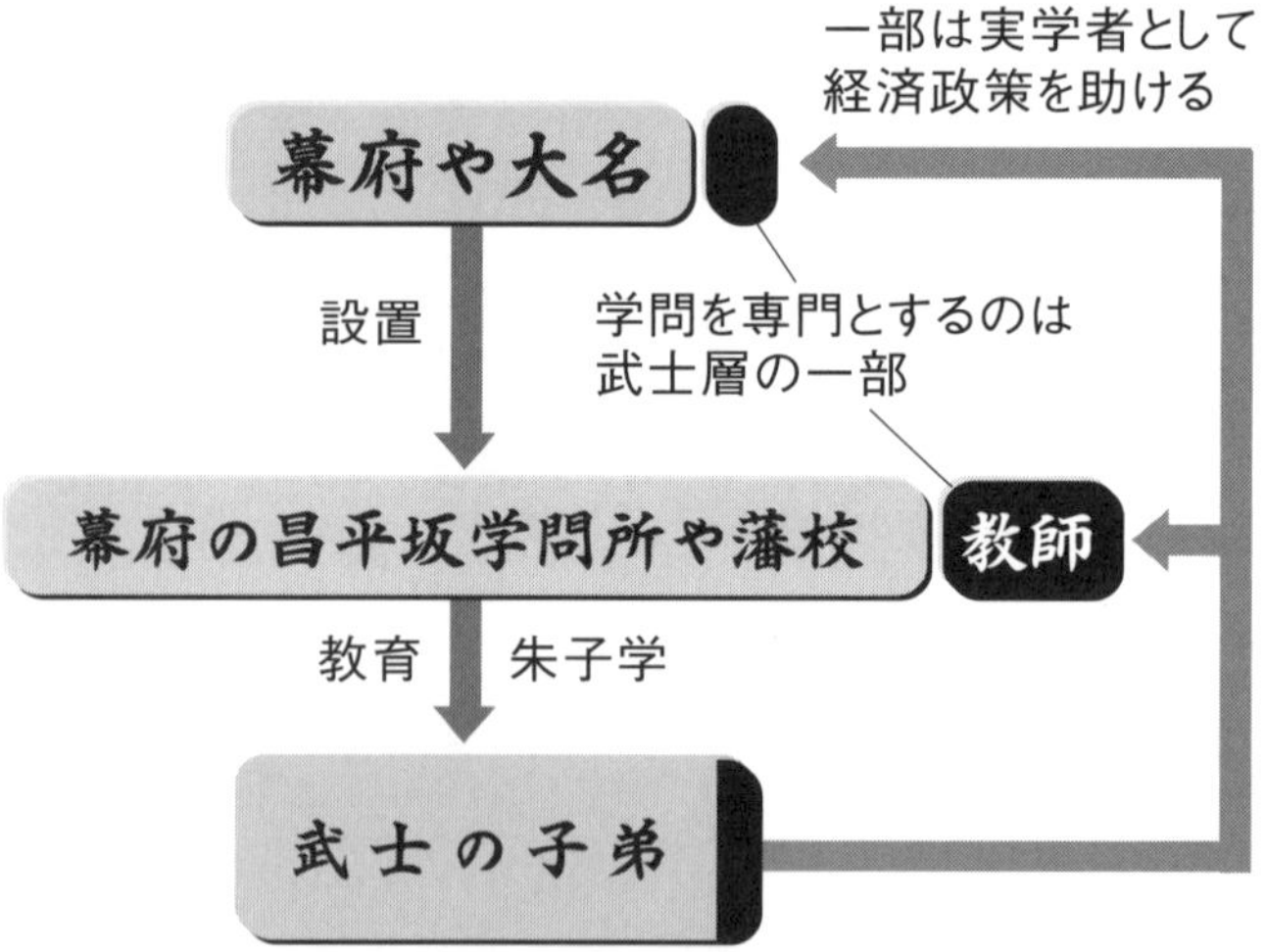
一部は実学者として
経済政策を助ける
幕府や大名
設置
学問を専門とするのは
武士層の一部
幕府の昌平坂学問所や藩校
教師
教育
朱子学
武士の子弟

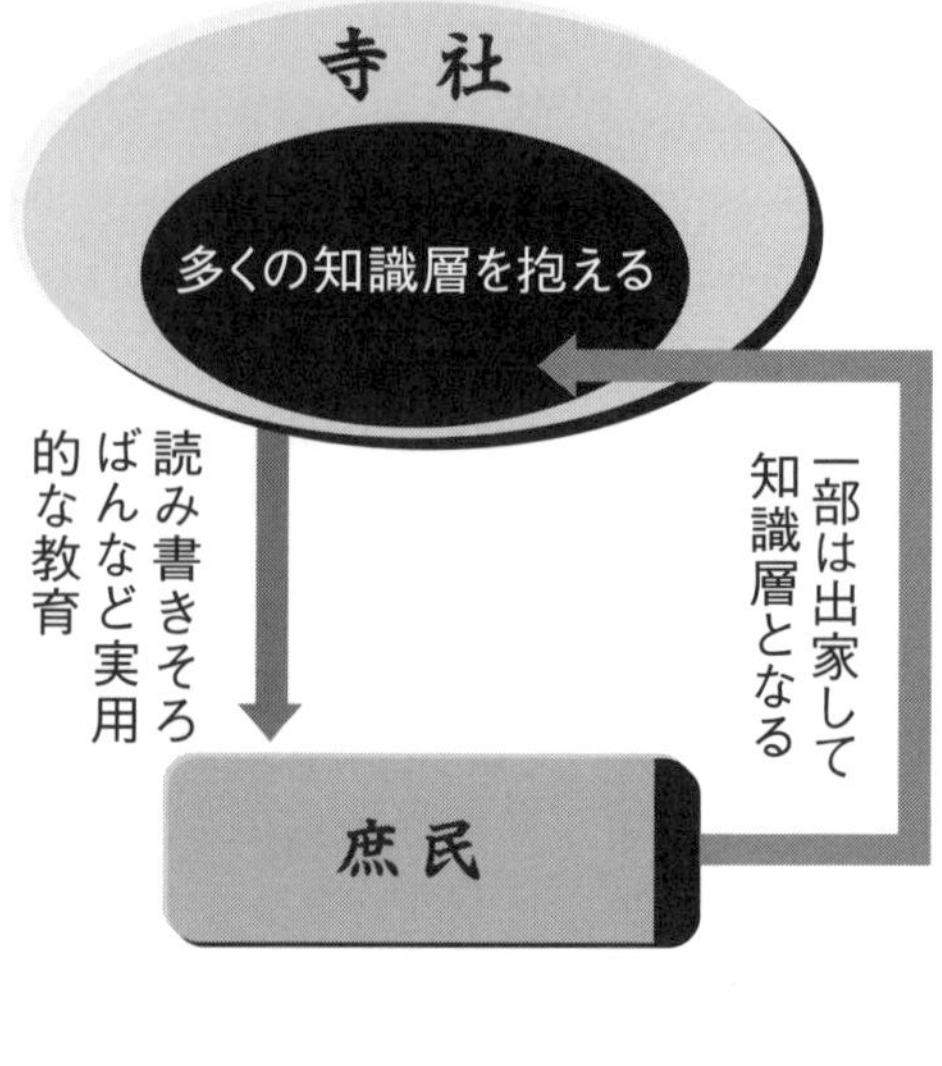
寺社
多くの知識層を抱える
読み書きそろばんなど実用的な教育
一部は出家して知識層となる
庶民

おもな藩学

設立地	藩校名	設立者	設立年
岡　山	花畠教場	池田光政	1641
萩	明倫館	毛利吉元	1719
仙　台	養賢堂		1736
熊　本	時習館	細川重賢	1755
鹿児島	造士館	島津重豪	1773
福　岡	修猷館		1784
米　沢	興譲館	上杉治憲	1776（1697藩校創建）
秋　田	明徳館	佐竹義和	1789（はじめ明道館）
会　津	日新館	松平容頌	1799
庄　内	致道館		1805
水　戸	弘道館	徳川斉昭	1841開館

義務教育就学率の変遷

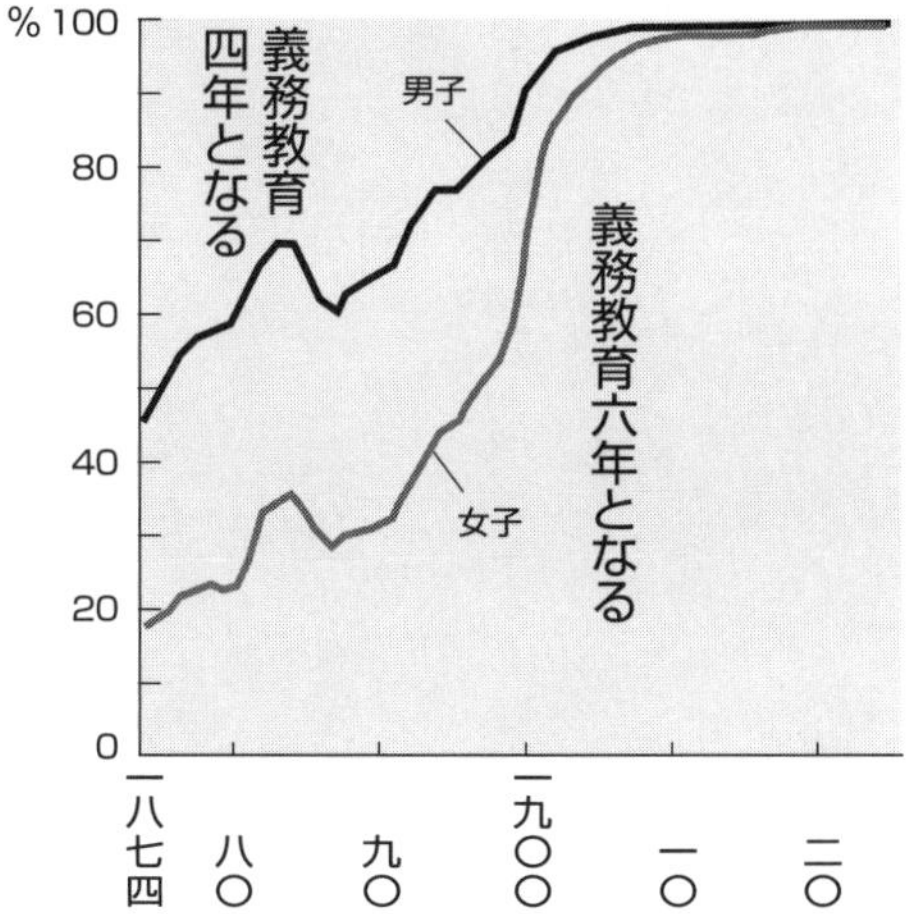

このような寺社は、宗派ごとに団結し、本寺《ほんじ》、末寺《まつじ》のつながりによって世俗の権力者に縛られない独自の動きをとった。

それゆえ江戸時代に国内が平和になると、幕府や大名は自分の手もとに思い通りに動かせる知識人の集団をつくり上げようとした。

それゆえ、幕府や大名によって武士の子弟に朱子学を教える学校がつくられ、そこで育った実学者やかれらとつながる実務派の上級武士が重用されるようになった。

しかし、幕府や大名の力が庶民に対する幅広い教育にまで及ばなかったために、農民の子弟の教育の場である地方の寺院が大きな影響力をもち続けた。

一部の藩では庶民のための学校がつくられていたが、僧侶や民間の朱子学者が、主に庶民の教育にあたっていた。

それゆえ、庶民が王政復古から廃仏毀釈の流れのなかで、

「僧侶のもつ古い知識はもう役に立たない」

と認識した意味は大きい。

これによって、明治政府主導のもとでの欧米の科学技術の振興と教育制度の整備とが可能になったのである。

復古神道の挫折

江戸時代末の知識人の多くは、寺院や神社の職についていた。明治時代になっても寺社の組織が温存され、寺社の人びとが欧米の科学技術を身につけて知識層として国を指導する形がとられたら、日本の社会は中世的色あいを強く残すものになったろう。

しかし、廃仏毀釈を経験したことによって知識人たちは寺社に見切りをつけ、官僚や教員、実業家へ転身していった。このおかげで、日本はすみやかに国家主導型の近代化をなしとげた。

しかし、そのような歴史の動きをよめずに、前（196ページ）に記したような復古神道の考えによって王政復古を古代天皇制への回帰とみた者もいた。小説家で詩人の島崎藤村《しまざきとうそん》の父、島崎正樹《まさき》はその一人である。

かれは、復古神道を学びその縁で維新《いしん》後に神職となったが、日本の近代化についていけず不幸な死をとげている。次に、この島崎正樹らを飲みこんだ国家神道への動きについて記そう。

否定された国家神道

科学の上位におかれた神道

前（180ページ）にも述べたように近代以前の神社は、最新の科学知識をもつことによって民衆を指導してきた。仏教伝来以前の人びとは、神道の核となる精霊崇拝をたよりに農耕生活を行なっていた。そして、陰陽五行説の有効性がひろく認識されたのちに神社は、神仏習合の形で僧侶をとりこんでその知識を用いて民衆を指導した。

しかし、開国のあと宗教色のない欧米の近代科学が堰《せき》を切ったように日本に流れ込んできた。汽車、汽船、紡績機械などは、それまでの仏教的な科学技術を身につけた者に想像も及ばないものであった。

欧米の科学技術をつかいこなすためには、高度な教育をうける必要がある。宗教家が布教活動のあい間に学問をする時代はおわり、専門の科学者、技術者という新しい職業があらわれた。

こうなると、神職は必要なくなる。地域の有力者が、祭りのときだけ氏子を指導する役目をすればよいはずだ。

近代的教育研究の成立

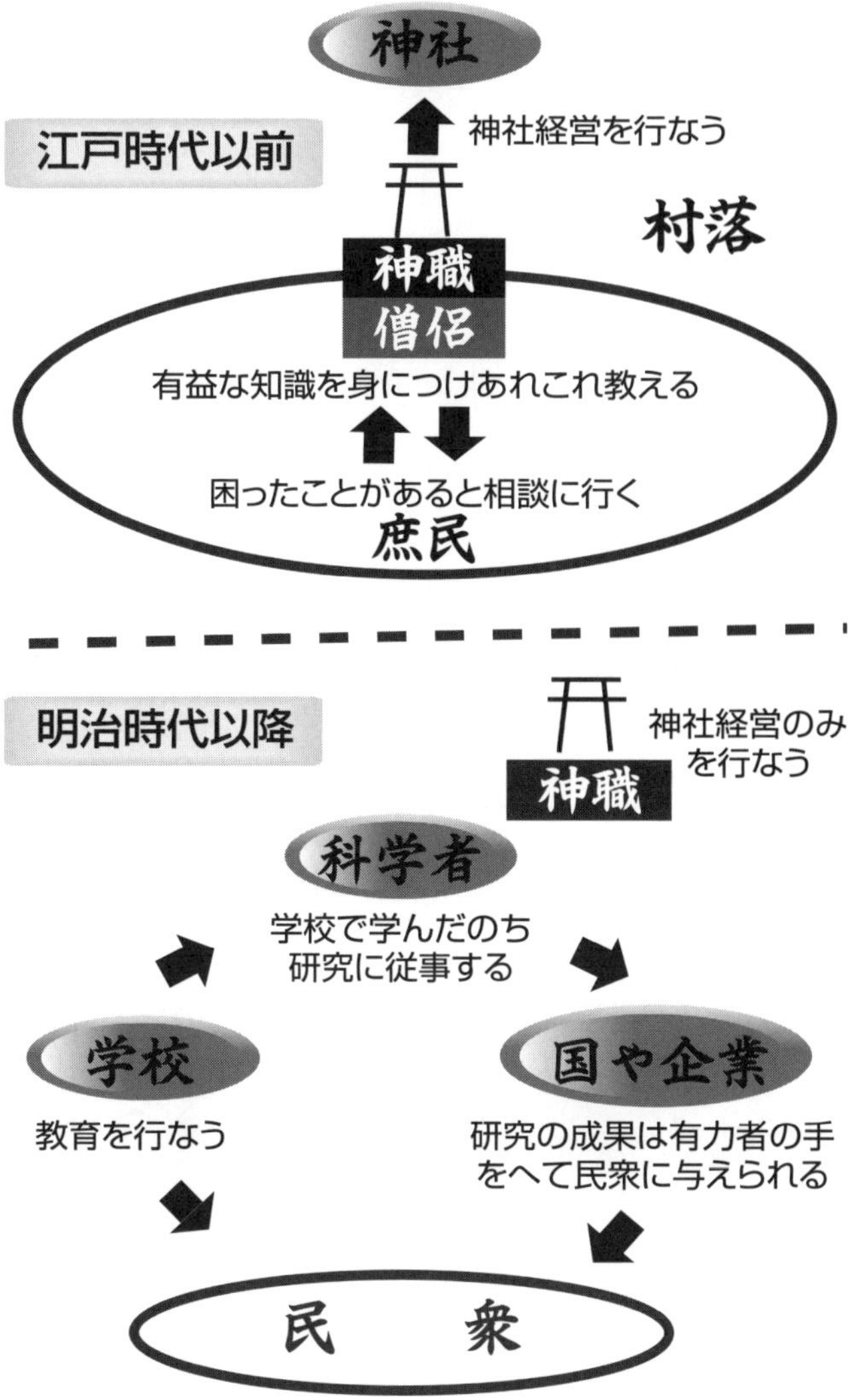
神社
神社経営を行なう
江戸時代以前
村落
神職
僧侶
有益な知識を身につけあれこれ教える
困ったことがあると相談に行く
庶民
明治時代以降
神社経営のみを行なう
神職
科学者
学校で学んだのち研究に従事する
学校
教育を行なう
国や企業
研究の成果は有力者の手をへて民衆に与えられる
民　衆

しかし、実際にはそうならなかった。神道が倒幕と王政復古の思想的な拠《よ》りどころとなったことを知る明治政府の指導層が、民衆に国家主義、天皇中心主義を押しつけるために神道を利用したのである。

これによって、国家神道がつくられていくことになった。近代日本の支配層は、「神道は宗教を超えるもので、あらゆる日本人が信仰せねばならないものである」と主張した。

戦争と天皇崇拝

政府は、明治三年（一八七〇）正月に「神祇鎮祭《じんぎちんさい》の詔《みことのり》」と「大教宣布《だいきょうせんぷ》の詔」とを発し、神道を国教とする方針を明らかにした。ついで、翌明治四年正月に社家《しゃけ》制度（神職の世襲制度）を廃し、政府につごうのよい者を神職に任命できるようにした。

このとき、尊王攘夷運動の功労者で官庁に就職できなかった者が多く神職の地位を得た。このあと、全国の神社を官幣社《かんぺいしゃ》などに格付けしたり、官庁や学校、軍隊で天皇を拝ませるなどの国家神道につらなる政策がすすめられた。

これによって神職の独自の布教活動は禁じられて、すべての神社が国家のための祭りを行な

国家神道

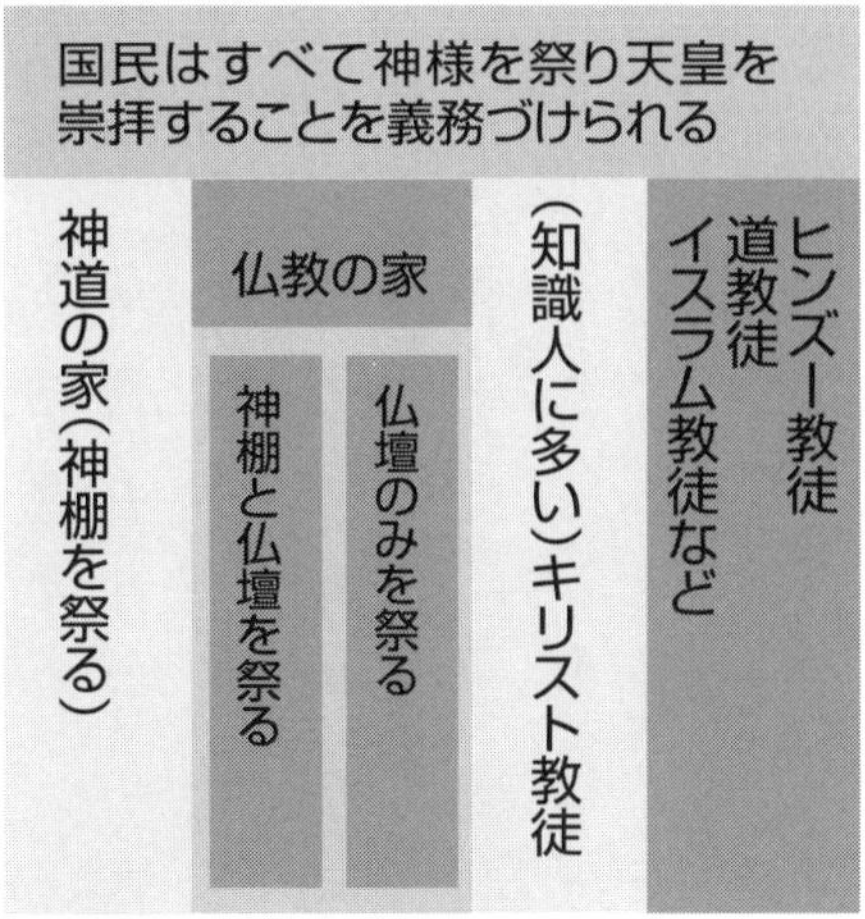
国民はすべて神様を祭り天皇を崇拝することを義務づけられる
ヒンズー教徒
道教徒
イスラム教徒など
（知識人に多い）キリスト教徒
仏教の家
仏壇のみを祭る
神棚と仏壇を祭る
神道の家（神棚を祭る）

神社行政を扱う官庁の変遷

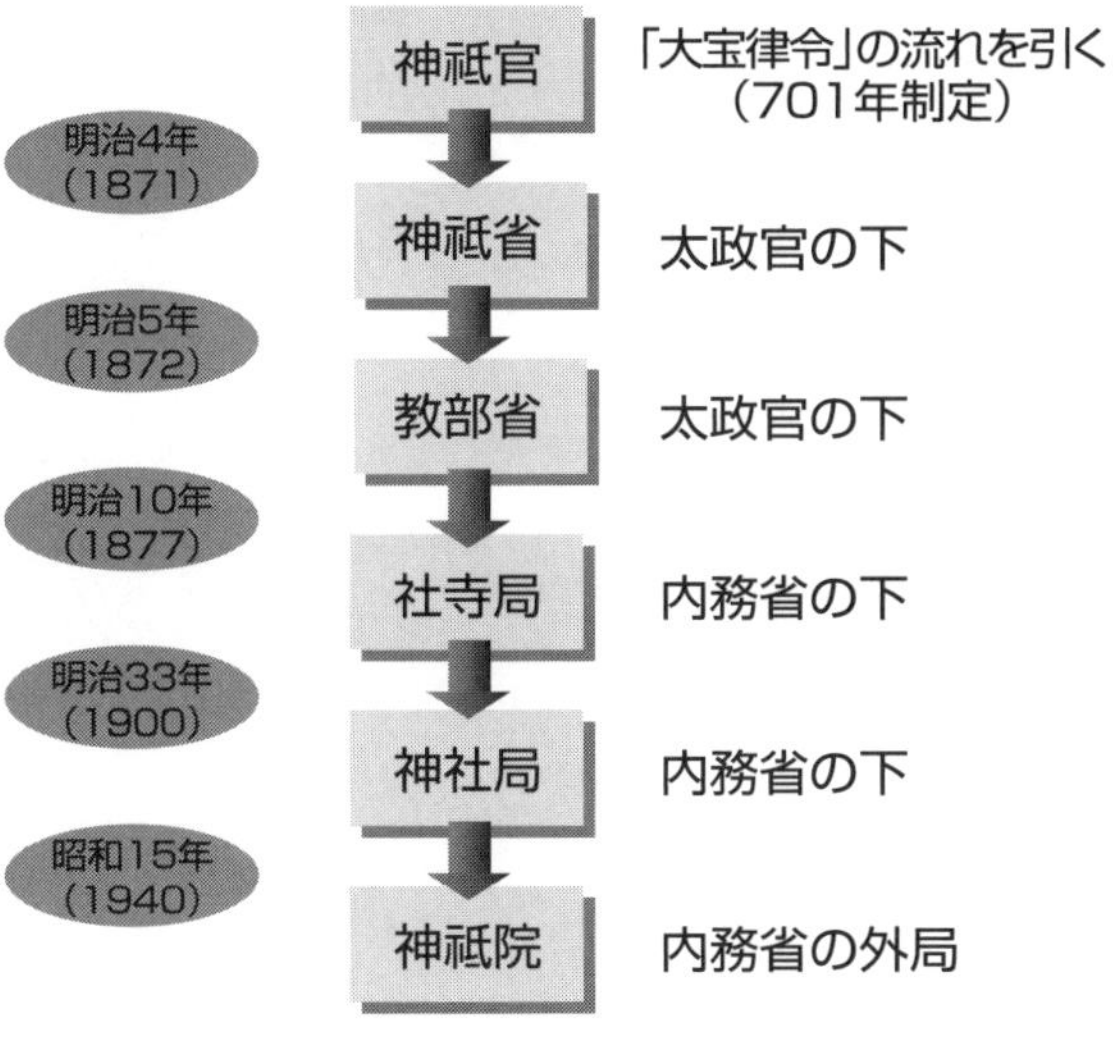
神祇官
「大宝律令」の流れを引く（701年制定）
明治4年（1871）
神祇省
太政官の下
明治5年（1872）
教部省
太政官の下
明治10年（1877）
社寺局
内務省の下
明治33年（1900）
神社局
内務省の下
昭和15年（1940）
神祇院
内務省の外局

うものとされた。

このあとの産業革命の進展や日清《にっしん》戦争（一八九四―五年）、日露《にちろ》戦争（一九〇四―五年）の勝利によって日本は、二〇世紀はじめに欧米の先進国にならぶ地位を得ることになった。この動きのなかで、

「神道を奉じ天皇の指導をうける日本人は優秀な民族である」

とする天皇中心の国粋《こくすい》主義がさかんになった。そして、それが昭和はじめの軍部の台頭《たいとう》のなかで軍国主義と結びついた。軍部の指導者は太平洋戦争のときにしきりに、

「兵隊は天皇陛下のために命をささげて戦え」

「神国日本は負けることはない」

といった主張をした。そのため、敗戦による軍部の解体とともに、国家神道も崩壊した。しかし、国家神道が解体しても、神道は地域の神社の祭りなどを通じて私たちの生活と深くかかわっている。

次項から神道の現代的意義を考えていこう。

四章
神々の系譜と神道の歴史

人々の心の支えとなった祭り

祭りの役割

敗戦によって、日本はＧＨＱ（連合国最高司令官総司令部）の指導のもとにおかれた。このＧＨＱの手で日本の民主化政策がすすめられていくが、そのなかに政府による神社、神道への支援、監督を禁じる神社教令があった。

これによって、神道と国家とが分離された。形のうえでは神道は、仏教、キリスト教などとならぶ宗教の一つとされたのである。

そして昭和二一年（一九四六）一月の昭和天皇の人間宣言によって、天皇を神として祭ることもなくなった。

この主旨によって、現在の『日本国憲法』（昭和二一年五月制定）の信教の自由の規定がつくられた。

「信教の自由」の主旨に従って、日本の国民は神道の信仰を強要されることはなくなったが、

戦後になっても日本人の大部分は何らかの形で神道とかかわりつづけた。地域の人びとが主催

する神社の祭りや、神道にもとづく家々の年中行事、神式による婚礼や葬礼は、現在でも私たちの身近なものになっている。

戦後、国家が有力な神社の祭りの支援をしなくなったが、それによって伝統的な祭りがすたれることはなかった。地域の人びとが祭りを心の拠りどころとして、それを盛り上げていったのである。

戦争直後の貧しい時期の人びとにとって祭りは最大の楽しみであり、地域の人びとがともに支えあうことのたいせつさを認識する場でもあった。

長い伝統をもつ祭り

「祭り」の語源は、「待つ」ことからくるものである。神様の出現を期待してひたすら待つことが「祭り」であった。

それゆえ、祭りを主催する神職の「物忌《ものい》み」が行なわれる。神に奉仕する人が世俗とはなれて斎館《いみやかた》などと呼ばれる特定の場所にこもって身を清めるための生活をおくるのである。

一定期間の物忌みの間に神職の体のまわりに精霊があつまってくる。これによって神に近い

戦後復興のはじまり

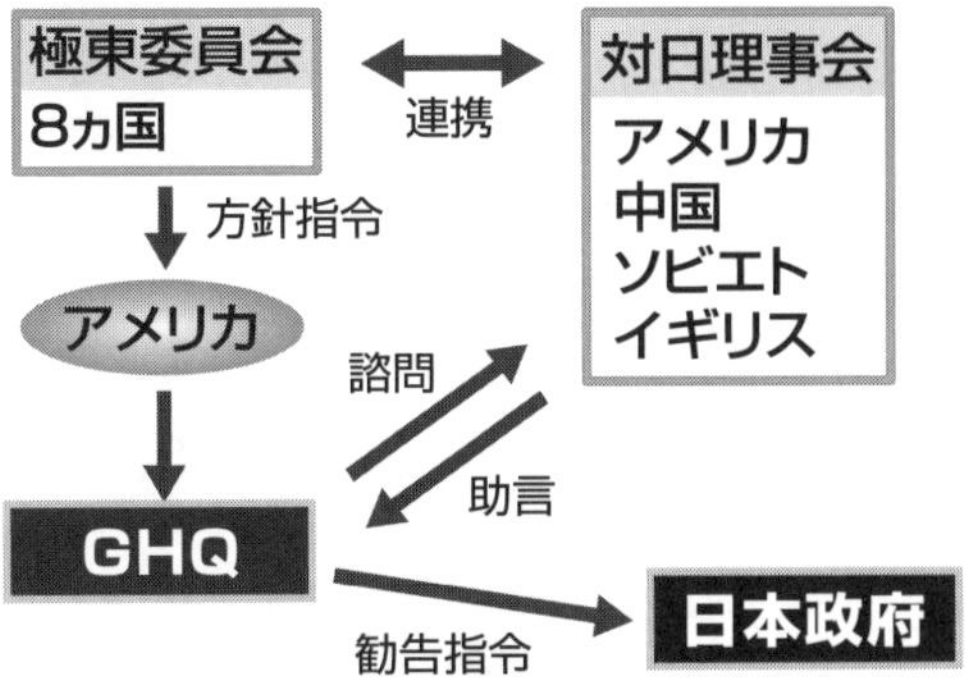

祭りの変遷

神事に携わる資格のある者だけが参加して、
深夜などにひっそりと行なわれる

▼

一般の氏子や村人などにも公開する儀礼が増加

▼

秘儀としてよりも多くの人が観覧する外部行事へと変化

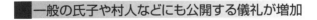

境地になった神職は、土地の守り神の神霊をよぶ能力を得られる。本来はこの物忌みの「待つ」行為が祭りであった。

神霊を招くことができたら、供《そな》え物《もの》、祝詞《のりと》、神楽《かぐら》、神輿《みこし》による遊覧などによって神様をもてなすのである。

このあとに、神霊をもとの世界に帰す昇神《しょうしん》の儀《ぎ》があるが、現在では境内での芸能や神輿や山車《だし》の渡御《とぎょ》などが祭りの中心となっている。今日の神道は、氏子がかつぐ神輿や氏子が引く山車などに乗った神様に氏子地域をめぐってもらう渡御の儀を、神と人とが一体となる行事として重んじている。

この考えは、主に中世以降の祭りの発展からくるものである。

祭りの場で神と人とがともに楽しむという発想から、神職でなく氏子全体が参加する儀礼がつぎつぎにつくられ、さらに氏子たちが行なう神事が多くの見物人をあつめるようになったからである。

現在さまざまな新しいイベントがつくられているが、伝統的な祭りがすたれることはあるまい。

次項では現代にうけつがれた家々の年中行事をみていこう。

神祭りの順序

①家族と別居して斎屋に籠り、心身を清浄にする（斎籠り）

②「オー」と警蹕を唱えて神殿の御扉を開き、神霊の出御を仰ぐ（開扉の儀）

③御飯、神酒、餅、魚貝・海藻類、野菜・根菜類、果実・木の実類を供える（神饌の献上）

④厳かに祝詞を奏上し、神恩に感謝し、願い事を申し上げる（祝詞の奏上）

⑤榊の小枝に紙垂を結んで玉串を奉じ拝礼する

⑥神饌の撤去

⑦警蹕を唱え、神殿の御扉を閉じる（閉扉の儀）

⑧祭場で警蹕を唱え、神霊の還御を送る（昇神の儀）

神道の年中行事

神とともに生活するための行事

本来の神道の祭りは、家々の祭りを基本とするものであった。人びとは家族ごとにさまざまな神事を行ない、特別の日に多くの人があつまる地域の祭りに参加したのである。

古くからの家々の祭りが今日の年中行事につらなるわけであるが、年中行事の多くは人間と祖先の神々とがともにすごす時をもつためにひらかれるものである。家を守る祖先の神々は「年神《としがみ》様」、「田《た》の神《かみ》様」などのさまざまな名前でよばれる。

季節をあらわす「春夏秋冬」の語は、神と人とがともにすごすとする発想をもとにつくられた。冬は、「増《ふ》ゆ籠《ごも》り」をもとにできた言葉で、穀物を育てる穀霊《こくれい》という神が倉で、将来まかれてふえるためのお籠《こも》りをしている状態をさす。

春は、草花のつぼみや木の芽が一斉にふくらんで「張る」農耕神のはたらきをあらわす。夏は「泥《なず》む（難渋《なんじゅう》する）」を意味する語で、人びとが災害などに苦しんで神の助けを求めるありさまを示すものだ。

四季の名前の由来

冬　増《ふ》ゆ籠《ごも》り≒増ゆ

夏　泥《なづ》む

春　張《は》る

秋　開《あ》く

現代の年末年始の行事

12月13日	すすはらい、松迎え
20日ごろまで	歳暮をおくる
10日〜25日ごろ	忘年会、クリスマスパーティー、歳の市
25日ごろ	餅つき
28日〜30日	松飾りを出す
31日	大祓、年越しそばなどの年越しのご馳走
1月 1日	若水汲み、御屠蘇、お節、初詣で、お年玉
2日	書き初め、初荷、※初売り
2日夜	初夢
2日·3日	年始回り
4日ごろ	官庁御用始め
6日	松納め
7日	七草粥
1日〜7日	七福神詣で
11日	鏡開き
10日〜20日ごろ	新年会
14日か15日	どんど(とんど)焼き

※1日に行なうところもある

秋は空が天高く「開《あ》いた」ようになり、農耕神のおかげで収穫をすませた人びとの心も安心して解放された状態になることをさす。

季節おりおりに神に感謝した古代人の心が、四季をあらわす古代語をつくり、年中行事をつくっていったのである。

正月行事は年神様を迎える神事

現代人の神道に対する関心は、年末年始に高まる。多くの人が、神社に初詣でをして「今年は良い年であるように」と祈るからである。

日本人は、古くから正月行事を重んじていた。農耕社会でもっとも重んじられたものが、正月に年神様を家に迎えてもてなす神事であった。

年神様の「とし」は稲の実りをあらわす古代語である。古代人は先祖の霊が農耕神となって家を守っていると考えていた。

年末に行なわれる大掃除は、家の中を清めて神様を迎えるためのものであり、門松《かどまつ》は神様が下りてくるときの目印である。

また、大晦日《おおみそか》に風呂に入って体をきれいにして正月を迎えようとする発想は、年神様がくる

桃の節句

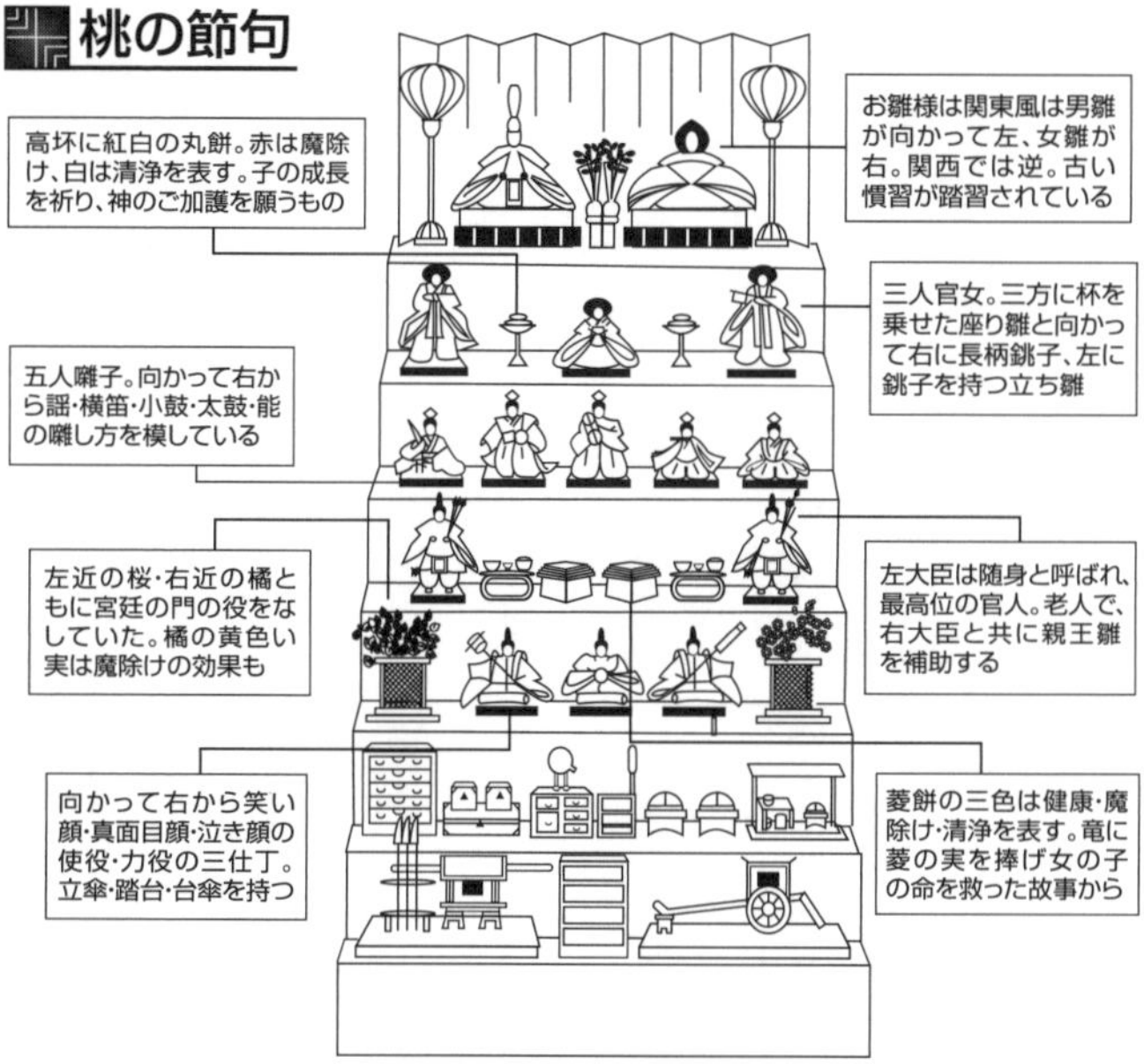
高坏に紅白の丸餅。赤は魔除け、白は清浄を表す。子の成長を祈り、神のご加護を願うもの
お雛様は関東風は男雛が向かって左、女雛が右。関西では逆。古い慣習が踏習されている
三人官女。三方に杯を乗せた座り雛と向かって右に長柄銚子、左に銚子を持つ立ち雛
五人囃子。向かって右から謡・横笛・小鼓・太鼓・能の囃し方を模している
左近の桜・右近の橘ともに宮廷の門の役をなしていた。橘の黄色い実は魔除けの効果も
左大臣は随身と呼ばれ、最高位の官人。老人で、右大臣と共に親王雛を補助する
向かって右から笑い顔・真面目顔・泣き顔の使役・力役の三仕丁。立傘・踏台・台傘を持つ
菱餅の三色は健康・魔除け・清浄を表す。竜に菱の実を捧げ女の子の命を救った故事から

端午の節句

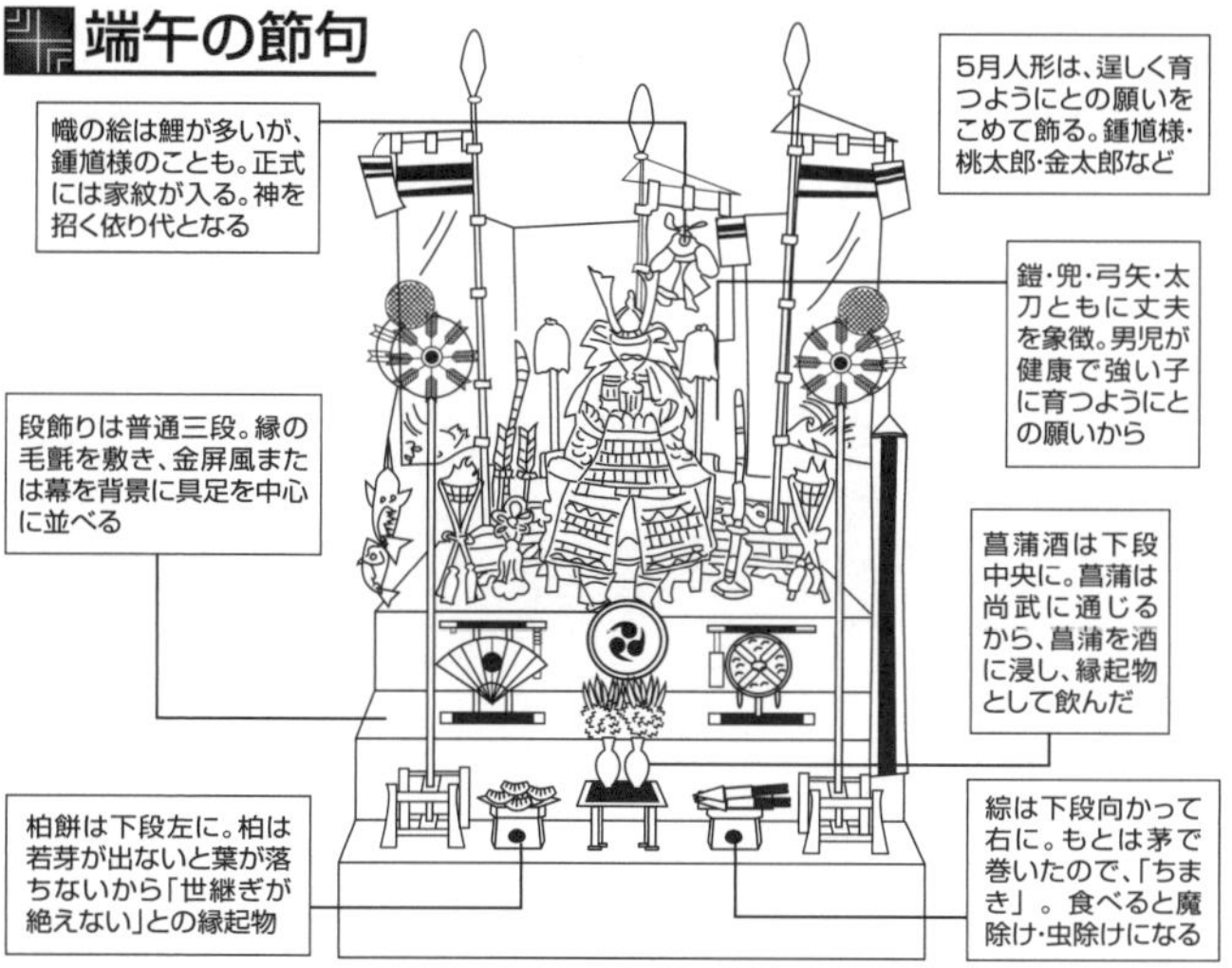
幟の絵は鯉が多いが、鍾馗様のことも。正式には家紋が入る。神を招く依り代となる
5月人形は、逞しく育つようにとの願いをこめて飾る。鍾馗様・桃太郎・金太郎など
鎧・兜・弓矢・太刀ともに丈夫を象徴。男児が健康で強い子に育つようにとの願いから
段飾りは普通三段。緑の毛氈を敷き、金屏風または幕を背景に具足を中心に並べる
菖蒲酒は下段中央に。菖蒲は尚武に通じるから、菖蒲を酒に浸し、縁起物として飲んだ
柏餅は下段左に。柏は若芽が出ないと葉が落ちないから「世継ぎが絶えない」との縁起物
粽は下段向かって右に。もとは茅で巻いたので、「ちまき」。食べると魔除け・虫除けになる

前の禊をもとにできたものである。

鏡餅《かがみもち》やお節《せち》料理は、神様をもてなす御馳走《ごちそう》であり、お年玉《としだま》は将来を担う子供たちへの神様からの贈り物とされたものである。

こういったことを上げていくと、年神様を迎える行事が現代にもうけつがれているありさまがわかってくる。このような行事をきっちり行なうことによって、新たな気持ちで新しい年を迎え幸運を招くことができるとされる。

前（98ページ）にも述べたように、二月三日の節分《せつぶん》は穢れを家に入れないようにするたいせつな祓いであった。

また、桃の節句《せっく》、端午《たんご》の節句、七夕なども季節の折り折りで御馳走をつくって神を祭る行事をもとにしたものである。

こういった年中行事は、日本人の生活と切りはなせないものであるから、たいせつにうけついでいきたいものである。次項では、親族をあつめた大がかりな行事となる婚礼と葬礼についてみておきたい。

四章
神々の系譜と神道の歴史

神前結婚式と神葬祭

皇室と神前結婚式

日本人は、人生のさまざまな儀礼のなかで冠《かん》・婚《こん》・葬《そう》・祭《さい》をとくに重んじてきた。もっとも、現在ではそのなかの婚礼と葬礼とがとくに大勢の参列者をよぶ重要なものとされるようになってきている。

成人式（冠）や祖先の祭りは、家族だけでひらかれることが多い。

神前で結婚式を行なう習慣がつくられた時期は思いのほか新しい。江戸時代までは、神道による結婚式は家庭で行なわれた。

家を守る神の前に、新郎と新婦がともに生きることを誓い、そのあとで親戚や近隣の人びとをあつめた宴会をひらいて二人を祝福したのである。

明治時代に入ってから、神社が結婚式を主催するようになった。

このきっかけは、明治三三年（一九〇〇）にひらかれた皇太子（のちの大正天皇）と節子《さだこ》姫《ひめ》との婚礼であった。

このとき、宮中の賢所《かしこどころ》（天照大神を祭るところ）でひらかれた二人の婚礼のありさまが報道された。

このことによって、

「皇太子様のように神職の導きで結婚式をあげたい」

と考える人びとが出てきたのである。

これにあわせる形で、天照大神を祭る（伊勢神宮の東京における分社とされる）日比谷《ひびや》大神宮（飯田橋にある東京大神宮の前身）が、明治三四年に神前で模擬結婚式を行なった。そして、これにならう形であちこちの神社で神前結婚式がひらかれるようになった。

神前結婚式は、新郎新婦が御神酒《おみき》をいただき三三九度の杯を上げる行事を中心にくみ立てられている。

二人は、席で作法（図参照）に従って巫女《みこ》のさし出す御神酒を飲んだあと、神前にすすみ出て神職に渡された誓詞《せいし》を読み上げたのちに二礼二拍手一拝で神様を拝む。

このあと、新郎、新婦、参列者がつぎつぎに玉串《たまぐし》をささげる行事などがひらかれる。

婚礼や神葬祭《しんそうさい》に参列するときのために前（135ページ）に示した玉串を上げる作法を覚えておきたい。

三三九度の作法

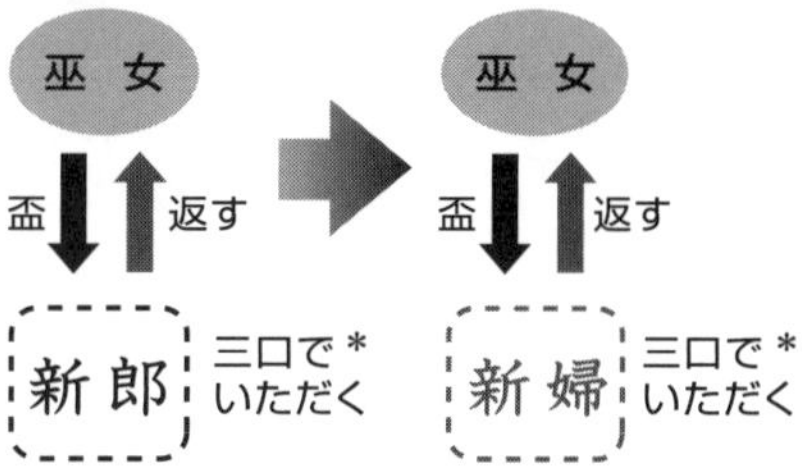

これを三度くり返す

新郎も新婦も九口ずつ酒をのむ

*一口目、二口目は杯に口をつけるだけにして三口目で酒をのみほす

神前結婚式の図

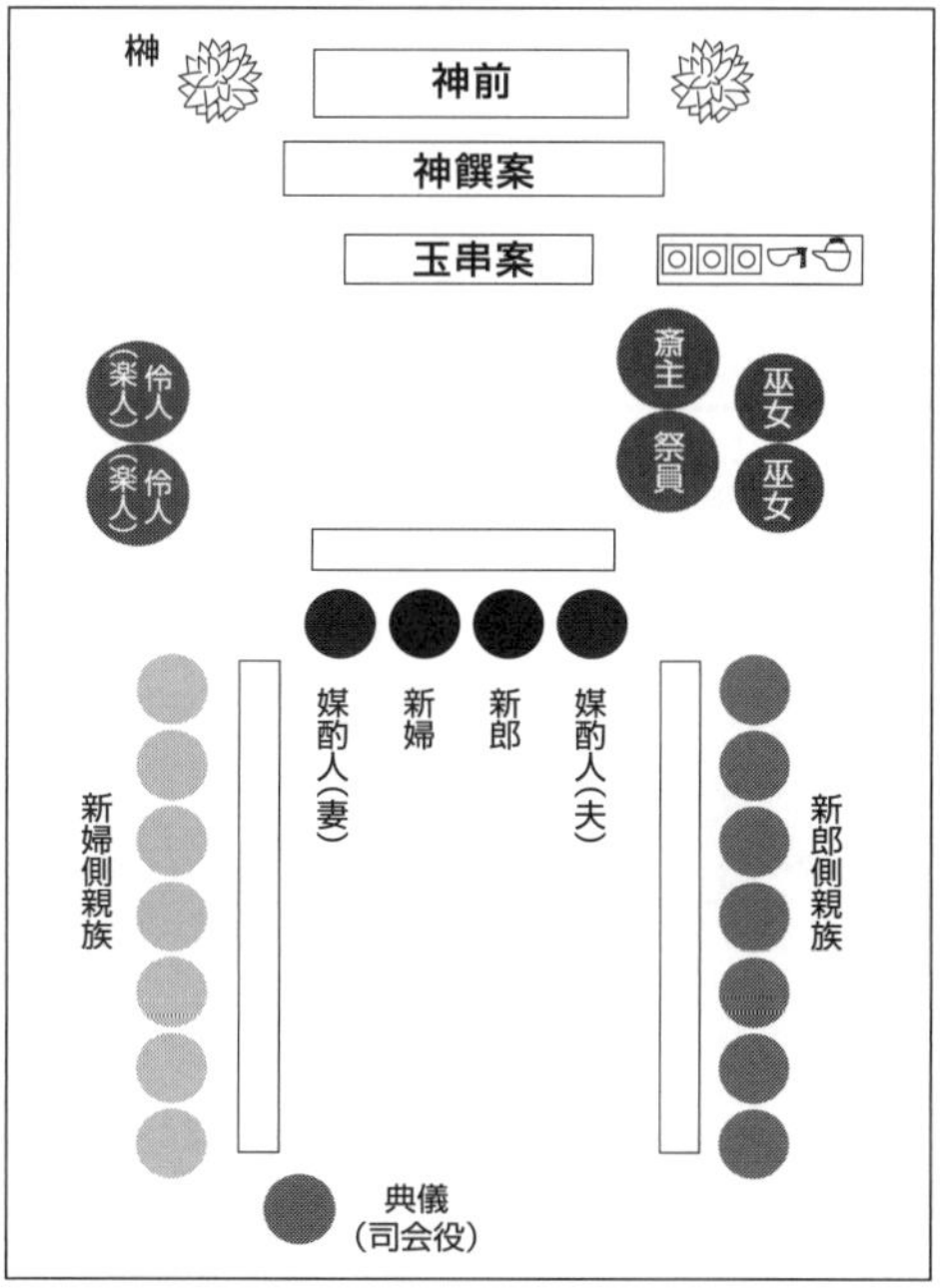

神の世界に帰るための葬礼

神葬祭は死者を神として祭り、かれの魂を神々の住む世界におくりかえすための行事だとされる。

神道では、人間の魂は誕生のときに神の世界からきて逝去《せいきょ》のときに神の世界に戻っていくとされる。

ゆえに、神葬祭の場ではあの世にいって現在より良い境遇におかれる死者を祝福をもって見送るのがよいとされる。栄転する同僚の送別会に出るような気持ちで神葬祭に参列するのである。

それゆえ、涙は神事に禁物だともいわれる。

神葬祭は喪主が祭壇に玉串を上げたのちに、参列者が一人ずつ玉串を上げていく行事を中心にくみ立てられている。拍手の音で空気を振動させると、死者を驚かせることになるといわれる。そのため葬礼で玉串を上げたあとでは、二礼二拍手一拝でなく、一度深々と頭を下げる礼がとられる。

神葬祭に参列するときには、静粛を保つようにつとめたい。

このあと、本書の全体のまとめとなる神道思想の現代的意義について記していきたい。

神葬祭以前の葬礼

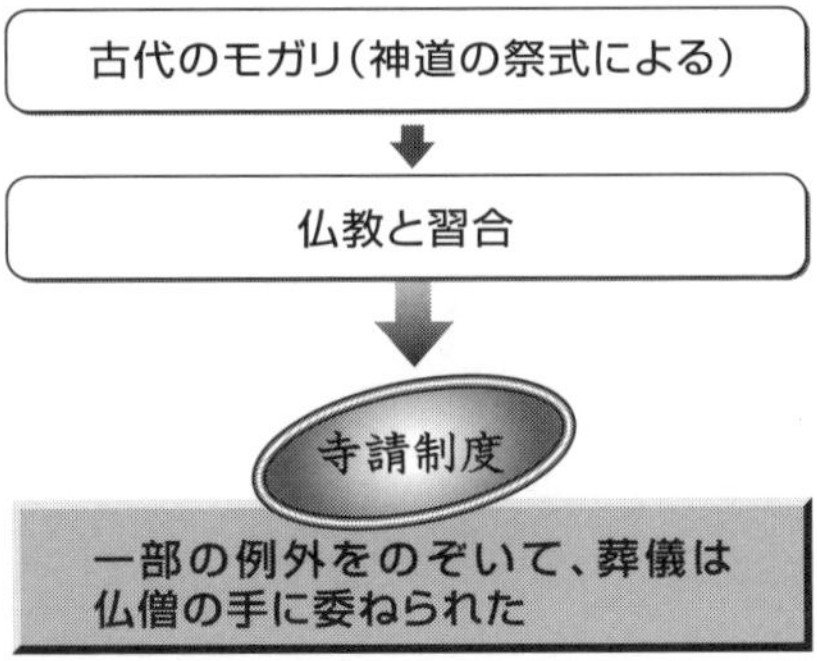

神葬祭の図

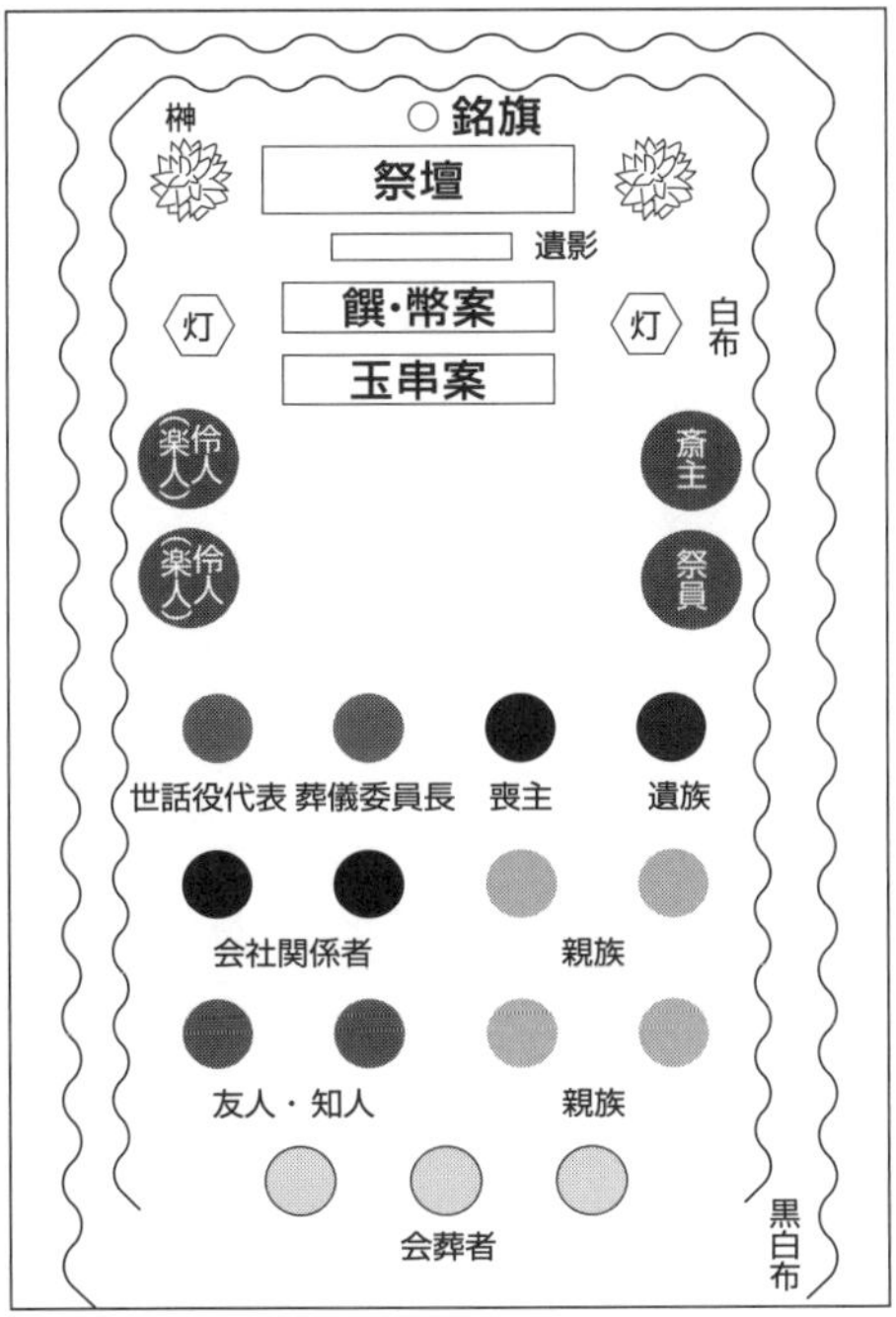

自然と人間の共生をめざす神道

祝詞がつたえる思想

神道の思想は、祭りのたびによみ上げられてきた祝詞《のりと》をつうじて現在までつたわってきた。祭りを特別の日として重んじてきた日本人は、そこでよまれる祝詞の教えを自分たちの生き方の指針とした。

『古事記』などは、天岩戸《あまのいわやと》に開れた天照大神をまつるときの神々がよみ上げた呪力《じゅりょく》をもつ言葉がもとになって祝詞が整えられていったとする言いつたえを記している。古代人は祝詞を神の言葉、神の教えと感じたが、祝詞には祭司が神にかわって人びとに言葉を下す宣下体《せんげたい》のものと、神の意向をうけた祭司が自分たちの誓いを神に申し上げる奏上体《そうじょうたい》のものとがある。

そしていずれの祝詞でも、

「人間は罪穢れのない清らかな暮らしをするべきだ」

という思想が語られる。日本人は、自分たちの祖先の霊魂がさまざまな自然と一体になって、神として人間たちを守ってくれるとする考えをもっていた。そこから、この世界をきれいな状

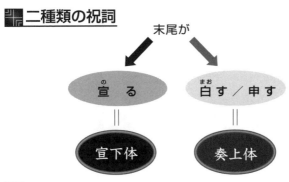

祝詞の起源・伝承

“天岩屋戸《あまのいわやと》の変のとき天《あめ》の香具山《かぐやま》の枝葉のよく茂ったサカキに、八咫鏡《やたのかがみ》を繋《か》けたアメノコヤネノミコトがアマテラスオオミカミの徳を宣揚して、お出ましを願う布刀祝詞《ふとのりと》を奏上した”（『古事記』）

祝詞とは神が神の言葉を持つミコトモチ（祭司）に乗ってきたときに発せられる言葉のことである

二種類の祝詞

末尾が

宣《の》る ＝ 宣下体

白《まお》す／申す ＝ 奏上体

新嘗祭

その年に稔った最も上質な稲の穂 → 初穂 → 神に供えた初穂が種籾として返還される

↓

初穂を神に捧げることで、知らず知らずのうちに稲の品種改良をしてきた

態に保つことが、神様を喜ばせると考えた。

それゆえ、神々を祭る人びとは、親が子供をいつくしむような温かいまなざしで自分たちを見守ってくれる神様を悲しませないように心がけて生活した。神々の世界にいる祖先は、ともに神の子孫である人間が互いに争うことや、自然を破壊するふるまいを好まない。

それゆえ、人間と自然にやさしいふるまいが神道の理想とする「清い」生き方とされた。

国際化のなかでの神道

不満をかかえた人間は、まわりに冷淡になる。それゆえ、神道は誰もが満ち足りた気分でやさしい気持ちで生きる世界を理想とする。そこから、人びとを富ませ、繁栄させるために働くことをすすめる神道の「産《むす》び」の考え（92ページ参照）がつくられた。

日本人は、神が降ってくる土地として森林を保護した。さらに、水を神からの授かりものとして水源や河川をたいせつにした。このことによって近年までの日本で豊かな自然が保たれた。また、祭りをつうじて稲の品種改良がすすめられた例もある（前頁の図参照）。江戸時代までの日本人の多くは、人びとの生活を豊かにする発明、工夫《くふう》を神様からの授かりものと考え、その成果を誰にも平等に分け与えてきた。

古代人の生活空間

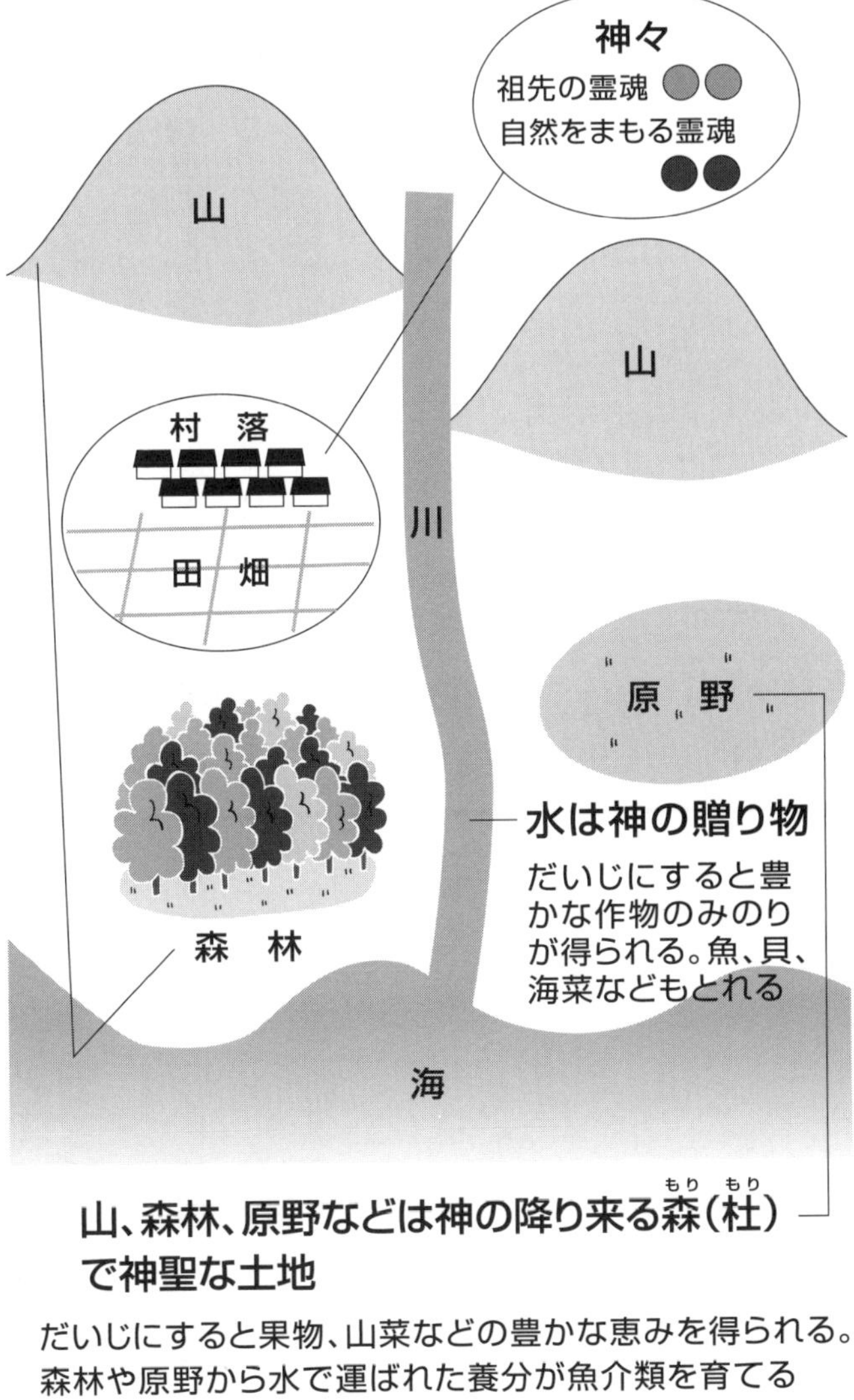
神々
祖先の霊魂
自然をまもる霊魂
山
山
村　落
田　畑
川
原　野
森　林
水は神の贈り物
だいじにすると豊かな作物のみのりが得られる。魚、貝、海菜などもとれる
海
山、森林、原野などは神の降り来る森《もり》（杜《もり》）で神聖な土地
だいじにすると果物、山菜などの豊かな恵みを得られる。森林や原野から水で運ばれた養分が魚介類を育てる

すべての者が人びとを愛し、自然を愛することによって明るく豊かな社会をつくっていこうとする考えが、神道の基本である。かつて、あらゆる民族がこういった発想（精霊崇拝）によって生きてきたとみてよい。

しかし文明がすすみ個人主義が広まると、人間や自然に対する愛情ではなく、自分の利益を第一に考える者がふえてくる。これによって今日までに、地球の環境が大きく破壊された。

こういったときに、自然とともに生き日々の生活を楽しんだ縄文人の信仰の流れをひく神道のよさを見なおすべきではあるまいか。

◆神道の年表

時代	年代	主な出来事
古代・縄文	BC三〇〇〇〇	縄文文化起こる 神道の原形となる精霊崇拝がつくられる
古代・弥生	BC一〇〇〇	弥生文化起こる 祖霊信仰がつくられる
古代・弥生	一五〇頃	荒神谷遺跡で大国主命信仰の原形ができる
古代・弥生	一八五頃	卑弥呼が神託をうけて邪馬台国を統治する
古代・古墳	二三〇頃	古墳の出現 ヤマト政権誕生 首長霊信仰がつくられる
古代・古墳	二九〇頃	ヤマト政権の三輪山の祭りが盛行する
古代・古墳	五二〇頃	太陽神天照大神の信仰ができる
古代・飛鳥	五三八頃	仏教伝来
古代・飛鳥	六二〇頃	聖徳太子の国史作製をきっかけに日本神話の体系の整備がはじまる

時代	年代	主な出来事
古代・飛鳥	六五〇頃	日本に陰陽五行説が広がる
古代・飛鳥	六八〇頃	天照大神の祭りの場を伊勢に移す
古代・飛鳥	七〇一	『大宝律令』完成し、それにもとづく国家祭祀が整備される
古代・飛鳥	七一〇	風水にもとづいて平城京がつくられる
古代・奈良	七一一	伏見稲荷大社がつくられたとつたえられる
古代・奈良	七四九	八幡神が奈良で祭られるようになる
古代・奈良	七六八	春日大社がつくられたとつたえられる
古代・平安	七九四	風水にもとづいて平安京がつくられる
古代・平安	八五九	石清水八幡宮がつくられる
古代・平安	九四七	北野天満宮がつくられる
古代・平安	一〇六三	鎌倉に鶴岡八幡宮がつくられる

年代			主な出来事
古代	平安	一〇八〇頃	皇室の熊野信仰がさかんになる
古代	平安	一一八三頃	平氏の厳島神社の信仰がさかんになる
中世	鎌倉	一二三二	鎌倉幕府が『御成敗式目』を制定し、神仏をうやまえと教える
中世	南北朝	一三五〇頃	各地の神社の伝承をあつめた『神道集』がつくられる
中世	室町	一四三五	吉田神道を起こした吉田兼倶が誕生する
中世	室町	一五四三	鉄砲伝来。これをきっかけに日本にヨーロッパの文化が入ってくる
中世	室町	一五七一	織田信長の比叡山焼き討ち。これをきっかけに仏教勢力が後退していく
近世	江戸	一六三四	江戸幕府の宗門改はじまる（寺請制度）
近世	江戸	一七七八	本居宣長『古事記伝』刊行はじまる（国学の隆盛）
近世	江戸	一七九三	塙保己一が和学講談を設立する
近世	江戸	一八四三	平田篤胤没す。このころから復古神道が急速に広まる
近世	江戸	一八六七	「ええじゃないか」が起こる
近代	明治	一八六八	神仏分離令が出る
近代	明治	一八六九	招魂社（のちの靖国神社）がつくられる
近代	明治	一八七〇	宣教使がおかれる
近代	明治	一八七一	神祇省が発足する
近代	明治	一九〇六	政府が神社の調査を行なう。このとき、全国に一九万三〇〇〇社あまりがあったという
近代	明治	一九〇八	神社の統合整理がはじめられる
近代	大正		
近代	昭和	一九四五	終戦により、国家神道が否定される

本書は小社より刊行された『図説 神々との心の交流をたどる！ 神道』（二〇一〇年）、を加筆修正の上、再編集したものです。

著者紹介

武光 誠 1950年、山口県生まれ。東京大学文学部国史学科卒業。同大学院博士課程修了。文学博士。2019年に明治学院大学教授を定年で退職。専攻は、日本古代史、歴史哲学。著書に『荘園から読み解く中世という時代』(河出書房新社)、『古代史入門事典』(東京堂出版)、『日本人なら知っておきたい!所作の「型」』(小社刊) などがある

図説《ずせつ》 ここが知《し》りたかった!

神《しん》 道《とう》

2024年 4 月 5 日 第 1 刷

著　者　武《たけ》光《みつ》 誠《まこと》

発行者　小澤源太郎

責任編集　株式会社 プライム涌光

電話 編集部 03(3203)2850

発行所　株式会社 青春出版社

東京都新宿区若松町12番 1 号 〒162-0056

振替番号 00190-7-98602

電話 営業部 03(3207)1916

印刷 三松堂　製本 フォーネット社

万一、落丁、乱丁がありました節は、お取りかえします。

ISBN978-4-413-23351-4 C0014